明日を生きるウチナーンチュへ

沖縄の新聞人
山根安昇遺稿集

講演する山根安昇さん（屋良朝苗シンポジウム　読谷村2015年12月）

琉球新報労組委員長として報告（写真中央、泉崎本社玄関前　1969年春闘）

沖縄県マスコミ労協議長のころ

マスコミ労協議長として桑江南西混成団々長（右端）に申し入れ（写真中央のタバコを手にする　1972年）

戦跡調査活動に参加した１フィート運動の仲間たちと（右から２人目　渡嘉敷島「集団自決」跡地　2008年３月22日）

長男孫の健昇（左）、夏音と（那覇市内の自宅で）

渡慶次康子さんと結婚式を挙げた長野県善光寺で（1965年１月５日）

母・ツル（前列左から３人目）の古希の祝いで家族と共に（1982年８月７日・首里郵便貯金会館）

序・明日へのメッセージ

二〇〇四年に琉球新報社の副社長を退任した山根安昇さんは、二〇一七年三月、がんで他界した。享年七九。新聞社に入社して間もないころは、労働組合の委員長として、あるいは沖縄県マスコミ労協の初代議長として、一九七二年の日本復帰を挟む激動の時代を駆け抜けた。

その後は、編集局社会部や政経部に所属し「ことばに見る沖縄戦後史」や「世替わり裏面史」など連載を共同執筆した。また、「世界のウチナーンチュ」の二か年にわたる長期連載を社会部デスクとして企画し、自らも南米各地を取材した。この連載をきっかけに、県内マスコミ各社が「世界のウチナーンチュ」を取り上げ、一種のブームとなった。

編集局勤務の後は、中部支社長や事業局長、さらには取締役として常務や専務を歴任している。その間、社業に専念し執筆からは離れていたが、二〇〇四年に会社を退職してからは再びペンを執るようになり、新聞の論壇や「首里九条の会」、「しまくとぅばの会」などで発表している。新聞の「論壇」に投稿した時局評論は、歯に衣着せぬ「寸鉄人を刺す」鋭いものであった。これらの執筆原稿をいずれまとめるつもりでいたようだが、意外にも病状の進行が早く、それを果たせないうちに他界した。

その遺志を継いで遺稿集刊行の話し合いがもたれたのは、死後、間もないころである。しかし発表紙誌が多方面にわたるため、収集に手間取ったが、なんとか一周忌に合わせて刊行することができた。取り残しは避けられないが、主要なものは収録できたのではないか。その出来栄えに、山根さんも納得してくれるであろう。

遺稿集を読み、あらためて彼の足跡を忍ぶ縁とするとともに、これからの時代を生きる人たちへのメッセージとしてほしい。刊行にご協力くださった方々へ、厚くお礼を申し上げたい。

山根安昇遺稿集刊行会

二〇一八年三月

山根安昇遺稿集＊目次

Ⅱ　随想

1　話の卵――「琉球新報」夕刊コラム――181

4　書簡――261

Ⅲ　新聞連載

Ⅳ　追悼

〈グラビア写真提供〉
（一頁）琉球新報社
（二頁、三頁上）沖縄県マスコミ労協
（三頁下）一フィート運動30週年記念誌
『未来への道標』より転載
（四頁）山根家

凡例

一、本書収録の各論考は、著者・山根安昇が生前に書き残したものから、主に定年退職後に書いたものを中心として編集した。
二、琉球新報社在職中に新聞に執筆され、その後、出版されたものについては、割愛した。
三、本書のタイトルおよび目次建てについては、刊行委員会が行った。
四、本書収録の各文章のタイトルは、著者が書いたものを使用した。
五、文中の数字表記については、発表紙誌により異なるため、本書では漢数字に統一した。
六、収録した各文章の文末には、発表もしくは執筆年代を記し、掲載紙誌の分かるものはそれを記した。

Ⅰ 時局評論

1 憲法と沖縄米軍基地

沖縄における憲法記念日

今なお問い続ける〝復帰〟の意味

沖縄では、一九六九年十一月の佐藤・ニクソン共同声明以降、四十五年間も〝復帰とは何か〟を問い続けてきた。一九七二年五月十五日の沖縄返還後もその問いは変わらず、今年（二〇一四年）五月十二日に那覇市で「復帰とは何だったのか」という復帰の意味を問うシンポジウムが開催された。あれほど激しい復帰闘争を続けてきた沖縄で、今なお復帰の意味を問う行事が相次いで開催され続けるということは、世界史的に見ても希有なことであろう。

毎年五月三日の憲法記念日に開催された沖縄憲法普及協会の「憲法講演会」でも、復帰の内実を問う講演がほとんどだ。今年も那覇市民会館で開かれた憲法講演会には千四百人が参加、東大大学院・高橋哲哉教授の「沖縄に問われて―憲法と米軍基地」のテーマの講演に聞き入り、憲法を守る決意を新たにした。高橋教授は「現行憲法の主権在民、基本的人権の尊重、平和主義の原則にのっとって、現在の人権侵害の状況を正していくのが政府の役割であり、私たちはそれを要求していくべき」「米国に対する属国的な状態、治外法権的な米軍の存在を認め、それを必要としているのは国民の多数がそれに利益を感じているからだ」と沖縄の米軍基地とそれを容認する本土の在り方を批判し、憲法を守らせることの重要性を強調した。さまざまな団体によるミニ講演会が各地で開催された。

改憲派は、自主憲法制定沖縄県民会議の主催で宜野湾市で約七十人の集会を開き、近大の東裕教授が「現行憲法で日本を守れるか」のテーマで講演「現行憲法は明らかに耐用年数が過ぎている。今の憲法で日本を守るには不十分で不備がある」と改憲の必要性を強調した。

沖縄が四十五年間も「復帰とは何だったのか」と、その意味を問い続けるのは、憲法の原則が沖縄には適用されていないからに外ならない。

五月十二日、那覇市で開催された復帰の意味を問うシンポジウムで、平良修牧師は「日本は沖縄を利用価値のある存在としてしか認識していない。現状の根本解決には日本と決別するしかない」と、反憲法的な沖縄の現実を強いる日本政府への怒りをあらわにし、公然と独立を主張した。またジャーナリストの新川明氏も「日本が祖国であるという。〝作られた祖国意識〟から脱却する必要がある」と、単純に日本を祖国とする県民のありように疑問を呈し、県民が祖国とはなにかをいま一度検証するよう強調した。

沖縄では一九六九年十一月二十二日の佐藤・ニクソン共同声明「核抜き・本土並み返還」「安保条約の継続」に対して「日米共同声明路線反対」闘争が組まれ、一九七〇年六月十七日の「沖縄返還協定調印」に対しては「返還協定粉砕」闘争を展開した。そして一九七二年五月十五日の沖縄の「施政権返還記念式典（復帰記念式典）」当日は、政府や県の式典に対して「抗議県民大会」を雨の中で開催し、復帰を祝う人はほとんどいなかった。

その後沖縄では毎年五月十五日に向けて復帰の意味を問い続ける〝平和行進〟が行われ、当日には基地に抗議する県民大会が開催されている。今年も五月十一日から宮古島を皮切りに、雨の中を平和行進が続けられている。

一体なぜ一つの国内において、本土と沖縄ではかくも憲法、とりわけ平和に対する意識がこれほど大きく違うのか。統一国家において具体的な歴史体験の共有は不可欠な要素だと思うが、明治の〝琉球処分〟以降この百三十年、沖縄は本土とは別の歴史を歩まされてきた。この歴史を共有できない実態を私たちは〝構造的差別〟と呼んでいる。その現実的実態が、復帰運動が求め続けてきた平和憲法の改定だ。

（二〇一四年「首里九条の会」で発表）

ねじれの象徴―辺野古基地建設
米軍占領体制の固定的強化へ

「米軍占領体制からの脱却」――。このスローガンほど沖縄県民が叫び続けたスローガンはない。実態として沖縄戦以降、いまなお米軍占領体制下に置かれ続けているからだ。安倍総理が「戦後レジームからの脱却」を掲げ「占領体制から脱却し、日本を主権国家にふさわしい国にする」といった時、少しはましな国になるのかと思いきや、占領体制からの脱却のための〝改憲論〟をみて驚いた。何のことはない。憲法九条があるために、アメリカの戦争に加担するのに「ノー」といわざるを得ない制約を「イエース」といえるように改憲するというのだから、主権の回復どころか主権の放棄だからである。

参院選も安倍政権与党の圧勝によって、衆参のねじれは解消したが、それは政策手続き交渉が簡略化されたというだけであって、解決さるべき問題が解消されたわけではない。参院選では、当面の経済再建論である〝アベノミクス〟の評価が最大の争点といわれたが、その向こうにある最大の難問「増税と財政再建」の具体的在り方は置き去りにされ、ねじれたままである。

この「占領体制（戦後レジーム）からの脱却」と「財政再建」の絡みで象徴的な問題が、米軍のオスプレイ専用の辺野古基地の建設である。選挙戦の「勝った」「負けた」の喧騒の陰で、辺野古基地の埋め立て手続きが淡々粛々と事務的に進められているが、その実態はほとんどの日本国民は知らない。騒いでいるのは沖縄県民とマスコミだけである。

沖縄の米軍基地が、日本の戦後の占領体制の〝要石〟だったことなどすでに忘れ去られ、安倍総理さえもが「戦後レジームからの脱却」をいいながら、一方ではアメリカへの〝従属体制〟の基礎をなす米軍基地強化に何の矛盾も感じず、せっせと取り組んでいる。

埋め立て計画でまず驚かされることは、小さな島沖縄だけでは埋め立てるための土砂が確保できないため、本土各地から岩ずり採取で土砂を運び込んで辺野古沿岸を埋め立て、オスプレイ専用の飛行場を建設するという壮大な計画になっているということだ。「国引き」の話は神話の世界だが、現実に本土から土砂を運んで沖縄に基地を作るというのだから驚くのは当然であろう。

普天間飛行場の代替飛行場としての辺野古飛行場は、辺野古沿岸を埋め立てて、千六百《メートル》の滑走路を二本持つV字型のオスプレ専用の飛行場だが、元々この辺野古飛行場計画は、米軍がベトナム戦争に本格的に介入した一九六五年の翌年、一九六六年の米海兵隊マスタープランが立てられた段階で計画されていたものだが、米軍側の財政難で実現できなかった経緯がある。それを今、日本政府が肩代わりして建設してあげるというわけである。

計画によれば、埋め立てだけで経費は二千三百十億円。期間は約五年。埋め立て土砂の調達は、沖縄県の土だけでは足りず、香川県、山口県、福岡県、長崎県、熊本県、鹿児島県など七県九地区から採取する予定だ。防衛庁の計画申請によれば、国が直接工事をすると手続きが面倒なため、すべて民間業者任せ。業者の土砂採取場所別の〝岩ずりストック量〟を見ると、地元沖縄が六百七十万立方メートル、本土側が千八百三十万立方メートル。三分の二の土砂は本土から運んでくる計算だ。中でも最大のものは門司地区（福岡県・山口県）の七百四十万立方メートル。水と土砂の比重の違いは分からないが、約三倍と見てもざっと五千五百万トンの土砂を本土から辺野古に運んできて飛行場を建設することになる。

　終戦直後、沖縄県民が驚嘆したことのひとつに、米軍工兵隊の機械力を使った工事能力のすごさがあった。ブルドーザーやグレーダー、ローラー、ショベルカー、ダンプカー、クレーンなどの機械力を使って、あっという間に軍事施設を作っていく様には、ただただ驚くほかなかった。なにしろ日本軍が作った嘉手納飛行場、読谷飛行場、伊江島飛行場、宮古、八重山など各地の飛行場は、すべて沖縄住民を徴用で動員し、クワやツルハシで土砂を掘り起こし、モッコで運んで滑走路を作った時代だから、米軍工兵隊の機械力のすごさには驚くほかなかった。それが今では本土から五千万トンもの土砂を運んできて、米軍のオスプレイ専用の飛行場を建設するのだから、これまた唖然とするほかない。米軍自身作れなかった辺野古基地を日本国民の税金でもって、作るというわけである。

　そもそも安倍総理のいう「戦後体制からの脱却」ということの意味は何なのか。私たちの理解では、日本国憲法と日米安保の二本柱による日本の国家体制である。安保条約は憲法九条の担保となる条約であり、戦後の日本はスタートからアメリカに依存しなければならないような構造になっていた。そのため日本国民が圧倒的に支持して成立した日本国憲法に基づく国づくりよりも、アメリカの世界戦略に左右される〝いびつな国づくり〟がなされてきた。対米隷属の国作りが。しかも第二次世界大戦後のアメリカの戦争を見る限り、朝鮮戦争、ベトナム戦争、湾岸戦争、イラク戦争、アフガニスタン戦争等や、沖縄の基地が重要な位置を占めてきた。沖縄返還によっても基地の機能は変わらない。

日本政府は、われわれの日本国憲法に基づく国作りの要求を一切無視するどころか、アメリカの戦争を支持し、日米安保に基づく国作りを優先してきた。その挙げ句が〝思いやり予算〟を超えた米軍基地作りへの本格的な参加である。これによりにアメリカ側は〝防衛分担金〟の名目でさらに日本側の予算増額を要求してくるだろう。

安倍総理の〝戦後占領体制からの脱却〟論は、〝個別的自衛権〟の強化を大義名分に憲法九条を改悪し、米軍の隷下に〝集団的自衛権〟を行使するための防衛軍の強化を招来するだけになろう。日本単独でできる戦争などないのだから。九条改悪は米軍との集団的自衛権の行使のためのものといっても過言ではない。

辺野古沿岸の埋め立てを認可するかどうか、いま仲井真沖縄県知事は利害関係団体の意見を聴取し、年明けにも決断をくだすことになっているが、日本国民はこの辺野古基地の建設によってさらに増税による財政負担を強いられることに心すべきである。

本土には「現実的な政治のねじれ」があるが、沖縄には〝歴史的な政治のねじれ〟がある。

（二〇一四年「首里九条の会」で発表）

新局面を迎えた普天間返還闘争
政府対沖縄の対立浮き彫りに

三月二十二日（二〇一三年）「日本政府」は、ついに普天間基地の移転先として、名護市辺野古沿岸の埋め立て申請を沖縄県知事に提出した。これにより普天間問題は新たな局面を迎えることになる。新たな局面とは何か。簡単にいえば、普天間基地の建設は「米軍対沖縄県民の闘い」だったが、その代替地の辺野古は「日本政府対沖縄県民の闘い」という構図が鮮明になったということだ。これほど沖縄基地の歴史的変遷を象徴する「事件」はない。沖縄にとっては、日本とは何かを問う問題である。

そもそも普天間基地とは何なのか。一九五〇年代半ば、本土にいた海兵隊が沖縄に移駐してから、海兵隊基地としてクローズアップされ、抑止力として論じられることが多いが、元をいえば日本本土爆撃のために構築された米軍の手による沖縄で初めての飛行場であった。

一九四五年四月一日、沖縄に上陸した米軍が真っ先に狙ったのは、日本軍が構築した読谷飛行場（北飛行場)、嘉手納飛行場(中飛行場)、伊江島飛行場、小禄飛行場(現那覇空港)の奪取であり、これらの飛行場から本土を攻撃することにあった。早くも四月五日には米国海軍元帥ニミッツによって米国海軍政府布告第一号が発布され、日本帝国政府の南西諸島における一切の行政権が停止された。五月二十七日、首里にあった第三十二軍司令部は摩文仁へ撤退を開始し、六月二十三日牛島司令官は自決し、日本軍の組織的抵抗は終った。日本軍の無条件降伏調印は九月七日嘉手納飛行場で行われたが、米軍は牛島中将が自決した六月には普天間飛行場の滑走路の整地作業を開始している。正に沖縄戦の真っ最中である。大本営の本土決戦の大言壮語もむなしく日本は八月十五日無条件降伏するが、長崎に原爆投下したB29は沖縄経由でテニアンに帰還したことや、マッカーサーが厚木に降り立ったのも沖縄経由だったことからすれば、沖縄基地の重要性が分かる。

米軍が沖縄を〝太平洋の要石〟にして、戦時中から世界戦略上の位置づけをしていたことは米軍の立場からすればそうなるだろうが、戦後の米軍基地建設が本格化したのが一九五二年四月二十八日に発効した対日講和条約であり、日米安保条約にあったことは絶対忘れてはならない。一九四七年五月三日に日本国憲法が施行された時、沖縄県民はまだ法的には日本国民であった。しかし、五二年四月二十八日、講和条約第三条によって沖縄が米国施政権下に切り離された時に、沖縄は日本の視野から消え去り〝忘れ去られた島〟での米軍基地の建設が本格的に行われるようになったのである。

一九五三年四月三日、土地収用令(布令一〇九号)が施行され、四月十一日から真和志村(現那覇市新都心地域)を始め各地で武装米兵の出動による軍用地強制収用が次々行われた。しかも米軍は一九五四年三月十七日、軍用地料の一括払い方針を発表し、永久的な土地使用を画策したことから、全県的な〝島ぐるみ闘争〟が展開された。特に普天間基地建設をめぐる宜野湾村の伊佐浜における米軍との闘争は〝銃剣とブルドーザー〟で知られるように、武装米兵と県民による激しい闘争となった。

米軍の武力の前に、為す術もなく泣き寝入りせざるを得ないような県民だけの〝孤独の闘い〟だったが、不当に強制収用された普天間基地を返せという県民の要求に対して、今度は米軍に代って日本政府が代替基地を強権的に辺野古に建設するというのだから、沖縄県民の抵抗闘争の構図も米軍から日本政府に変わることになる。辺野古沿岸の埋め立て認可権を持つ沖縄県知事がどのような判断を下すにせよ、抵抗闘争の構図は変わらず、沖縄は日本にとって何なのかという本質的問題が問われる闘争となろう。

（二〇一三年三月「首里九条の会」で発表）

橋下発言を考える
―日本人の卑屈な心理と論理―

またまた橋下の沖縄での発言が物議を醸し、県民の怒りを買っている。沖縄女性の米兵への「慰安協力感謝」発言だ。橋下発言に触れるのはもううんざりだが、この発言、現在沖縄が抱えている問題に通底する日本人の心理と論理を象徴する発言だけに見過せない。

七月五日、参院選応援のため来沖した橋下は、何を勘違いしたのか沖縄市の街頭演説で「米軍の沖縄占領時代、日本政府が真っ先に作ったのは、特殊慰安所協会だった。そのような施設を作ったのは歴史的事実だ。女性が一生懸命になってやってくださったことは、歴史的事実として受け止め、女性たちに感謝したい」。橋下はさらに「口を開けば、女性の人権を無視しているなどというが、女性が一生懸命に慰安所協会で頑張ったことを全部なしにするのか」という。沖縄の有権者にとっては何を言っているのかさっぱり分からない。

続けて橋下は「アメリカも過去に女性を性の対象に利用してきたことがあった。そういう指摘をするのが日本の政治家の仕事だ」。日本の慰安婦問題とひっかけてアメリカを批判しているつもりだろうが、ならば、外国特派員協会の記者会見で、堂々と批判すればよかった。目くそ鼻くそを笑う論理でアメリカを批判しても、日本の慰安婦問題を正当化することはできない。

多分、石原慎太郎のいうアメリカに対して「ノーといえる日本人」を気取って発言していると思うが、そんなに勇気のある政治家なら、アメリカに対して正面から「東京裁判論」「原爆投下論」「押しつけ憲法論」「日米安保論」「地域協定論」などの論戦を挑んでみてはどうかといいたい。

そもそも日本政府が終戦直後に真っ先に作った「慰安所施設協会」とは何か。確かに本土では、一般婦女子を米軍のレイプから守るために、いち早く内務省の指示で「慰安所施設協会」が組織され、大蔵省の融資で民間業者が関東を中心に各地で米軍専用の慰安所を作った。目的はともかく米軍の需要を先読みしたおぞましい迎合的な施策だった。それと沖縄に何の関係があるのか。

当時沖縄は米軍の直接統治下にあり、ニミツ布告（米海軍軍政府布告第一号）によって日本政府の一切の行政権は停止され、日本と沖縄の関係は完全に断ち切られていた。一九四六年四月、日本円はB円軍票に切り換えられ、日本円は通用しなくなっていた。米軍は本土と沖縄の切り離しに躍起になっていたし、沖縄は琉球と呼ばれた。「日本政府南方連絡事務所」の設置がアメリカによって認められたのが、講和条約発効後の一九五二年八月。日本政府の琉球政府援助が一部認められたのが、池田内閣の一九六〇年以降である。いくら米軍が戦勝者だといっても、米軍専用の慰安所建設まで敗戦国日本に要求するはずがない。

もし橋下が沖縄の女性たちに対して、米軍専用の慰安所への協力を感謝するというのであれば、それは沖縄と本土の戦後の歴史の違いを知らない無知、錯覚に基づく発言だ。この人、弁護士の職業病なのかどうか知らないが「歴史的事実」という言葉を好んでよく使う。独断的な歴史の虚構を「歴史的事実」と強弁してまでも。だが、それが「歴史の真実」になるわけではない。

かつて米軍は「米軍要員を強姦した者は死刑にする」との布令を出した。一九五五年三月に発布した琉球列島米国民政府布令第十四号である。「合衆国軍隊要員（軍人・軍属）である婦女を強姦又は強姦する意思をもってこれに暴行を加えた者は死刑にする」というものである。しかし、沖縄人が米軍要員を強姦した事例は一件もなかった。沖縄の男性が米軍女性軍人に拳銃を突きつけられて〝強姦〟されたことはあっても。

逆に米兵に強姦された沖縄人女性は敗戦この方何百件にものぼる。中にはいたいけない幼女が米兵に強姦され、殺されて海岸に捨てられたこともあった（由美子ちゃん事件）。いま問題になっている普天間返還問題にしてからが、一九九五年に起きた米兵三人による少女強姦事件をきっかけにしてからである。いかに多くの沖縄の人たちが米軍の性被害に泣かされてきたことか。橋下なぞに感謝される筋合の問題ではないのである。

終戦直後、本土で「星の流れに」という歌が流行し、沖縄にも伝わった。「こんな女に誰がした」という歌詞で、記憶に残っている人もいるだろう。生きるために身を落さざるを得なかった女性が怒りと哀しみを歌った歌だ。沖縄の風俗嬢たちには、今なおこの歌の心を抱いて生きている人が少なくない。橋下の感謝発言に怒るのも当然であろう。

日本維新の会を代表する石原や橋下、平沼らは、その思想の言葉としてよく「日本の誇り」を口にする。一体「日本人の誇り」とは何なのか。戦後一貫してアメリカにノーといい続け、それに従属して沖縄の過酷な現実を強いる日本政府を批判し続ける沖縄人から見れば、彼らの誇りといっていることは〝虎の威を借りる狐〟の誇りに過ぎない。米軍に代って米兵の慰安への協力に感謝してみたり、米軍専用の新たな辺野古基地の建設を推進したり。しかも沖縄の反基地闘争に対して、反米反日主義だの、左翼に扇動された運動だの、日本政府の補助金狙いだ——などと非難、中傷する。挙句は「基地に反対するなら日本から出ていけ！」という人たちまで出てきた。

沖縄の人たちの叫びは、人間の尊厳を、人間の誇りを求める叫びである。相次ぐ橋下の沖縄での暴言の向こうに、日本人のおぞましい民族心理と論理が見えかくれしている。

（二〇一三年）

沖縄マスコミへの攻撃の意味するもの

「沖縄の新聞二紙は潰せ」。沖縄の絶対権力者だった高等弁務官さえ言わなかった言葉が、安倍政権の周囲から飛び出した。

いったい、なぜ、いま、何のために、そんな発言がなされたのか。その背景は何か。多分、辺野古基地建設という国策が、県民の抵抗によって思うように推進できない苛立ちの表れであろう。今後ともこのような沖縄のマスコミに対する弾圧が予想されることから、私たちは「沖縄マスコミを支える会」を結成し、政府の政治的圧力によってジャーナリズムの基本理念である「真実の報道」の姿勢を弱めることのないよう叱咤激励することにした。

「沖縄タイムス、琉球新報を潰せ」という百田らの暴言の理由は何か。彼らは、沖縄の国策批判、とりわけ反基地、反戦の世論は、沖縄マスコミの扇動によって形成されたものと見ている。反戦平和は左翼のスローガンというわけだ。

平和を希求する沖縄のアイデンティティーの核心が、沖縄戦にある事を知らない。つまり、沖縄の地上戦がいかなるものであったかを全然知らないのだ。東日本大震災の十倍もの戦死者が、この小さな沖縄で出たことなど夢想だにできない。基地反対の沖縄の世論の根底に沖縄戦の体験がある事など理解できず、それを新聞の扇動にあるなど、噴飯ものだ。

沖縄の戦後の新聞の成り立ちと現状をみよう。

戦後の沖縄の新聞は、戦前の大本営新聞の反省の上に立って、県民の視点に立った「真実の報道」を貫くことを理念とし、社是や編集綱領に「民主主義の発展に寄与する」ことを誓っている。そして戦争のためにペンを取らない、カメラやマイクを持たないと決意し、報道に当たってきた。私たちは、戦後の沖縄のジャーナリズムを確立してきた高嶺朝光、比嘉盛香（沖縄タイムス）、池宮城秀意、下地寛信（琉球新報）、西銘順治（沖縄ヘラルド）の先輩たちの理念を誇りに思い、今に引き継いできている。

沖縄の新聞の特質を言うならば、新聞と読者の密着にある。沖縄の読者は、タイムスや新報を自分たちの新聞と思っている。自分たちが必要としている情報を提供し、自分たちの考えを代弁してくれると。この読者と新聞の信頼関係こそが沖縄の新聞の特質だ。新聞によって世論が形成されているのではない。

いま、日本政府は権力（法）とカネで沖縄の世論をどうにでもできると勘違いしている。こんな手法は、米軍統治下ですでに私たちは学んでいる。米軍はその政策を貫徹するために権力（布令）とカネ（弁務官資金）を使って世論を分断して統治してきた。日本政府が今やっていることは、その二番煎じである。

県民は、米軍の布令連発に対しアメリカの民主主義をタテに民主主義擁護連盟（民連）を結成し、アメリカの国是を逆用してアメリカに抵抗してきた。今の日本国憲法をタテに日本政府に抵抗しているようなものだ。

沖縄のジャーナリストたちは、戦後確立されたジャーナリズムの原点を守り、戦後は欺瞞的な米軍政を批判、糾弾している。とりわけ沖縄差別への怒りは強い。

戦前、沖縄は重税によって疲弊し、「イモと裸足」の生活を強いられ、「瀕死の琉球」といわれた。日本政府の沖縄予算をはるかに上回る国税が沖縄から徴収されていた。税の過剰負担である。そして沖縄戦、それに似て戦後は米軍基地の七四％の過剰負担だ。戦前、戦中、戦後の沖縄差別は歴然としている。左翼だから怒り、右翼だから怒らないというものではない。人間として当然の怒りである。

百田らの沖縄マスコミ批判は、批判ではなく誹謗中傷であり、逆に沖縄の全うさを示す結果となった。できれば無意味なレッテル貼りではなく、正面からジャーナリズムの在り方について論争をしてほしいと思う。

（二〇一五年一〇月九日）

十二月県知事選の持つ意味を考える

今年（二〇一四年）十二月に沖縄県知事選挙が行われる。今回の選挙は、仲井真知事が公約を裏切って辺野古埋め立てを承認し、それに反対する稲嶺進氏が名護市長選で圧勝した結果を受けて行われる。政府自民党は、仲井真知事の埋め立て承認をもって沖縄の民意とし、辺野古基地の建設を強行しようとしている。しかし、多くの県民は稲嶺名護市長の反対意見を民意とし、今なお激しい論争が続いている状況にある。その意味で来る十二月の知事選は、沖縄の民意がどこにあるかを明確にする歴史的に重要な選挙である。ある意味では、沖縄県民の戦後の政治的、思想的な反戦平和の戦いが総括的に問われる一大決選（戦）ともいえる戦いである。

そこで今回の研究会では、「首里九条の会」が護憲の立場から今回の知事選の持つ歴史的な意味を問い、どう対応すべきかを考えてみたい。

Ⅰ　問題への視点について

視点とは、問題をどうとらえるかの自らの立ち位置を明確にし、そこから問題の持つ現実的、本質的意味を認識し、それを基本にして問題解決の対応行動を明らかにすることである。具体的に言えば、今回の知事選の持つ意味を歴史的、政治的視点から分析し、争点を明らかにすると共に、それへのわれわれの対応行動を明確にし、実践することである。

問題を分析するためには、問題をどう認識するかを方法論的に知る必要がある。そのための三要素として

Ａ：自己の立場（立ち位置）を自覚的に知ること

Ｂ：彼（認識対象）を知ること（彼我の関係性）

Ｃ：関係性の変化の予測とそれへの対応を策定すること、と言われる。

われわれの立ち位置は、護憲にある。つまり憲法にうたわれている主権在民、平和主義、人権尊重という民主主義の精神を発現する立場である。その立ち場（視点）から政府自民党やそれに追従する仲井真知事の政治的、思想的行為を認識し、今後の彼我の関係によって日本が、沖縄がどういう状況に追い込まれるか、変化を予測し、それへの対応策を打ちたて、実践することである。

問題意識があるかないかは、主体的な実践論を持っているか否かにかかってくる。

傍観者や消極的人生論者からは問題意識は生まれない。時勢に流されるか、現状を甘受する以外にない。絶望と諦観には未来はない。だが、これは克服できない問題ではない。

Ⅱ　具体的彼我の問題

今回の仲井真知事の埋め立て承認の背景には、いくつかの思想的、政治的問題意識があったように思う。

①思想的な意識（イニシアチブ論）

沖縄は日本であり、日本の国家体制（法体制）に従う必要がある。国の埋め立て申請に重大な瑕疵がない以上、地方行政法上認めざるえない。

また、移設に反対しても日米合意を阻止することは困難である。ならば少しでも県益に資するよう条件を付して承認するほうが得策である。

②政治的な理由

仲井真知事は、普天間の辺野古移設について政治的に「危険性の除去」「基地負担の軽減」、「固定化の回避」等の発言をしているが、それが普天間、辺野古問題の本質的問題の解決につながらない詭弁であることは言うまでもない。知事は、埋め立て承認の代価として

①普天間の五年以内の閉鎖

②牧港補給基地の七年以内の返還

③オスプレイ12機の本土基地への移転配備

④立地協定の環境管理条項の追加改訂

を安倍総理と合意したことをあげ、さらに、基地と振計をリンクさせたことをあげて
①振計の二〇二一年までの予算に毎年三千億円を計上する。
②那覇空港の第2滑走路建設や大学院大学の建設に格段の配慮などの確約を取り付けた。
しかし、そこには我々が問題視している「民主主義の在り方」とか、「沖縄の自己決定権」「構造的差別」「平和への理念」とかの思想的視点などは全くない。すべて現状維持の延長上での問題処理であり、沖縄の将来のあるべき姿、未来への展望は全くない。

Ⅲ　県民が普天間・辺野古問題の解決に求めたもの

仲井間知事の普天間、辺野古問題の処理に対する県民の反対意見は、埋め立て承認後の直近に行われた名護市長選の稲嶺市長の圧勝による再選で示されているが、その政治的、思想的、歴史的意味を要約すると、沖縄県民の民意は
①沖縄の基地問題は、沖縄戦の結果としてある。反戦平和の戦いは、沖縄戦の体験から来るものであり、平和憲法の実現を旨とするものである。
②基地の圧政から来る人権無視、事件・事故から受ける恐怖や不安からの解決を求める戦いである。
③日米両政府による軍事的植民地政策を拒否し、沖縄の自己決定権（当事者主権）を確立するための戦いである。
④基地負担の本土との格差など琉球処分以来続いてきた沖縄差別との戦いであり、今なおそのよう

な差別を押し付けようとする本土政府との戦いである。
⑤新基地建設による沖縄の自然破壊に反対し、沖縄の自然を守るための戦いである。
⑥沖縄の経済発展を阻害する基地を撤去し、平和経済を構築するための戦いである。
⑦沖縄を再び本土の防波堤としての基地にすることに反対し、沖縄を国際的な「平和交流」の場として将来展望を築くための戦いである。
以上のようなこれらの問題を総括的に言えば、普天間・辺野古問題は本土政府による沖縄差別政策の根幹を断ち切り、沖縄の自己決定権を確立するためのすぐれて政治的、思想的な戦いであるということである。それは単なる日本国内における安保の是非に基づく「基地賛成・反対」の政治闘争ではない。

Ⅳ　明確になった対立の構図

以上、仲井真知事の埋め立て承認と我々の承認反対の視点の違いを見てきたが、さらにこの問題の対立の構図を浮き彫りにしてたのが、政府自民党の要人の発言である。「問いに答えず語りに落ちる」とは、この事である。
①木原防衛政務官発言
名護市長選の結果を「沖縄の民意」として辺野古埋め立てを断念するよう要請した沖縄選出野党国会議員団に対して、木原防衛政務官は「沖縄の民意といっても永田町（国家）には永田町の民意があ

る。永田町の民意で言えば自民党が多数派であり、野党は少数派だ。名護市長選では負けたが、選挙で選ばれた仲井真知事の埋め立て承認も沖縄の民意である」とした。

この発言は、現実としての普天間・辺野古問題が「国家の民意」と「沖縄の民意」の対立としてとらえていることを示し、しかも、仲井真知事の公約裏切りの行政判断を民意として取り組み、辺野古反対派の民意をあくまで少数派の民意として切捨てようとする多数派の横暴な姿勢を示したものである。多数派なら何でもできる、という安倍内閣の政治姿勢そのものである。

②島尻安伊子参院議員の発言

沖縄県選出の参院議員である島尻安伊子は、参議院予算委員会で沖縄への基地集中は差別ではないとし「仲井真知事と安倍総理の合意に基づき、早急に辺野古基地の建設を進めるべきだ。そのためには、反対運動対策として国家公安委員会（警察の総元締め）や、海上保安庁は万全を期すべきだ」として、警察権の行使や海上警備艇の出動をも促した。自らの選挙公約を何ら恥じることもなく、である。

③石破幹事長の発言

自民党の石破幹事長は、政府の辺野古基地建設を推進するため「来るべき沖縄の知事選は、自民党の全力を挙げて戦う。そのための準備を早急に進める」と明言した。辺野古基地の建設には十年以上の歳月を要するため、仲井真知事の埋め立て承認だけでは不安なんだろう。仲井真知事から埋め立て承認を取り付ければ後は用はない。使い捨てである。後は仲井真路線を引き継ぐ候補を担ぎ出せばいい。

以上の政府自民党要人の発言を要約すれば、十二月の沖縄県知事選の対立の構図は、政府自民党＋県内事大主義者対沖縄県民の民意の戦いとなる。別の言い方をすれば、本土の国権対沖縄の民権の戦いである。

V　対立構造の背景にあるもの

いま、知事選の対立の構図には少なくとも「本土の国権対沖縄の民権」の対立構図があると述べたが、それは安保の是非を超えた、日本国内の保守対革新の政治的対立の構図を超えた問題があるということである。従って本土の政党に系列化している政党の「保革対立」の構図では捉えきれない問題を内包しているということである。この構図の中には、一朝一夕にしてはできない本土対沖縄の長い歴史的な差別関係がある。

仲井真知事は、埋め立て承認の主な理由として、（1）危険性の除去（2）負担の軽減を言っているが、なぜ戦後七十年も危険な普天間基地の存続が許されてきたのか、なぜ七四％の加重な基地負担が強いられてきたのか、その理由については一言もふれていない。

しかし、そこに日本政府を免罪する陥穽がある。沖縄の現実は、戦前、戦後を通じた長い本土と沖縄の差別的関係の結果として存在しているのである。

先に沖縄戦の結果として現在の基地問題があると述べたが、沖縄戦では、日本の防波堤として日本軍によって沖縄の基地が建設され、敗戦後は日本の独立のためにサンフランシスコ条約によって沖縄を米軍の統治下におき、米軍の基地建設を認め、さらに復帰後は安保条約の本土並み適用として、米軍統治下で建設された基地の存続を認めた。そのような本土政府による差別的な沖縄の取り扱いが、今日の基地問題の背景にある。

確かに、復帰後は沖縄県民も日本国民として法律の適用は受けているが、政治的・心理的には沖縄差別の潜在意識があり、それが国策推進の場で顔を出してくる。永田町の民意との沖縄の民意の軽重、優劣論がその典型である。負担軽減といっても本土のどこの都道府県でも受け入れるところはない。「基地は沖縄に」という意識が、日本国民の多数を占めている。

Ⅵ 琉球処分に始まる沖縄差別

では、なぜ沖縄差別が潜在意識化するほど、長きにわたって培われてきたのか。

差別のそもそもの始まりは、琉球処分である。明治維新によって近代国家の建設に乗り出した日本は、琉球を日本の版図に組み入れるために琉球を処分し沖縄県とした。この「廃藩置県」によって、沖縄人は日本人にされたわけだが、しかし沖縄県政の実権は他府県人によって握られ、（県知事は敗戦まで内務大臣の任命）政治的にも、経済的にも、教育的にも、文化的にも本土の植民地にすぎなかった（県民が自らの手で知事を選ぶようになったのは主席公選が実現してからである）。

この本土政府による植民地扱いによって、沖縄は戦争直前まで「瀕死の琉球」、「さまよへる琉球人」、「琉球人と朝鮮人お断り」、「イモと裸足」、「ソテツ地獄」と形容されるような「貧困のどん底」に突き落とされていた。そして沖縄戦である。このような歴史によって、沖縄人の本土人にたいする「劣等感」と「事大主義」が培われてきた。それは現在も潜在的に生きている沖縄人の県民性の一側面である。

仲井真知事の「まず豊かになること」としての「振計の重視」、「国家権力への事大主義的迎合」などがそれである。沖縄県民が憲法で「日本国民」とされたのは復帰後であり、まだ四十年にすぎない。戦前は「臣民」であり、米軍統治下では無国籍の琉球人であった。

Ⅷ　マイノリティ（少数派）としての特別扱い

前述したように建前として沖縄人は、法的には本土人と同様な適用を受けているが、国策を推進するときの政治的、心理的な沖縄人差別は、潜在意識として残っているといった。たとえば、本土における「原発と復興」のリンクは絶対ないし、北方領土との関係において漁業協定をロシアと一方的に結んで、それを漁民に押しつけることもない。尖閣諸島周辺における日台漁業協定は、日本の領土といいながら沖縄県民を全く無視し、一方的な漁業協定を押し付ける。そして、問題の基地の押し付けである。

そのような長い差別の歴史に反発して、沖縄では「独立論」や「特別自治州」、「道州制の導入」などが出てきている。これらの問題意識は、日本人としての多数派による少数派としての沖縄人疎外の歴史に起因している。その様な見方は沖縄人だけでなく、欧米やアジアでも「琉球の歴史」を知っている人達には共通の認識としてある。沖縄の反基地闘争に対する欧米の知識人たちの連帯のメッセージでも明らかだ。「日本国民」として沖縄人というマイノリティ（少数派）は、多数派によっていじめられているという見方だ。

では、マイノリティとは何か。その明確な概念規定はないが、国際人権法上はおおよそ次のように受け取られている。

①一国においてマイノリティは、他の住民より劣勢な集団である。
②被支配的な立場にある。
③その構成員は、当該国の国民である。
④国民の多数と異なった民族的、宗教的、言語的特徴を持っている。
⑤自己の文化、伝統、宗教、言語を保持していることに対して、連帯意識を持っている集団である（アイデンティティーの保持）。

このような規定からすれば、日本国内の沖縄人は正に日本のマイノリティであり、本土人と沖縄人の相互の違和感が理解できる。かっての西銘知事が、「沖縄の心とは」と問われて「日本人になりたくてもなれない心」といった言葉がそのものである。普天間基地建設に反対して伊佐浜闘争に参加した西銘知事は多分、仲井真知事の心境にはなれなかっただろう。蛇足だが記しておく。

Ⅷ　沖縄の民意の結集の必要性

以上述べてきたように十二月の県知事選は、本土政府の国権と沖縄県民の民権の戦いである。沖縄県民が普天間・辺野古問題に寄せた思いは、Ⅲに述べたとおりだが、知事選ではこの民意を貫き通すことであり、名護市長選で示された民意を全体的な民意として、本土政府の国権と対峙して戦うことである。知事選は、名護市長選の延長線上にあり、それに勝利することが名護市の稲嶺市政を守ることになる。と同時に、県内の国権追従者の事大主義思想や、野郎自大なイニシアチブ論と戦い、その克服を目指す重大な思想闘争の場とすることである。

沖縄の大衆的な政治闘争は、島ぐるみ闘争として絶対的な権力をもつ米軍相手に展開され、プライス勧告に歯止めをかけ、一括払い止むなしとした当間重剛任命主席同様、沖縄の歴史の舞台から引きずり下さなければならない。

そのためには、各政党の系列化の枠を超え、安保の是非の枠を超えて、沖縄の民意を結集しなければならない。沖縄闘争の遠景に日本政治の革新論や独立論、特別自治州論など、さまざまな思想があるだろうが、今はそれらの思想を超えて、辺野古の基地建設を阻止するために、沖縄の民意を結集する時である。強大な権力と戦うには、小異を残して大同団結することも必要だ。

Ⅸ　翁長那覇市長の擁立も

沖縄の民意を最大公約数として結集するための方法は、保革の枠を超えて集票できる候補者を擁立する必要がある。現在の民主主義社会では、多数決を原則としているからである。

今回の普天間・辺野古問題で翁長那覇市長は、ぶれることなくオール沖縄の民意で対応することを主張している。そのことは、「沖縄の歴史的現実」をしっかり認識していることを示すものであり、沖縄の民意を象徴する人物として評価したい。しかし、無条件に支持するわけではない。われわれ「首里九条の会」は、次の三原則を翁長市長が甘受するならば、擁立を積極的に他団体に働き掛ける。

1、平和憲法を守ること。（とりわけ九条の改定に反対すること）

2、いかなる基地建設にも反対し、基地の縮小をもとめること。

3、無所属として立候補し、特定の政党の主張に拘束されないこと。

（二〇一四年「首里九条の会」で発表）

日米関係と沖縄の過去・現在・未来
―首里九条の会シンポジウム（レジメ）―

一、日米両国が現在直面している問題

①日本

○一千兆円の累積赤字と財政再建、増税と社会福祉切り捨て
○改憲と軍事力強化への動き
○ＴＰＰ参加と米国輸入品の関税撤廃
○沖縄基地問題のゆらぎ

②米国

○財政難による内部矛盾の拡大と対立の激化
○国防予算の削減と軍の再編、海外派遣軍の撤退
○超大国としての威信の低下

二、問題の歴史的背景（国家構造の違い）

①日本

○平和憲法の成立（一九四七年五月三日）と平和経済への移行、高度経済成長

○サンフランシスコ講和条約、日米安保の成立（一九五二年四月二十八日）と日米の政治・軍事と経済の機能分担化→対米従属構造の確立

○平和憲法と安全保障の担保としての沖縄基地

○高度経済成長（一九六〇年代）と日米貿易摩擦（一九八〇年代）

○安保ただ乗り論と米国支援の拡大（米軍戦費の負担、ＯＤＡの肩代り、非戦闘地域への自衛隊派遣、戦艦への給油、復興支援の尻ぬぐい）

②米国

○第二次世界大戦後の米ソの冷戦二極構造と軍拡競争（核、軍拡）

○米ソの代理戦争としての地域戦争の続発と介入（朝鮮戦争、ベトナム戦争、キューバ危機、アフガン戦争）

○冷戦の崩壊（一八九八年）と米国一極の超大国化、世界の警察化

○テロ戦争の始まり（二〇〇一年九月十一日）と米軍を中心とした多国籍軍の対応（イラク戦争、アフガン戦争等）

○イスラム民主革命とアラブ世界の混乱（エジプト、リビア、アルゼリア、シリア等）
○軍事大国として、生産につながらない戦争経費の増大と累積赤字による財政悪化（ニクソン・ショック・ドル危機、オイルショックによる世界経済の混迷）

三、日米間の矛盾の拡大とその止揚（解決）

①政治的、軍事的矛盾の解決策（米国の世界戦略への協力）
○沖縄返還（一九七二年五月十五日）による米軍統治経費の日本負担と日本政府による基地の安定的使用の保証
○日米安保の適用範囲の拡大による米軍の世界戦略の補完（極東の平和と安全から世界の平和と安全へ。守備範囲の拡大（一九九六年））
○米軍支援のためのテロ特措法（二〇〇一年）
○米軍再編のための日米ロードマップの作成（二〇〇六年）と必要経費負担（辺野古、グアム基地建設費、グアム移転費等）
○軍事情報保全協定（二〇〇七年）と機密保護法の立法化（現在進行中）
②日米経済摩擦・緩和策
○米国の対日「年次改革要望書」に基づく対米経済政策の推進
○米国債の積極購入（中国に抜かれて現在世界第二位の購入額）

○武器の購入（F36、オスプレイ、イージス艦、パック3など）。沖縄基地に配備される兵器は必ず自衛隊が購入している。
○思いやり予算（防衛分担金）の増額（年間約五千億円）
○TPPへの参加と米輸入品の関税撤廃

四、改憲論の背景とその持つ意味

①経済大国から政治・軍事大国への民族的欲求（ナショナリズムの復活）
②戦力の不保持、交戦権を認めない平和憲法の民族要求実現へのカベ
③国際社会における政治的、軍事的存在としての国連軍、多国籍軍、米軍の行動参加要求（孤立感）
④平和憲法による米軍支援の限界——カネも血も出す支援へ
⑤強盛大国への障害となる貿易費GNP一％の枠突破と非核三原則、武器輸出三原則の撤廃
⑥技術大国の軍事産業への誘惑と指向

五、改憲への手順とその欺瞞性

①憲法九六条の改定——改憲へのハードルを低くすること
②集団的自衛権の解釈改憲の先行——国際的に個別的自衛権強化のための改憲は警戒されるので、集団的自衛権の名目を先行させている。

六、改憲と日米のジレンマ

①日本

○平和産業から産軍複合体への産業構造の転換

○生産性の低下と国際競争力の鈍化

○集団的自衛権による米軍との共同行動（作戦）でテロの標的

○国内の抵抗闘争の激化と政情不安

○軍拡競争の引きガネと財務の悪化

②米国

○戦後対日政策のゆらぎと見直し

○日本の軍拡の「瓶のフタ」となっている安保条約のアクセルとブレーキのバランス

○日本と中国・韓国の関係悪化と紛争拡大への懸念

○超大国からの転落と日・米・中の複雑な外交バランスの困難性

七、予測される今後の日米の変化と沖縄の命運

①財務の肩代りから軍事の肩代りへ自衛隊の強化

②基地の固定化と共同訓練（演習）の強化、日米対沖縄の対立激化

③日・米・中の攻めぎ合いの場としての基地問題の複雑化と混迷化
④複雑化、混迷化による世論の分裂（自立論、独立論、迎合的同化論）

八、私たちの当面の行動課題

①軍拡の歯止めとして九条の改定、九六条の改定、改憲への先行解釈改定としての集団的自衛権に反対し、阻止すること
②いつか来た道への教育の反動化を阻止し、私たちの抵抗の武器、戦後民主主義の死守
③財政再建、社会保障制度の改革を名目にした一切の増税に反対すること
④世論の分裂を阻止するため、沖縄人のアイデンティティーとしての平和思想の構築に努めること。

（二〇一五年「首里九条の会」で発表）

日本の戦後史の今を問う

はじめに

現実は常に歴史の結果（帰結）としてある。歴史のない現実というものはない。現実を認識するには、歴史をどう認識するかに係わる問題である。

今、私たちは辺野古問題に直面している。この問題は、沖縄の戦後の「歴史と現実」を象徴する問題としてある。つまり、日米関係史の結果として存在している。辺野古問題はいかにして招来されたか。この問題を沖縄戦を起点にした戦後の日米関係史を辿りながら論じてみたい。論題は次の三点。

1　戦後処理としての沖縄問題（第二の琉球処分論）
2　高度経済成長の踏み台としての基地
3　沖縄返還の意味（第三の琉球処分論）

戦後処理としての沖縄問題

吉田ドクトリン

1　沖縄の命運を決した四つのドクトリン

日本の戦後体制（レジーム）を決定的にした政策は吉田ドクトリン、岸ドクトリン、池田ドクトリン、佐藤ドクトリンの四つのドクトリンである。中でも吉田茂と岸信介両首相の政策が沖縄の命運を決定的にした、といっても過言ではない。それは、沖縄県を日本の版図から切り離し、米軍の統治下に置いたことだ。そこから沖縄の戦後の苦しみが始まる。

①カイロ宣言（米英・中）

②ポツダム宣言

2　無視され、忘れられた島沖縄

吉田首相の時代に、日本国憲法が制定され、それに関連して平和条約（サンフランシスコ講和条約）日米安保条約（旧安保）、行政協定が締結されたが、そこには日本国民としての沖縄県民は存在しなかった。国民主権としての国政参加権もなければ、基本的人権もなければ、平和もなかった。

特に平和条約第三条による沖縄の分離と米軍の統治は、沖縄県民を無国籍の宙ぶらりんの存在として布令政治の下に置くことになった。すなわち、アメリカの国民でもなければ、日本国民でもない。信託統治下の住民でもない。曖昧な存在として米軍に統治された。

まさに人間として無視され、忘れられた島に生きる奴隷同然の存在でしかなかった。

3　今も続く無関心

多くの日本国民の沖縄に対する無関心は、今なお続いているが、その根底に吉田首相の平和条約第三条による沖縄無視があるとしても、何よりも人権に敏感であるべき日本のジャーナリズムの鈍感さにある。権力サイドからものを見る性格は、平和憲法下の今も変わらない。大本営発表時代の残滓だ。

米軍占領下の沖縄の人権無視を世界に初めて知らせたのは、一九五四年三月のアメリカ自由人権協会による沖縄の人権調査報告だった（ボールドウィン報告）。この報告を受けて一九五五年一月十二日に朝日新聞が日本で初めて沖縄の人権問題を報告した（朝日報道）。沖縄基地の核、毒ガス報道もアメリカのジャーナリストたちだった。日本のジャーナリストたちが自由に沖縄に入域できなかった事情もあるが、沖縄はいまだに〝忘れられた島〟なのである。

4　吉田安保（旧安保）における沖縄

吉田安保は平和条約（サンフランシスコ講和条約）と共に吉田首相一人で署名した条約だが、その理由は日本は武装解除されているので、固有の自衛権を行使できないからアメリカとの間で安全保障が必要、としている。

そしてその第一条にアメリカの陸軍、海軍、空軍を日本国内及びその付近に配備する権利を許与する、としている。この条約の条文で最も興味のある文言は、何度も「日本国内及びその付近」という表現が出てくることだ。これは行政協定でも同様である。沖縄ということばは一度も出てこない。沖縄は「日本国内およびその付近」と表現されている。沖縄は日本ではなく、その付近である。沖縄基地に安保条約や行政協定が適用されるか否か不明だ。

5　米軍の沖縄統治の根拠―第三条

米軍の沖縄占領統治は、一九四五年四月五日に出された米海軍軍政府布告第一号（ニミッツ布告）によってであった。この布告は一九五七年六月五日の大統領行政命令によって合法的に統治されることになるが、アイゼンハワー大統領行政命令は「合衆国は、対日平和条約第三条によって、琉球列島の領域および住民に対して、行政、立法、司法上のすべての権力を与えられているので、今後はこの命令によって権力は行使される」としている。アイゼンハワー大統領は一九五四年一月の一般教書で「沖縄基地の無期限保持」を宣言しているが、この第三条によって、これまでのアメリカの統治政策はすべて合法化されることになる。

この第三条による米軍統治の合法化は、後の沖縄返還による米軍基地の合法化につながる。

岸ドクトリン

1　六〇年の安保改定は、旧安保条約を改定し、新安保条約を締結するとともに行政協定を地位協定に改定するものだった。現在の日米安保条約である。

この新安保条約の締結には全国的な反対闘争が展開され、死者（樺美智子）が出るほどの激しい闘争となった。

この条約は治外法権的な自由な基地使用が行われていた沖縄の米軍基地に直接な影響を与えるものではなかったが、現在の日米安保や地位協定の根幹をなすものであった。

旧安保条約の改定については、一九五五年八月の重光外相とダレス米国務長官の間で改定の条件などについて協議が始められていた。この問題にふれる前に、岸の外相時代の外交三原則についてふれておきたい。

2　岸は一九五七年の石橋内閣の外相の時、日本外交三原則を発表した。それは

①国連外交中心主義

②欧米との協調

③アジアの一員としての立場

というものだった。

当初は①と②だけだったが、一九五六年の日本の国連加盟の時、アジア諸国の支持が不可欠だということを知り③を追加したものである。（日本は国連加盟に何度か失敗している）日本の近代化は「脱亜入欧」といわれたように欧米重視、アジア軽蔑の意識が今も残っている。いわゆる大東亜意識である。

3　それでは新安保の改定点は何だったか

①旧安保の片務性から双務性へ

②自衛隊の強化

③武力行使は国連憲章に従う（第五条）

④日米安保は国連憲章の集団的自衛権の規定に合致

⑤米軍の日本における基地使用の承認（第六条）

⑥国連憲章が日米安保に優先する

4　地位協定（安保条約第六条に基づく）

①米軍の基地運用権の承認（第二条）

②米軍の日本への自由入国（パスポート、ビザの免除）

③裁判権の優先（第一一条）

この地位協定は復帰後の沖縄にもそのまま適用され、欠陥だらけの協定だとして改定を要求しているが、いまだに改定されず。

5　交換公文

安保条約第六条の実施に伴う規定（事前協議制）だが、復帰後も一度も協議されたことがない。この規定は「米軍の日本国への配備における重要な変更、軍隊の装備の変更ならびに日本国から行われる戦闘作戦のための基地の使用は、日本国政府との事前協議の主題とする」となっている。日米安保条約は当初は日本の安全保障を主旨としていたが、周辺事態法によってアジア全域へ拡大され、今回の安保法制によって全世界へ拡大されようとしている。その中心に沖縄基地がある。

沖縄基地は沖縄戦の結果として米軍占領下で建設され、当初、日本を攻撃する基地として建設された。事実テニアンから出撃して長崎に原爆を投下したB29は、沖縄基地を経由してテニアンへ戻った。フィリピンから厚木に降り立ったマッカーサーも、沖縄基地を経由して行った。

沖縄の米軍基地は日本攻撃のための基地から日米安保の基地へ、さらにアメリカの世界戦略基地へと転換してきた。変わらないのは基地との共存を強いられてきた沖縄県民の存在そのものである。

沖縄の基地は「アメリカのアメリカによるアメリカのための基地」としてある。それを許容した責任は日本政府にある。

1　池田ドクトリン─経済至上主義の今

1　吉田学校の優等生

「主権よりはまずは復興」とアメリカ寄りのサンフランシスコ講和条約と、日米安保条約を締結した吉田茂と行動を共にした池田勇人は、吉田学校の優等生といわれ、吉田の「軽武装・経済重視」の路線を歩んだ。

一九五六年一二月石橋湛山内閣がスタートとしたが、石橋が病で倒れ、外務大臣だった岸信介が首相となり、五九年日米安保を改正し強行採決。不人気で最低支持率一二％で六〇年六月岸退陣、七月に池田内閣スタート。所得倍増計画を発表し、岸の政治から池田の経済へ舵を切った。

2　民需中心の経済開発

池田は一九六二年に全国総合開発計画を打ち出し、新産業都市の建設など積極的な産業振興策を打ち出した。鉄鋼業、石油化学、機械工業、造船、自動車、合成ゴム、化繊、電子工業トランジスタ、電子計算機など、日本の工業化の基礎を築いた。ドゴール大統領に「トランジスタ商人」と馬鹿にされながらも、一九五九年に「三種の神器」といわれたテレビ、洗濯機、冷蔵庫を「新三種の神器」として、カラーテレビ、クーラー、カーに引き上げた。

しかし、一九六四年の東京オリンピック後、病に倒れ、一一月に佐藤内閣に引き継いだ。

3　池田の高度経済成長政策は、その後の民需中心の日本の産業発展の基礎となり、アメリカとの貿易摩擦を引き起こすまでの経済大国となった。資料三でも分かる通り、アメリカ側では「日米安保のただ乗りのおかげだ」と不満が続出。今日の防衛分担金要求へつながった。

資料五はニューヨークタイムズやワシントンポストに掲載されたアメリカ国民の声である。

なお、今重視されているのは、日本特有の経営論よりも技術革新、とりわけロボット技術、精密機械などである。

危機的なアメリカの財政

1　レーガン大統領の軍拡競争とソ連の崩壊

一九八〇年代のレーガン大統領の対ソ軍拡競争は、ソ連を崩壊させ、東西二極体制を終わらせた。しかし、これによってアメリカも莫大な軍事費を使い果たし、続くブッシュ大統領も湾岸戦争の消耗戦で財政を悪化させ、さらに一極覇権主義を狙ったクリントン大統領、続くブッシュjr大統領のイラク戦争によってアメリカの国家財政は抜き差しならぬ状況に追い込まれた。さらに日本との貿易摩擦によって八〇年代以降、貿易収支、経済収支とも悪化を続け、アメリカの財政は落ちるところまで落ちている。（資料4参照・略）このままではアメリカの没落は必至であり、アメリカの一極覇権主義を支持してきた日本も窮地に追い込まれつつある。

2　狙われる日本の資金

人類史上いまだかつて一国による世界支配という歴史はない。アメリカの一極覇権主義という世界戦略も例外ではない。かつて世界的な覇権を持っていたローマもイギリスも衰退していった。アメリカもその野心を捨てないだろうが、時間の問題であろう。軍事力で世界が支配できるはずがない。しかし野心がある以上、取り敢えず同盟国である日本の救援を求めるはずだ。米軍の核の傘の下で繁栄してきた日本がノーといえるはずもないからである。米軍はいま世界で一五〇カ所以上の基地を有しているといわれるが、基地の分担金を気前よく払っているのは日本だけである。日本は現在年間六七五九億円の米軍の経費負担を行い、そのうち一七五五億円は思いやり予算として支出しているが、思いやりなんて米軍を見下したような支出で米軍ががまんできるはずがない。名目は集団的自衛権であれ、何であれ、防衛分担費として要求してくるだろう。

3 PTTも貿易収支の改善のため

今アメリカは世界最大の債務国で、アメリカ国債の最大購入国は日本を抜いて中国が第一位だ。尖閣を安保の範囲に入れるからといって、日米同盟の名目で中国と全面戦争をするはずがない。アメリカの貿易国は日本より中国が大きい。

象徴的な日米の政治・経済構造

1 なぜ日本は経済大国になれたか

戦後七〇年、ゼロから出発した日本が今やアメリカと並ぶ経済大国となり、さまざまな分野でアメリカと貿易摩擦を起こす最大の競争相手に成長した。「ジャパン・アズ・ナンバーワン」といわれるほどに。世界の学者が日本の成功の秘密を分析しているが、多くの場合、日本人優秀論とか、日本文化特殊論などを上げる例が目立つ。日本人学者もミクロ、マクロ両面から論じているが、成功の大前提となる平和論の視点から論じたものは少ない。

　平和憲法に守られて七〇年間も全く戦争をせず、平和産業の創出に取り組んだ結果が今日の繁栄を呼んだことは間違いない。たとえ日米安保によって軍事と政治の分野をアメリカが分担したとはいえ、アメリカはそのことを承知の上で戦後の日本を認めてきたのではなかったか。いまアメリカの没落を目前にして日本の力を借りるため、安保ただ乗り論で日本の軍事力の分担を要求してきているが、それは日本の再軍備を無条件に認めることではあるまい。アメリカの核の抑止力の範囲内での再軍備であろう。あくまでアメリカの従属国を前提にした。

2

　戦争（軍事力の行使）は政治目的を達成するための手段である。アメリカの現在の政治目的は、思うままにならない国連におけるパワー・バランスの政治に代わって、アメリカの一極覇権政治による世界支配にある。これがアメリカの世界戦略だ。

　しかし、ベトナム戦争によってドル経済が破綻したにもかかわらず、今はイラクやアフガンなど、イスラム世界で多国籍軍を率いて戦争を続けている。ベトナム戦後のイスラム国での戦争で四兆ドルの戦費を使ったといわれるが、何の解決の見通しもない。

　そもそも戦争とは破壊を目的としたものであり、何の生産性もない。アメリカの戦争を前提とした政治、経済構造が平和を前提とした日本の民需産業に勝てるはずがない。兵器の輸出といっても戦争がない限りその需要はない。戦争を続ける以外に戦争経済は継持できないものだ。国防費という税金だけでは賄えないのである。日本は今、平和経済で稼いだ富をアメリカの世界戦略に注ぎ込もうとしている。国際貢献の名国で。集団的自衛権の行使はその突破口であり、阻止しなければならない。

沖縄——政治と経済

1　サ条約第三条の持つ意味

サンフランシスコ講和条約第三条で日本政府が南西諸島の施政権（行政・立法・司法）をアメリカ政府に認めたということは、単に政治的決断をしたにとどまらない。それは今日の沖縄問題のすべてにかかわっている。単なる日本から切り離された屈辱の問題ではない。ここでは経済問題に絞ってその持つ意味を考えてみたい。

2　本土とは別の道

一九五六年日本政府は経済白書で「もはや戦後ではない」と言い切り、日本の経済が戦前の水準に回復し、これからは近代化による成長の時代に移ると公言した。サ条約発効四年後である。では、米軍統治下の沖縄はどうだったか。一九五六年といえば、沖縄ではプライス勧告が発表され、四原則貫徹の島ぐるみ闘争が始まった年である。県民の唯一の生産手段である土地が取り上げられ、県民の七割を占めた農民は基地労働者にならざるを得なかった時代である。

サ条約で沖縄の施政権を手にした米軍は、占領時代と違って堂々と基地建設を始めるようになった。基地産業論がまかり通り、基地に依存しなければ生きられないような人為的な産業構造が作られていった。オフリミッツが乱発され、当間重剛が任命主席となり、那覇市長の瀬長亀次郎が追放され、布令第一六四号「米合衆国土地収用令」が公布されるなどメチャクチャな時代となった。

3　本土の高度経済成長と沖縄の混乱

一九六〇年本土は安保騒動の政治の季節から池田の高度経済成長の時代に移ったが、沖縄はナイキ基地やメースB基地の建設、高等弁務官制度の設立、ドルの切り替え、復帰協の結成など経済の混乱が続き、経済成長どころではなかった。この本土との経済の落差が後の沖縄の土地の買い占めや企業の買い占め、基地と振計のリンクなど、いまもってカネで問題を解決しようとする本土政府の対沖縄姿勢につながっている。

（二〇一五年五月二二日、「首里九条の会」で発表）

沖縄返還と基地の今

1　佐藤首相の沖縄返還

①領土主権の回復（潜在主権から顕在主権へ）

沖縄の復帰なくして、日本の戦後は終わらない。

②米軍基地の日本法による合法化（本土なみ）

核抜き、本土並み返還

③自衛隊の配備、米軍との基地共同使用

2　返還の特色

①米軍の自由使用

基地に日本法（安保条約・地位協定）の網をかぶせるため多くの矛盾を露呈、密約で調整する以外なかった。その典型が「核密約＝有事持込み」「自由出撃＝領土外出撃」「米軍施設撤去費用の負担」などである。—密約返還—

②経費の負担

地位協定では、基地・施設の提供は日本が行い、基地の運用経費はアメリカ側の負担となっている。しかし、沖縄返還によって基地の運用経費の大半も日本側の負担となっている。—負担返還—

③米軍と自衛隊の一体化

沖縄返還は米軍と自衛隊の一体化を促進し、現在は兵器の使用訓練の外に合同上陸訓練、指揮系統の合同訓練など、日米両軍の一体的運用が強化されている。—日米両軍一体化返還—

④基地の維持運用と振計のリンク

本来、民政用の振興開発計画と軍事基地の維持運用は別物だが、日本政府はそれをリンクさせ、沖縄統治の手法として使っている。本質的に米軍の「基地産業論」と変わらない。

沖縄基地の性格（基地を知るために）

一九六〇年六月発効の日米安保や地位協定、交換公文と関係ないということ

安保条約第五条

各締約国は日本の施政下にある領域におけるいずれかの一方に対する武力攻撃が自国の平和および安全を危うくするものであることを認め、自国の憲法上の規定及び手続きに従って共通の危険に対処することを宣言する。

安保条約第六条

日本国の安全に寄与し、並びに極東における国際の平和および安全の維持に寄与するため、アメリカ合衆国は、その陸軍、空軍、海軍が日本国において施設および区域を使用することを許される。

交換公文

合衆国軍隊の日本国への配備における重要な変更、同軍隊の装備における重要な変更並びに日本から行われる戦闘作戦行動のための基地としての日本国内の施設及び区域の使用は、日本政府との事前協議の主題とする。

一九五〇年　米韓条約

一九五一年　米比防衛協定。アンザス条約（オーストラリアなど）

一九五三年　米台条約
一九六〇年　日米安保条約
※一九四六年　フィリピン独立
一九四七年　インドからイギリス撤退
一九四九年　インドネシアからオランダ撤退

3　基地建設の経緯

何のために沖縄に基地を建設したか、その目的を知るにはその経緯を知る必要がある。沖縄の基地は、終戦直後から始まり、平和条約（サンフランシスコ講和条約）や日米安保条約締結以前から、アメリカの世界戦略基地として建設されてきた。

いま、沖縄の基地は、日米安保の立場から論じられるのが一般的だが、沖縄の基地は日米安保のために建設されたのではない。まして安保の抑止力として建設されたのではない。現実の米軍基地を合法化、合理化するために、それを肯定化するための抑止力論とか、辺野古は唯一の解決策とかいうのは論外である。何を論ずべきか。アメリカの沖縄基地の建設とアメリカの世界戦略の関係を分析し、沖縄基地の持つ今日的意味を論じてみたい。

①直接占領接収としての基地建設

アメリカの沖縄基地の建設は、日本上陸作戦（オリンピック作戦）の一環として、日本軍基地の乗っとりから始まった。一九四五年四月に沖縄本島に上陸した米軍は、真っ先に北飛行場（読谷飛行場）、中飛行場（嘉手納飛行場）を占領。伊江島飛行場、那覇（小禄）飛行場など日本軍の飛行場を次々と占領接収を行い、さらに普天間などの民有地を基地用地として接収していった。戦時接収である。その面積は沖縄本島中南部の基地の大半を占める広さである。

②講和条約による合法的接収（米軍統治と布令）

一九五二年四月二十八日のサンフランシスコ講和条約の発効により沖縄の統治権を得たアメリカは、ソ連との冷戦の始まりもあって沖縄基地の本格的な建設に乗り出した。アジア・太平洋の〝要石〟としての基地沖縄の建設である。

講和条約によって直接占領支配のできなくなったアメリカは、合法化を取りつくろう必要から、講和条約締結後の

1、一九五二年十一月一日　布令九一号・契約権を公布。米軍の使用している軍用地を米国政府と琉球政府の契約に改め、軍用地主と琉球政府の契約とし、それをさらに琉球政府と米国政府の契約とする形式に改めた。

しかし琉球政府と契約しない地主が続出したため、

2、一九五三年四月三日　布令一〇九号（土地収用令）を発布した。この布令は契約しない地主の土地を強制収用するもの。この布令発布一週間後に土地の強制収用が始まった。

ア、四月一〇日　真和志村安謝、銘苅に土地明け渡し命令
　四月一一日　強制収用開始
イ、一二月五日　小禄村具志　強制収用開始
ウ、一九五四年四月二三日　恩納村強制収用開始
　八月三日　宜野湾村（伊佐、喜友名、安仁屋、新城）強制収用
エ、一九五五年一〇月四日　伊江島（真謝、西崎）強制収用開始

この布令一〇九号による土地強制収用はいわゆる「銃剣とブルドーザー」による強制収用となったため、各地域で激しい抵抗闘争を引き起こし、立法院をはじめ軍用地主、自治体など「四原則貫徹」をかかげた〝島ぐるみ闘争〟へ発展していった。

③プライス勧告——一九五五年一〇月

沖縄県民の島ぐるみ闘争で手のつけられなくなったアメリカ政府は、議会の調査団を沖縄に派遣。一九五五年プライス団長の調査結果に基づく「プライス勧告」を出した。しかしこの勧告の中に軍用地料の「一括払い」があったためさらに混乱に拍車をかけ、交渉の結果一括払いは中止され、一〇年毎に軍用地料は改定されることになった。

海兵隊基地の強化拡大

沖縄基地建設の三番目に大きな理由は、山梨県にあった海兵隊基地の沖縄への統合拡大建設である。本土から沖縄へ海兵隊移駐は一九五七年からなされたが、その理由は

①本土では反基地闘争が強く、海兵隊の移動にも経費が高くつく。
②沖縄はアメリカの統治下にあり、法的問題が少ない。土地接収など。
③海兵隊の移動に経費が安くつく。移動しやすい。

などである。その結果、海兵隊の基地建設は次のように

ア、一九五六年　辺野古弾薬庫、キャンプシュワブ
イ、一九五七年　北部訓練場
　　　　　　　　キャンプハンセン
　　　　　　　　キンバル訓練場
ウ、一九五八年　金武レッドビーチ（上陸訓練用）
　　　　　　　　金武ブルービーチ
エ、一九六三年　安和訓練場（ベトナム・ジャングル戦）

海兵隊の沖縄集中は、いま安保条約でいう抑止力とはほとんど関係がない。アメリカの沖縄統治という便宜上の問題に過ぎないことが、基地建設の経緯でよく分かる。

沖縄基地の特色は、本土の米軍基地のほとんどが自衛隊の国有地であったのに比べ、沖縄の基地は民有地が多く、住民の抵抗が強いのも当然である。そのため日本政府の沖縄施策が「振計と補助金のリンク」が必然的なものとなってきた。

ちなみに沖縄返還に伴う軍用地料の値上げは、アメリカ支配時に比べ六・五倍にも引き上げられた。基地労働者（全軍労）の賃上げも、米軍支配時に比べ公務員として大幅に引き上げられ、振計予算も基地との関連でアップされてきた。このことが沖縄の反基地闘争はカネを取るためとか、ゆすり・たかりの名人とか中傷される結果となっている。

〇・六％の国土に七四％の米軍専用基地という意味は、アメリカの世界戦略から来ている専用基地の集中であって、日本の安全保障のためではないことに注意を払う必要がある。

沖縄返還の背景と結果

沖縄基地の建設経緯でも分かる通り、アメリカは沖縄をアジア・太平洋の〝要石〟になる基地として建設してきた。

その世界戦略は、ソ連（共産主義）を封じ込めるというものであった。そのため沖縄には核の自由な持ち込みだけでなく毒ガス、ミサイルの配備、戦略爆撃機B52、原潜の配備など自由使用基地として建設してきた。

封じ込めの典型は朝鮮戦争、ベトナム戦争だったが、ドミノ理論によって戦われたベトナム戦争は、その後の経緯でも明らかな通り、ドミノ現象は起きなかった。

しかし、自由基地はただではなかった。

①基地経費の拡大（軍用地料、労務費アップ）

②産業振興の遅滞（基地産業論の限界）

③抵抗運動の拡大と基地の不安定化

④直接統治の限界（国連の信託統治への移行困難）

などにより返還へ応じさせるを得なかった。基地の自由使用を前提として日米交渉に応じた。日本側の返還交渉は、政治的には一九六五年の佐藤訪沖の「沖縄の復帰がない限り、日本の戦後は終わらない」という日本の領土ナショナリズムを背景とした発言から始まったが、アメリカの世界戦略のために作られた基地を安保条約や地位協定、事前協議制の枠でしばられる基地となるため、そこには密約で整合性を取る必要があった。返還交渉の焦点が核抜き本土並みにあったことは当然であろう。

交渉の結果としての「沖縄返還協定」は県民の意見を無視してなされ、その結果が今なお「沖縄問題」として今も続いている。その特質は前記の通りである。

米国世界戦略の変更

①東西冷戦の崩壊

一九八三年、ソ連のブレジネフは中距離ミサイルＳＳ20を配備した。これに対しレーガンは地上発射巡航ミサイルをヨーロッパに配備した。これにより米ソの軍拡競争が一挙に拡大し、レーガンのＳＤＩ（戦略防御構想）として軍事テクノロジーの競争が展開され、米ソとも軍事費の拡大が大きな問題となった。

アメリカの国防予算はついに三〇〇〇億ドルを越え、これに対処できないソ連はついに崩壊してしまった。

一九八九年、ブッシュ大統領（父）とゴルバチョフ大統領はマルタ島において冷戦の終結を宣言、米ソの二極体制は崩壊し、アメリカの一極体制の時代の始まりとなった。

軍拡競争による無駄な経済コストの時代が終り、平和の配当の時が来るかに見えた。

②アメリカの一極覇権主義への道

東西冷戦の崩壊によりソ連がつぶれ、アメリカ一極の勝ち残りとなった。しかしアメリカは東側の封じ込め政策を引き継ぐ形で、アメリカの一極覇権主義の世界戦略に踏み切った。これがアメリカの財政破綻をまねきつつある。一九八〇年代から始まったレーガンのＳＤＩ軍拡競争は、アメリカの財政を悪化させ、以後アメリカは財政赤字と貿易赤字の双児の赤字によって苦しんでいる。とくにブッシュ（父）大統領、クリントン大統領、ブッシュ（子）大統領と続いたアメリカの一極覇権主義は、世界の警察にはなったものの、オバマ大統領の今になっても軍事費を縮小しなければならない時代となって、一極覇権主義は限界にきている。

③国論を二分するアメリカの世界戦略

民主、共和の両派を問わず、アメリカは一極覇権主義を現実の政治の場で追求しているが、これがいつまで続くか誰も予想できない。そのため世論も分裂している。思想界の大きな流れとして

①「パックス・アメリカーナ」の一極体制を維持するには「アメリカの覇権安定体制の構築は不可欠であり、全力をあげてその維持に努めるべきだ」というネオ・リアリズム思想。

②米ソの二極体制でもできなかった世界の統治（秩序維持）を、アメリカ一国だけでできるはずがない。世界にある一七〇カ国の警察をアメリカだけでやるのは不可能である。すでに軍事以外の経済や技術の面で、アメリカと対抗できる国や地域が出てきている。

一極覇権主義で世界を統治するのはできない。

日本の対応

アメリカの安保ただ乗り論からくる日本の経済大国論批判は、今も防御負担費の拡大要求として続いている。

この批判はレーガン大統領の頃から始まり、アメリカの双児の赤字が増えれば増えるほど強くなってくる。ソ連をつぶしたアメリカにとって本来なら財政は楽になるはずだが、一極覇権主義の追求によって財政は苦しくなるばかりである。そこで狙われているのが日本のカネだ。

それは辺野古基地建設の肩代りや、安保三法による米軍の肩代りだ。思いやり予算というあいまいな支出ではなく、法的に明確な財政出動だ。安保法制に基づく米軍支援は、財政支出の「蟻の一穴」である。日本は今、寄らば大樹の陰とばかりにアメリカの一極覇権主義に寄り添っている。やがて国連中心主義かアメリカ中心主義の選択に迫られる。

（二〇一五年七月一七日、「首里九条の会」で発表）

県紙バッシングの背景と問題点

はじめに

沖縄タイムス、琉球新報を中心とする沖縄のメディアに対する本土サイドからのバッシングが強まっている。いったい、いま、なぜ、何のためにバッシングが行われるようになったか。その背景と実態を概観してみると、歴史的、現実的な本土と沖縄の関係が浮き彫りにされてくる。問題提起をしてみる。

1、バッシングの契機

①教科書問題と沖縄戦（歴史問題）
②尖閣問題と中国との関係（歴史問題）
③辺野古問題と日本の国防（現実問題）
④民主主義と差別問題（現実問題）
⑤知事選、名護市長選、衆院選の自民党の惨敗

2、バッシングの実態（資料参照）

①反日、反米の偏向報道
②反戦・平和闘争はカネをとるため
③メディアの背後には中国がいる
④戦争の被害は沖縄だけではない
⑤政府の援助なくして沖縄経済は成り立たない
⑥辺野古反対は沖縄のエゴ
⑦沖縄差別はない、国防上必要

3、バッシングの特徴

①国家主義的視点からの沖縄問題の位置づけ
②基地と経済のリンクの視点からの基地の必要性
③中琉関係の歴史的、現実的位置づけの落差

4、沖縄の県紙の報道の立場

①反戦平和（基地の整理縮小）

②民主主義の実現（差別の超克）
③自立志向（基地経済からの脱却）
④自治権拡大

5、県紙の報道と戦後の主要な事件・事故

【基地関連】
①軍用地接収（四原則貫徹闘争）
②ベトナム反戦闘争
③命を守る闘争（B52墜落とゼネスト）
④コザ暴動
⑤毒ガス移送闘争
⑥全軍労闘争
⑦少女暴行事件抗議闘争と基地返還闘争
⑧辺野古反対闘争
⑨安保反対闘争
【経済・自治権拡大闘争】
①復帰闘争（4・28闘争・海上大会・平和行進）

②主席公選要求闘争
③教公二法阻止闘争
④国政参加要求闘争
③返還協定（基地付き自由使用）粉砕闘争
⑥通貨闘争
⑦ＣＴＳ、海洋博反対闘争

これらの問題は、構造的に対米軍、対日本政府との闘争にならざるを得なかった。ある意味では、直接的な日常生活にかかわる問題であり、意識的な反米、反日のイデオロギーに基づく闘争ではない。

これらの問題を報道することが偏向報道と言うならば、報道しないことこそが偏向報道である。沖縄のジャーナリストこそ、その使命を正しく、真っ当に果たしている。それをバッシングする者こそイデオロギーに基づく国家主義者の不当な偏向報道であると言える。

【資料】

1、桜井よしこ

①琉球新報や沖縄タイムスの報道の特徴の第一は、事が歴史問題や基地問題になると必ず驚くべき偏向に陥ることだ。木を見て森を見ない報道である。日本国の防衛上、普天間を辺野古に何故移す必要があるか全く説

明しない。

今沖縄に迫りくる中国の脅威を論じない。平和が大事だと言いながら、自衛隊、米軍、基地などに背を向け、中国の侵略には目をつぶっている。木（辺野古）を見て森（中国の脅威）を見ていない。沖縄の二紙には、虫の目はあっても鳥の目がない。
②沖縄の二紙には、反ヤマトゥンチュの価値観という特徴がある。沖縄の新聞と沖縄の社会運動には、明確な連携関係がある。沖縄のメディアの歪みが沖縄に反日・反自衛隊・反米・反基地の色濃い論調を生み出している。
③事実を伝えない偏向した沖縄の二紙と決別し、ボイコットしよう。
④沖縄は心情的に中国に近い。沖縄の反日、親中と台湾の反日、親中が何かの拍子に化学反応を起こすことを危惧する。

2、百田尚樹

①「沖縄の二紙はつぶさなあかん」と言ったのは、あくまで冗談と分かるように言った。断言もしていない。なのに多くの新聞が私の発言を問題にした。「百田は言論弾圧を目論む男だ」と。私も言論人のはしくれ。言論機関に公権力や金や暴力で圧力をかけてはいけないと思っている。私は、一種のスケープゴートだ。
②戦後七〇年、日本が戦争をせず平和だったのは憲法九条があったからではなく、日米安保があったからだ。
③中国は、尖閣を中国の核心的利益と言っている。それだけではない。沖縄も中国の領土といい始めている。
④沖縄の二紙は、中国の脅威を一切書かない。沖縄の世論を中国寄りに持っていこうとしている。
⑤もともと普天間基地の周辺に民家はなかった。四〇年の間に民家が出来た。
⑥普天間飛行場の土地は、戦争中に日本海軍が買収して飛行場を建設中だった。したがって本来はほとんどが国有地であるはずなのに、なぜか普天間基地の国有地の割合は七・五％にすぎない。これは戦後、土地台帳が焼失したため、米軍が地主の自己申告で土地の所有を認めたためである。

3、石原慎太郎

①沖縄タイムスと琉球新報というのは、反権力、反政府というのならまだしも、彼らの信条としてシナの属国になってもいいと思っているのではないか。本当にあの二紙は売国奴としか言いようがない。

②沖縄が日本の一部であってよかったと思うよ。本当に。

③日本全体が今、世界情勢の中でどういう立ち位置にあるかということを、沖縄の人ももう少し考えてもらいたい。

④地政学的にも、日本と言う国が自立自活していくために必要なんだ。つまり一心同体ということだ。地方のエゴだけがまかり通っても国家全体が成り立っては行かない。

4、渡部昇一

①沖縄には琉球新報、沖縄タイムスをはじめとする左翼メディアが圧倒的に多い。沖縄の人達は、毎日赤旗を読んでいるようなものだ。だから、「沖縄」と「本土」という観点、「基地問題」という観点から騒ぐという風潮がある。

②沖縄に関するインチキ報道（教科書問題）の中心になったのは、沖縄タイムスの『鉄の暴風』。それに基づいた中野好夫らの『沖縄問題二十年』、同じく大江健三郎の『沖縄ノート』である。沖縄に関するインチキ報道の中心になったのは、岩波書店だというのは注目に値する。

③琉球新報、沖縄タイムスなど左翼のメディアが戦後長らく沖縄を牛耳ってきた。沖縄は元来、天然資源がなく、産業が発展しているわけでもないので、基地問題で騒げば必ずカネが出るということを学び、そのようなパターンが身について卑しくなっている感じがする。

④沖縄は被害者意識が強いが、戦争で被害を受けたのは沖縄だけではない。東京の空襲だけで沖縄より多くの人が死んでいる。

⑤特攻隊員の多くは沖縄を守るために戦死した。戦艦大和も沖縄を守るために出撃した。沖縄は日本だからだ。

5、小林よしのり

①沖縄のマスコミを見れば、とにかくヤマトゥンチュや米軍基地を糾弾するという姿勢で異様なまでに激しい怒りを表明している。
②戦時中に「スパイ視虐殺」のようなことが起こるのも「沖縄には支那の帰化人がいる」という認識があるからなんだ。実際　米軍と内通して日本軍がどこに戦力を展開しているかを教えてしまうこともあったらしい。
③沖縄の新聞はしょっちゅうアイデンティティーの調査をして「自分は日本人ではなく沖縄人である」と回答したのが二〇％いるとか書いているが、「日本国民としてのアイデンティティーを持つ人はこんなに少ない」ということを印象付けたいのだろう。これは一体何のためにやっているのか。これによって沖縄県民のアイデンティティーに動揺を与えようとしているのか。沖縄県民のアイデンティティーを揺さぶって中国へ帰属させようという策略ではないのか。
④沖縄のマスコミの印象操作によって本土の保守派知識人の中には、本当に琉球独立がありうるかのように信じ込んでいる人がいる。いまの沖縄は「日本人」と言うアイデンティティーを大前提に共有している。しかし一方で中国は、沖縄まで自分の領土だと思っている。そう言う現実はしっかり見据えておく必要がある。
⑤沖縄には、基地で豊かになっている人達がいる。米軍基地を補助金、交付金を国から出させるための打ち出の小槌と思っている。沖縄では、左翼が基地反対で騒ぐと保守派がそれを利用するという利権の構造が出来上がっている。
⑥基地のある所は、いざと言う時ミサイルで狙われる危険がある。だから、県外移設にすべきだ。

6、田久保忠衛

①沖縄の「集団自決」の教科書について、沖縄タイムスや琉球新報が「教科書検定は集団自決における軍の関与を否定した」と騒いで、〝一一万人集会〟を行い、その煽りを受けた文科省は、そのムードに屈した。

②沖縄の経済は、何もないから日本の一県でなければやっていけない。本土から財源をもらわなければ経済的に生きていけない。

集団自決問題で二万人の集会を一一万人と大騒ぎしているのは、カネが出るという構造があるからである。

③伊波普猷は、日琉同祖論を唱えた。東恩納寛惇や比嘉春潮も同じ系譜に属しているが、学問的には沖縄が日本であることは間違いない。沖縄も日本の普通の県になるよう努力すべきだ。

④沖縄県平和資料館には、大東亜戦争の資料を展示するのであれば明治維新から日清、日露戦争、第一次戦争の歴史の連続性があるべきですが、それが一切ない。沖縄の人たちの中には、近現代史がぽっかり抜けている。沖縄も日本国の一員として大東亜戦争で米軍と戦かったという意識がなくなってしまっている。

⑤沖縄には歴史的に親日派もいるが、それは絶えずつぶされる。沖縄タイムスに琉球大学の高良倉吉、大城常夫、真栄城守定の三教授が『沖縄イニシアチブ』を発表したが寄ってたかって潰されてしまった。沖縄は未だに「閉ざされた言語空間」である。

7、宮本雅史（産経新聞）

①国防のため沖縄は、極東アジアの安全保障上の脅威を考えるなら、国防、安全保障という文脈で基地の存在を再考すべきだ。

②沖縄は、基地依存経済というより、依存を超して基地活用県と言える側面がある。

③琉球新報、沖縄タイムスは、一年を通じて米軍基地反対の記事が載らない日はない。イデオロギーに支配されているのではないか。偏向報道と言うより、恣意的な世論操作ではないかとの印象すらある。

④平成二二年四月の読谷村における普天間県内移設反対県民大会は、九万人参加（主催者発表）というが、警察や情報関係者の間では多くて三万人前後ということだ。これは、県内移設反対グループと地元紙が県民大会を利用し、世論を作り上げたことは否定できない。

⑤多くの読者は、県紙の偏向報道に気付いていない。他の情報に接して事実を知る機会が閉ざされていることが原因だ。

（二〇一五年一一月二六日「首里九条の会」で発表）

一フィート運動から学んだこと

二〇一二年十二月。衆院選の街宣車が師走の街をボリウムいっぱいに駆け回る。この中に、沖縄の反戦闘争を「非国民」「国賊」のすることと糾弾する政党がついに現れた。沖縄戦で日本軍が沖縄の人たちに投げつけた恫喝の言葉だ。だが、私たちはもはやそんな日本軍の亡霊に怯えることはない。歴史の真実を知っているからである。

沖縄も戦後生まれの人たちが人口の半分を占め、直接的に沖縄戦の地獄の体験者も少なくなってきた。しかし、一フィート運動のおかげで数万人の人たちが戦争の実相を知り、沖縄戦を追体験することができた。そして多くの人たちが二度と再び戦争をしてはならないと決意したはずである。そしてそこには、非国民とか国賊とかいう「国家」を中心とした人間の見方ではなく「人間」としての普遍的な〝心〟の在り方でものを考える目があった。「国体」や「国益」のために人を殺し、殺される戦争の論理を拒否する人間として心があった。国体や国益は殺人罪の免罪符にはならない。それをよしとする国家の国民になるよりは非国民、国賊になった方がはるかに人間的だ。国家あっての国民ではない。国民あっての国家である。

多くの人たちが、ボロを着て裸足で戦場をさまよう同胞たちや恐怖にふるえるこどもの姿に涙した。日米両軍の戦禍の中を逃げまどうウチナーンチュの叫びは「殺し合いはやめて!」「殺さないで!」という言葉だった。多くの戦争体験の証言がそれを示している。それが沖縄における「反戦平和」の戦後思想の原点にある。沖縄戦体験の帰結である。

一フィート運動は沖縄戦を知らない子どもたちにその実相を知らせ、ウチナーンチュの〝心の叫び〟を伝えたという点で、その功績は計り知れない。この運動を契機として、沖縄県や多くのメディアが沖縄戦の映像資料を本格的に収集しはじめた影響も大きい。

この運動を通じて痛感することのひとつは日本という国家の体質。国内唯一の地上戦であったにもかかわらず、その実相を知るのに〝敵〟軍だった米軍の記録映像に頼るしかない歴史の皮肉。沖縄返還の〝密約〟も日本政府は否定し続けるもアメリカ側の記録資料によってその存在が暴かれた。自らの歴史の恥部を隠し、取り繕って正当化する日本という国家。そこには反省とか歴史の教訓から学ぶという精神はない。沖縄戦でも日本軍は市町村役場の記録資料さえすべて焼却を命じた。不都合なことはすべてなかったことにする国家の体質。一フィート運動は歴史の逆説として日本という国の在り方まで照射した。

人間として歴史の真実を生きることを非国民、国賊というならそれもまたよし。沖縄戦をなかったことにするわけにはいかない。私たちの日本軍の亡霊との戦いはまだまだ続く。一フィート運動がそのことを教えた。

（二〇一三年一フィート運動30年記念誌『未来への道標・沖縄戦』）

沖縄戦とメディアの変遷

何のために、何をどう報道するかは、ジャーナリストが常に問われる重要な問題である。とりわけ極限状況の中で、生死をかけて取材しなければならない従軍記者や従軍カメラマンにとっては、そのことが厳しく問われる。

沖縄戦のように敵味方両軍が入り乱れ、しかも住民が巻き添えにされて戦われた地上戦においては、戦争の真実を伝えるためにそのことが厳しく問われるものであった。しかし、残念ながら、当時のジャーナリストたちの報道や記録からは沖縄戦の実相は全く伝わらず、戦後の戦場体験者の証言からその実相が徐々に明らかにされたに過ぎない。

しかもその実相を知るのに敵軍（米軍）の「沖縄戦記録フィルム」や、米軍の従軍記者アーニー・パイルの報道記録に頼らざるを得ない歴史の逆説は、日米のジャーナリズムの在り方の違いを改めて思い知らされる。それは沖縄戦だけの問題ではない。政府権力とジャーナリズムの関係の在り方について は、沖縄返還協定における〝密約〟の存在の有無についてもいえる。日本政府は、いまだに密約は存在しないと発表し続けている。大本営発表は今も生き続けているのである。

沖縄戦の報道、記録とジャーナリズムの関係、それを今日における沖縄のジャーナリズムと本土のそれの違いの一端を考えてみたい。

一、日米のジャーナリズムの違い

『沖縄戦報道記録』という伊志嶺賢二編著の本がある。一九六〇年五月、南陽出版社から出された本だが、その内容をみると大本営発表の戦果ものや、同盟通信リスボン、チューリッヒ、ストックホルム、モスクワ、台湾などからの外電で埋め尽くされ、時々、戦意高揚の読み物などが載っている。これを読んで沖縄戦の実相が分るはずがないものばかりだ。当時の日本ジャーナリズムは、あげて国策推進のための宣伝機関と化していたから、当然といえば当然である。

たとえば、米軍が読谷に上陸した一九四五年四月一日のことについて、大本営は「敵は四月一日十時ごろより北谷村付近から残波岬付近にわたる間に上陸し、兵力増強中にして、所在の我が部隊は、これを迎撃激戦中なり」と二日付けで発表し「敵艦船に対して与えたる損害中判明せるものは次の如し」と発表した。

撃沈

巡洋艦　四隻。艦船不詳　三隻。輸送船　一隻。

上陸用輸送船　十六隻。

撃沈又は撃破
空母　二隻。戦艦　一隻。輸送船又は空母　一隻。
巡洋艦　一隻。駆逐艦　二隻。輸送船　五隻。
艦種不明　一隻。

この発表がまったくウソであることは沖縄の第32軍がよく知っていたし、米軍の記録フィルムでもよく分かる。米軍は、日本軍の中飛行場（嘉手納）や北飛行場（読谷）に雨あられの如く艦砲を撃ち込み、何の抵抗もなく易々と上陸している。アーニー・パイルの戦記にも「まるでピクニックのようだった」とある。

日本軍の高級参謀八原博道の手記にも「首里山上に立つ日本軍首脳部は、ある者は談笑し、また他の者はたばこをふかしながら悠々敵の必死の上陸を眺めている。我々日本軍は、首里北方高地に堅陣を布き、アメリカ軍をここに誘引し、一泡も二泡も吹かせる決意だ」と書き、日本軍が米軍の上陸に抵抗しなかった理由を述べている。現地読谷では、怒濤のように上陸してくる米軍に恐怖し、チビチリガマなどで集団自決する住民が相次いだ。

アーニーパイルは書いている「東京からの放送は、二万人（米軍）も上陸したのに六千人が上陸したとか、上陸したとき何の反撃もなかったのに、日本軍は総攻撃して撃退したとウソばっかりを放送している」

二、沖縄の戦後メディアとそれの中傷

沖縄の新聞は、日本帝国政府の一県一紙の政策に基づき、一九四〇年十二月二十日に琉球新報、沖縄朝日新聞、沖縄日報の三紙が統合、沖縄新報となったが、その紙面は前述したように全国の新聞同様、国策推進の宣伝機関となってしまっていた。この沖縄新報は首里の壕で陣中新聞を発行したが、一九四五年五月二十五日に発行を停止し、解体した。陣中新聞は現在一枚も残っていない。

戦後、沖縄の新聞はもちろん、全国の新聞は、戦前、戦中の新聞の在り方を反省し、編集綱領や社是に「民主主義の発展に寄与し」「恒久平和を希求し」て真実の報道に努めることをうたっている。この綱領や社是に基づき、沖縄の新聞は民主主義や平和を希求する立場の報道を一環して追求している。そのためにいまなお沖縄戦の真実を求めて沖縄の人々の証言を報道し、記録し続け、戦争につながる基地問題の報道に取り組んでいる。

しかし、沖縄戦の実相を知らない人たちの間から、反戦平和を追求してやまない沖縄の新聞に対する中傷も絶えない。その典型は、渡部昇一、田久保忠衛、桜井よしこ等の評論家たちである。渡部によれば、沖縄には「琉球新報」「沖縄タイムス」というメディアがあるが、これらの新聞は左翼の巣窟である。沖縄の人たちは毎日〝赤旗〟を読んでいるようなもの。沖縄は基地問題で騒げば必ずカネが出るという構図になっている—という。まるで沖縄の新聞は日本政府からカネを取るために基地反対をいっているといわんばかりである。沖縄戦を知らない者の〝たわごと〟だ。

さらに田久保や桜井はいう。「沖縄的なるものの正体—そのキーワードは〝反日〟である」と。そ

して沖縄戦の証言録『鉄の暴風』は、「閉ざされた言語空間」（江藤淳）の中で「アメリカに洗脳された状況下で書かれたもので〝日本軍は悪〟という立場で書かれている」という。〝噴飯もの〟だ。沖縄の人たちを侮辱するのもはなはだしい。いや沖縄戦の真実を知っている沖縄の人たちに基地と同居せよというのは、そのような中傷する以外にはなかろう。

三、中傷を乗り越える事実の報道

しかし、沖縄戦の地獄を生き抜いてきた沖縄の人たちにとって、そのような中傷や恫喝で民主主義や反戦平和を希求する信念が揺らぐものではない。もし沖縄のメディアを批判するのであれば、日本政府に対して一切の基地交付金を与えるな、その代わり米軍基地はすべて本土で引き取れ、というがよい。米軍や日本政府に対して何もいえない人たちが、沖縄の人たちにあれこれいうのは評論家の名に値しない。

沖縄のメディアは、いまなお沖縄戦の続編を戦っている。戦前、戦中の反省教訓の上に立って今その責務を果さんと努力している。

一フィート運動、沖縄戦の悪夢を語りたがらなかった多くの人たちに、その体験を語らせるようになった。それを多くの沖縄のメディアが報道し、記録している。それが正真正銘のジャーリズムの姿だと確信している。沖縄戦があって今日の沖縄の現実があるからだ。

（二〇一三年三月一フィート運動30年記念誌『未来への道標・沖縄戦』）

インタビュー・屋良朝苗を語る

「大衆運動」を主導　目指した平和憲法への道

一九六五年から七五年まで、記者として屋良朝苗を一〇年間取材し続けた元琉球新報社副社長の山根安昇氏に話を聞いた。

――屋良の歴史的評価について。

「復帰運動も含めた沖縄激動期の中で屋良を取材してきたが、実は屋良の歴史的な評価はきちんとなされていない。さらに、復帰運動そのものについても、しっかりと振り返られていないのが現状だと思う。そうした状況下で、今あらためてウチナーンチュが何を求めてきたのかを整理する必要がある」

「まず第一に評価すべきことは、屋良が大衆運動を主導することによって、沖縄の歴史に大衆が主体として登場したことだ。これは非常に画期的なことで、復帰運動の中で人民大衆が自己主張を始めることができたことを意味している。その成果は現在、翁長雄志知事が掲げる『アイデンティティー』や『自己決定権』にも通じている」

——翁長知事と屋良の共通点は。

「双方ともに県民の要求をまとめて国に届け出たが、拒否された。その上で行政と大衆運動を接合させて、国に対して、明確な意思表示をしている。復帰運動に関しては、結果として本土復帰はされたが、多くの課題がまだ残っており、その意味で言えば、復帰運動はいまだ続いているのではないか」

——屋良が目指した沖縄の在り方は。

「屋良は平和憲法の精神を沖縄の進むべき方向に位置づけて、復帰運動を展開した。その結果、県民が日米両政府に立ち向かい『NO』という意思表示ができる状況をつくり上げた。自治体で日米に厳然たる反対を言えるのは沖縄だけだろう。われわれは今後も屋良が示した反戦平和の精神を受け継ぎ、『平和憲法の道』を踏み固めていかなければならない」

（二〇一五年一二月五日・琉球新報）

一　記者の見た屋良朝苗像

翁長知事の「自己決定権」や「アイデンティティー」「オール沖縄」などの思想と行動様式を追うと、その裏に屋良朝苗さんが立っている姿を見る。

今、翁長さんの闘いをわれわれが理解し、歴史を共有するためには、屋良朝苗のシンポジウムというのはうってつけで時宜を得ている。

翁長さんと屋良さんの共通しているところは三つある。屋良さんは復帰時の建議書を持って行き、佐藤総理に手渡した。だが建議書の要望はことごとく無視された。翁長知事も市長村長から集めて建白書を作って、政府に持っていったけれど、これも要求は完全に踏みにじられた。二人の共通点は「建議書」という言葉に象徴される。

もう一つ、屋良さんは行政権と大衆運動とをドッキングさせて、沖縄の要求を政府に突き付けた。翁長さんも大衆を激励している。大衆の歴史的な役割を知りながら、知事自らの持つ行政権力と一緒にして現在は裁判という形で争っている。

それから屋良さんも翁長さんも、自らの歴史的使命を自覚している。自分が辞めても構わない。その代わり全力を尽くして、歴史的使命を果たすんだという覚悟がある。

屋良さんの功績の中で三つ、歴史的に高く評価すべきことがある。子どもの教育に未来を託したこと。平和憲法を沖縄の指針としたこと。それから(復帰運動で)ウチナーンチュを歴史の舞台に立たせ、目的を実現するために大衆のエネルギーを使ったこと。屋良さんは金のない子どもたちに勉強をさせるため、いろんな奨学金制度をつくった。国費で大学に行く制度で、沖縄の子どもたちを本土に送った。

ウチナーンチュはどんなに貧しく絶望の中でも、子どもに生きがいを感じる県民性がある。屋良さんもおそらく、ウチナーンチュの直感として子どもたちを育てるということに未来を懸けたのではないか。

世界一強力なアメリカに支配された時、絶望の中でどうしたらいいのか分らない状況に追い込まれた。道は三つあった。まずは復帰、二つ目は信託統治。もう一つは琉球独立。屋良さんをはじめ沖縄は復帰を選んだ。「日本復帰」か「施政権返還」か呼び方はさまざまだが、「復帰」という名の下に沖縄は一つに結束してアメリカに抗議した。

薩摩の琉球侵略の時は県民一体で抵抗することはなかった。初めて自らの意思で、自らの道を選んだ。屋良さんが選んだのは、日本国憲法に基づく新生日本に対し復帰するという運動だった。

屋良さんが大衆運動を組織化して、アメリカに抵抗するようになった。それは翁長知事の実績に確実に引き継がれている、と確信している。

(二〇一五年一二月一一日「屋良朝苗シンポジウム」琉球新報特集)

屋良朝苗の歴史的評価

最初の一言、いま、なぜ屋良朝苗シンポジウムか、一見すると時節はずれのシンポジウムに見える。しかし、いま翁長知事が一身をかけて戦っている沖縄の今、辺野古の今を理解するには、復帰闘争に一身をかけた屋良さんの回想と行動を知ることが不可欠。その意味で今回のシンポジウムは正に時宜を得たものであり、主催した読谷村や琉球新報に敬意を表したい。特にこの企画に参加した琉球新報の後輩たちを誇りに思っていることを申し上げておきたい。

屋良の社会的、歴史的評価にしぼって問題提起

一九七二年五月一五日は何の日か。

1、祖国復帰の日

2、日本復帰の日

3、沖縄返還の日
4、沖縄の施政権返還の日
5、第三の琉球処分の日

呼称バラバラ、内容もバラバラ、祖国、日本、返還、施政権、処分の意味付けが違う。特にウチナーとヤマトの政治的関係で見た場合。

《評論》

1、復帰運動を通じて沖縄の大衆を初めて歴史の舞台に登場させたこと。

①サツマの侵略

㋑向象賢（羽地朝秀　摂政）

羽地仕置で薩摩に順応

㋺蔡温（三司官）

薩摩に感謝し、御教条発布

②琉球処分

政府の任命知事二五代、五〇年にわたり自治なし、全面屈服

③沖縄戦と米軍支配

四代任命主席

屋良――米軍支配への抵抗

初めて沖縄の大衆歴史に登場

沖縄の歴史始まって以来、公選による首長を持つ

④復帰によって沖縄人はどう変わったか

日本の植民地的支配下において沖縄は

ア、瀕死の琉球

イ、さ迷える琉球人

ウ、ソテツ地獄

エ、イモと裸足

オ、五〇万人の豚群

カ、フジツボ民族

キ、事大主義者

結果　↓　貧困、無気力、劣等感

動物的忠誠心

大宅壮一（一九五九年、南部戦跡）

「疑問に思うのは、薩摩から明治政府へと引き続き、本土から虐待されたはずなのに沖縄

人は、なぜこれほど激しい忠誠心があったのかということだ。悪くいえば主人の質を選ばない、どんな人が来ても仕える忠実さ、批判力を持たない忠実さ、権力者によって動物的に訓練された結果か」

沖縄戦における集団自決の悲劇

沖縄戦によって沖縄人は変わった。沖縄人を立ち上がらせ、人間として自己主張するように変えたのは、屋良の復帰運動の開始だった。大衆の歴史への登場はそのことである。戦前のウチナーンチュとは全く変わったウチナーンチュを、大衆運動で育成したのである。

2、平和憲法を沖縄の進むべき指針としたこと。

沖縄戦の廃墟の中で虚脱状態の中で、沖縄人が選択できる政治的な統治体制は三つあった。

①復帰
②信託統治
③独立

である。しかし、信託統治の実態も分らず、独立の準備もできない中で、沖縄人が選んだのは復帰であった。それは、日本人になりたいためとか、カネが欲しいためではなかった。その最大の理由は、日本国憲法下への復帰であった。基地におびえ、人権を無視され、自治権のない沖縄にとって、平和憲法、人権、自治権の保障されている新生日本の憲法はまぶしい存在だった。その憲法下への復帰をめざしたのは当然であり、必然だった。

復帰闘争の中心は教職員会が担ったが、平和憲法と教育基本法の二本柱で支えられている民主主義の理念を求めて先生たちが立ち上がったのは当然であった。しかし沖縄には

①武力なし
②権力なし
③カネなし

の三無の時代で、食うに食なく、住むに家なく、着るに衣なしの素手の人々だけしかいなかった。あるのは憲法の精神を求めてやまない情念と団結だった。それをまとめて平和憲法の精神を沖縄の進むべき指針として示したのが屋良さんだった。その結果が、いま全国で県民総ぐるみで改憲の反動化に唯一立ち向かう県民をつくり上げたのである。

3、沖縄の将来を教育に託し自立心の涵養に努めた。

沖縄の将来を教育に託すということは、一般論でいう国家の将来を教育に託すということとは意味が違う。そこには沖縄人の人生観、社会観に基づき、沖縄人の生きる力、エネルギーを希望につなげて引き出したことに重要な意味がある。沖縄人は、どんな絶望の中にあっても、最後は子どもによって生きる力を生み出す。屋良さんは沖縄人として体感的にそれを知っていて、沖縄の再建に、教育に

光を、沖縄人の中にある最後の一条の光を引き出したように思う。

世界のウチナーンチュの取材で感じたことがある。いや発見したことである。

①世界各国の沖縄県人会や郷友会で年中行事で必ず行なわれている行事が二つある。

1、敬老会

2、学事奨励会

子どもの教育に生きがいを感じている。

②もっとも多く歌われている歌三つ

1、てんさぐの花

2、汗水節

3、安里屋ユンタ

夜はらす船やにぬは星目当て
わん生ちえる親やわんど目当て
心若々と育てたる生しんぐゎ
手墨学問や広く知らし、広く知らし

どんなに苦しくとも子どもを生きがいとして、子どもに希望を見いだして、生きる力としていること。

③全国最低の所得でも、全国で唯一、子どもの自然増のある県となっている。子どもは天からのさずかりもの。うまり繁生、まさる繁生とこどもを最高の宝と考えている。

子どもの教育＋親の生きがい＝沖縄の希望

ア、馬小屋校舎→親の教育ボランティア動員

イ、国費制度

ウ、奨学金制度

エ、代用教員→研修養成

4、提言

①屋良朝苗記念館建設

ア、屋良さんの生涯紹介（学習教室）

イ、戦後教育　歴史資料館

ウ、復帰闘争　歴史資料館

②一〇万人県民大会場の歴史保存

屋良平和公園

（二〇一五年一二月六日）

2

時局を斬る

「琉球処分」用語使用批判に疑問
県民の歴史意識が成長

大城立裕氏の本欄投稿（五月一一日）を読んだ。それは、石川元平氏が投稿（五月四日）で「私どもは復帰運動のなかで講和条約第三条を第二の琉球処分と呼んだ」と書いていることに対する批判だが、石川氏が恰《あたか》も一九六〇年の沖縄県祖国復帰協議会結成当初からそのような言葉を使っていたかのような印象を与えたことが、大城氏の批判を誘発したように思う。復帰運動にタッチした者の一人として意見を述べたい。

私も六〇年当初から第二の琉球処分という言葉を使用していたとの記憶はない。私たちが琉球処分と同義語の〝沖縄処分〟という言葉を使い出したのは、佐藤・ニクソンの日米共同声明以降である。返還協定の批准が強行採決される段になって「これでは第三の琉球処分ではないか」と糾弾闘争をしていた。第三ということは、第二があるということだが、それは当然講和条約第三条を指す。

復帰協は結成以来、条約発効の四月二八日を「屈辱の日」として四・二八闘争を続けてきたが、石川氏はそのことを言ったのではないか。

私が大城氏の批判で最も違和感を覚えるのは「平和条約を第二の琉球処分と読み取っていたなら、来るべき復帰に第三の琉球処分を警戒しなかったのはおかしい」という点だ。

復帰協は、復帰前の七一年一一月一〇日に、返還協定粉砕を目指した〝ゼネスト〟を設定、その成功を期して、一一月八日に宜野湾市で県民総決起大会を開いた。その時メーンスローガンに掲げたのは〝沖縄処分粉砕〟だった。

仲吉良新県労協議長は「日米政府の返還協定が基地機能の維持を前提とする限り、復帰が実現しても問題は解決しない。沖縄処分を粉砕し、真に主体的な返還をかちとろう」と県民に檄《げき》を飛ばした。何も警戒しなかったどころか粉砕を叫んでいたのである。

伊波普猷の「琉球処分は一種の奴隷解放であり、琉球民族は日本帝国に入って復活した」という歴史認識とは決定的に違う、まさに現実的な歴史批判である。それは沖縄人民が歴史の主体として自覚的に登場してきたものだ。

私たちが返還協定を第三の琉球処分として糾弾したのは、単に復帰すればいいという思想ではなかった。たとえそれが大城氏の『小説琉球処分』に触発されて使った言葉であったとしても、県民の歴史意識の成長として逆に喜ぶべきだと思う。

（二〇一二年五月二五日「琉球新報」論壇　元マスコミ労協議長）

五人組の歴史的犯罪

恥ずべき事大主義をただす

今回の自民党五国会議員の辺野古容認は、有権者への背信行為にとどまらず、歴史的なおぞましい犯罪行為であり、恥ずべき事大主義意識をさらけ出したものである。そう断ずるのは、自らの次回選挙の公認と引き換えに沖縄を売り渡したこと、本土の沖縄差別意識の〝固定化〟を助長したことにある。沖縄人が自らの意思で、軍事基地の建設を容認した事例はない。自らの利権のために基地建設を認めるなど歴史上初めてである。琉球処分を受けた無力の王府でさえ、軍事基地の建設には抵抗した。

普天間・辺野古問題は、沖縄の政治的民度を鋭く問う問題だっただけに、そこに沖縄の欠点として言われてきた事大主義が出てきたことはショックである。事大主義とは「自主性を欠き、勢力の強大な者につき従って、自分の存立を維持するやり方」をいう。

石破幹事長の「固定化」どう喝発言は「本土ではどこも受け入れないので沖縄に押し付ける以外にない」との狡猾《こうかつ》な沖縄差別に基づく発言であり、この発言を容認することは差別を認めるに等しい。

五人組がこの差別意識の固定化を助長した罪は重い。

石破氏は「辺野古でなければアメリカは普天間を固定化する」ように見せかけているが、アメリカ側から固定化を言ったことはない。アメリカは普天間の固定化によって、もしもの事故でも起きれば、沖縄基地全体に重大な影響が出ることを知っている。Ｂ52の墜落によって反基地闘争が激化していった歴史の記憶を忘れてはいない。

そもそも「危険性の除去」という政治用語が頻繁に使われ出したのは、二〇〇三年にラムズフェルド米国防長官が普天間を視察した時に「世界一危険な基地」と発言してからである。もちろん県民はそれ以前からその危険性を指摘し、撤去を要求してきた。それを無視し続けてきた政府自民党は、ラムズフェルド発言に狼狽《ろうばい》し、危険性の除去と負担軽減を口実に、辺野古移設の政治的促進剤としてこの発言を利用し、五人組もそれに幻惑された。

ともあれ石破どう喝発言と五人組の裏切りを許さないために、県民に残された唯一の方法は、五人組を二度と再び国政に送らないことだ。今度は県民の政治的民度が問われる。沖縄の気概を示すチャンスである。


（二〇一三年一二月五日「琉球新報」論壇）

西銘親子の日本人論

基地論争への歪曲を憂う

「自分は日本人、親父とは違う」という西銘恒三郎衆議員の発言が波紋を呼んでいる。この発言、父順治氏（故人）が「沖縄の心とは、日本人になりたくてもなれない心」と、ウチナーンチュのアイデンティティーを喝破したことと対比してなされたものだが、辺野古問題との絡みで政治的に発言されたために、親子の日本人論（沖縄人論）が基地問題の論争へ歪曲《わいきょく》され、事態を混乱させている。

恒三郎氏の発言の真意は知らないが、多分自らの選挙公約の破棄を糊塗《こと》し、今後は日本人として国策を推進するとの立場を表明したものであろう。ところがこの発言、自称日本人から「沖縄人は日本人ではない。西銘氏は日本人になりたがっているだけ」とこけにされ、形なしである。

これに対して沖縄人から「沖縄人は日本人だ」と怒りの反論が出て、基地論争が日本人論争へ変転、混迷。

本欄における青山克博氏（四月一八日）と比嘉達雄氏（五月二四日）の論争がそれである。まるで沖縄の基地問題が、沖縄人が日本人であるか否かの問題であるかのように。基地差別にそのような側面がないわけではないが、基地問題の本質はそれとは違う。

そもそも日本人とは何か。日本人の定義はない。概念規定もない。日本人といっても、日本民族を指したり、日本国民をいったり曖昧に使われている。異邦人を差別するための用語だ。日本人論の本は二千冊を超えるという。日本人といっても千差万別であり、定義のしようもない。青山、比嘉両氏も定義できまい。基地と日本人論などばかげた話。

確かに沖縄人は、日本政府の都合によって日本人にされたり、されなかったりの〝処分〟を受け続けてきた。沖縄人が自らの存在の意味を問い続けるのは当然である。しかし、いま沖縄人は国籍法によってれっきとした日本国民である。日本人＝日本民族＝日本国民という虚構上の存在ではない。

辺野古問題も、日本国民として憲法を守る立場から、その内実としての民主主義、平和主義、人権主義、当事者主権主義の実現を目指して自己主張をしているにすぎない。

沖縄には、惻隠《そくいん》の情けなき人を〝チュヤアラン〟（人ではない）という言葉がある。戦争のための基地など無用である。それが沖縄人の心だ。まともな基地論争を期待したい。

（二〇一四年六月一〇日　「琉球新報」論壇）

知事選のしこり解消

「和睦」より「非為」を

知事選後の県民のしこりを心配して、平良哲氏は六諭衍義《りくゆえんぎ》の一節を援用「郷里に和睦せよ」と提言する（本欄一一月二九日）。氏の愛郷心の伝わる文章だが、少し論理の方向性が違うように思う。ことはついでに、小生も六諭衍義の文言をもって疑問を呈してみたい。「和睦」より「非為」をと。

六諭とは、程順則が中国からもたらした「孝順父母」（父母に孝順なれ）、「尊敬長上」（長上を尊敬せよ）、「和睦郷里」（郷里に和睦せよ）、「教訓子孫」（子孫を教訓せよ）、「各安生理」（おのおの生理に安んぜよ）、「母作非為」（非為をなすことなかれ）の六つの教えで「衍義」とはその教えを解説したもの。平良氏は、その三番目の教目を引用して、選挙後の県民同士のいがみ合いを戒めたものだが、ことの後先として「和睦」より「非為」を重視すべきように思う。

今回の選挙は、辺野古という国策の是非を問う選挙であった。これに対し仲井真氏は是とし、翁長氏は非として闘った。この中で特筆すべきは、沖縄人のアイデンティティーという言葉が、初めて選挙戦の前面に出てきたことである。ことの本質はそこにある。

国策強要という強大な国家権力と対決するには、保革のイデオロギーの枠を超えた沖縄人としてのアイデンティティーという存在の意味を問う勢力を結集する必要があった。オール沖縄の呼び掛けの意味はそこにあった。「わがふるさとをいかにせん」ということである。

植民地の分断統治は、マキャベリ以来の統治手法だが、今回の知事選で仲井真氏が「基地と振計のリンク」という政府の巧妙な利害打算による沖縄分断策に乗せられていることを、県民は敏感に感じ取った。あの票差は県民のアイデンティティーの怒りの表現である。

六諭衍義の「毋作非為」とは「非道をなすなかれ」ということである。道理にかなうことを是とし、道理に背くことを非として是非を明らかにし、「非道をなすなかれ」という教えだ。沖縄だけに基地を押し付ける、これほど非道なことはない。「和睦郷里」には同感だが、まずは安倍総理や仲井真知事に「毋作非為」を言うのが先決であろう。程順則もそう言うと思う。

平良氏に敬意を表し、六諭衍義にちなむいろは歌の句から二句をあげたい。
一、憎さある人も　憎さどんするな　肝ぬ道すじや　広くあきら
一、わ身ぬ傷あらば　わ身ぬ傷なおし　人ぬ傷すして　益やねさみ

（二〇一四年一二月七日「琉球新報」論壇）

先住民族論批判に疑問

政府の見解引用　事大主義的

「ウチナーンチュを先住民族として認識することは、事実誤認であり、錯誤である」という平良哲氏の先住民族批判（本欄十月四日付）の論拠に疑問を持つ。私見を述べたい。

平良氏は「国会決議や政府の統一見解で、日本の先住民族はアイヌだけ」となっているから、ウチナーンチュは先住民族ではない―という。

問題は、いまなぜ先住民族論かということだ。その歴史的背景は何か、である。確かにウチナーンチュ先住民族論の概念はあいまいであり、平良氏のように納得しない人も多い。しかし、そこには本土による沖縄差別という歴史認識がある。一体差別はあるのか、ないのか。あるとすればそれは何なのか。少数民族としての差別なのか、日本の民主主義の未発達の問題なのかどうか。自問自答の結果が先住民族論だと見る。

そもそもこの言葉が頻繁に使われるようになったのは、辺野古をめぐる「自己決定権」論との関連においてであった。辺野古基地の押し付けは沖縄差別なのかどうか。彼らは、戦前、戦中、戦後の本土人の沖縄差別の歴史的経緯から辺野古移設も沖縄差別の一環と見る。沖縄の歴史は、この四〇〇年間、「自己決定権」を認められてこなかった。

かつて太平洋戦争の敗戦収拾に当って、天皇がソ連に連合国との調停を依頼することを決めた時、その条件は「沖縄、小笠原、樺太、千島列島の半分を捨て、日本は最下限固有の領土で満足する」というものだった。沖縄は日本の「固有の領土」ではなかったのである。そして戦後、講和条約第三条による沖縄分離、さらに自己決定権を認めない辺野古の押し付け。この一連の歴史的差別を少数民族差別と見ても無理からぬことである。

差別にも人種差別、少数民族差別、階級差別、性差別、部落差別などいろいろある。これらの差別批判に共通していることは、人間の尊厳、人権の視点からなされていることだ。自己決定権を認めない日本政府を国連の人権委で告発することは、窮余の策として当然であろう。

沖縄に差別はあるのか、ないのか。平良氏の歴史認識を聞きたい。政府が決めたから沖縄差別はないとか先住民族はいないというのは、あまりにも事大主義的だ。今後の論争に期待している。

（二〇一五年一〇月二七日「沖縄タイムス」論壇）

琉球処分の解釈に根源

先住民族論争　埋まらぬ溝

私が、平良哲氏の先住民族論の批判の在り方は、事大主義的ではないか、と疑問を呈したのに対し、同氏から反論があった。（本欄一一月四日付）。しかし、リンカーンを持ち出してのこの反論、国の見解を繰り返し、民主主義の在り方を論ずるだけで、何に反論しているのかさっぱり分らない。

そもそも私の小論は、中学生程度の読解力でも分る通り「沖縄人は先住民族か否か」を論じたものではなかった。私が問題視したのは、平良氏が国の統一見解を持ち出して「沖縄人は先住民族ではない」と、居丈高に断定するのは、事大主義的ではないか、というものであった。しかし、平良氏は何を勘違いしたのか、同じ論理を繰り返し、民主主義のイロハを説教する。筋違いである。

私は、先住民族論が出て来た背景には、沖縄の歴史を「差別の歴史」として認識しているのではないかと推論した。しかし、それは間違っていなかったと思う。

事実この問題は、沖縄の今を語る「構造的差別」とか「沖縄のアイデンティティー」「オール沖縄」

とかの言葉と通底しているところがある。このような沖縄の本土による「差別史観」を「被害者意識」にすぎないという人もいるが、単にそれだけの問題ではなかろう。

実際いまなお「伊波普猷の日琉同祖論で学問的には沖縄は日本である。沖縄は日本の普通の県になるよう努力すべきだ」とか、「戦時中、沖縄で『スパイ視虐殺』が起きたのは〝沖縄には支那の帰化人がいる〟との認識があったからだ」という本土の有名人がいる。驚くことには、稲嶺惠一元知事も仲井真弘多前知事も、翁長雄志知事も久米三六姓の末裔だという人さえいる。沖縄と本土の間には違和感という深い溝がある。劣等感と優越感ともいえるような。

私は、平良氏と先住民族論者の今後の論争に期待すると書いたが、論争の先に琉球処分の歴史的評価があると見たからである。琉球処分は、日本の民族国家形成期における民族統合の一過程だったのか、日本帝国主義による琉球国の侵略的併合だったのか、その解釈によって先住民族論の位相も全く違ってくる。国の一遍の決議の問題ではないのである。

しかし、もはやこの論争に期待することはできない。私もこの件に関する投稿は終わりにする。

（二〇一五年一二月二日　「沖縄タイムス」論壇）

許せぬ県紙への中傷

国家主義的論理に警戒を

「自己決定権」。自分のことは自分で決める。当事者主権ともいうこの権利は、民主主義の根幹をなす最も基本的な権利（人権）である。従って、民主的な社会や国家においては、この権利に法的、制度的な差別は絶対に許されない。しかし、現実の政治や行政の運用にあっては、二重基準などによる差別が厳然として存在する。辺野古がその典型だ。

沖縄はいま、四〇〇年間も奪われ続けてきた自己決定権を取り戻し、さらに沖縄戦の体験からくる平和の実現を期して、辺野古を闘っている。これは何も日米安保だけの問題ではないのである。しかし、この県民の闘いに対する誹謗《ひぼう》中傷は絶えない。とりわけ県紙に対しては。

琉球新報や沖縄タイムスの社是や綱領は、全国の新聞同様「恒久平和を希求し、民主主義の発展に寄与する」ことをうたっている。これは全国のジャーナリストに共通した社会的使命である。特に沖縄のような現実にあっては、その使命感は切実である。それゆえに、沖縄のジャーナリストたちは、昼夜を問わず真実の報道に精根を尽くしている。

ところが一部の人たちは、意図的に県紙を中傷し、「政府からカネをゆすり取るために県民を扇動している」とか、「左翼の反日、反米の偏向報道」等々、事実を歪曲《わいきょく》して攻撃の限りを尽くし、揚げ句は「沖縄の二紙をつぶせ」と暴言を吐く者も。さらに驚いたことに「琉球新報、沖縄タイムスは売国奴としかいいようがない」という発言まで飛び出した。あの百田尚樹と石原慎太郎の対談である。（『ＷｉＬＬ』九月号）

これら一連の国家主義者の暴言に共通している論理は「辺野古基地に反対することは、日本の防衛力を弱め、中国に対する利敵行為である」というもの。しかも辺野古の後に中国がいると臆測するのだから何をかいわんやである。沖縄県民は、平和と民主主義のために闘っているのであって、中国のために闘っているのではない。この分だといまに「沖縄人スパイ論」が横行し、新たな差別が出てくるのは必定である。

「本土では米軍基地を受け入れないから沖縄に」という差別的欺瞞《ぎまん》こそ、最大の問題だ。沖縄のジャーナリストたちが県民を守るため、さらに奮起することを期待してやまない。

（二〇一五年一一月三日　「琉球新報」論壇）

信なくば立たず
玉津教育長の辞任を求める

石垣市議会は、玉津教育長のこの間の不適切な行動を問題視し、教育長としての資質に欠けることを理由に不信任決議を行った。議会の良識として当然のことである。

そもそも教育とは、親・教師・社会の三位一体的な信頼関係の上に成り立つ事業であり、教育長の職責は、この三者の協力関係がスムーズに行くように調整、指導し教育の成果が上がるように尽力することにある。そのためには教育現場での意見の分裂、対立を極力回避する必要がある。この教育事業の性格から法的にも教育には政治的中立性が求められ、時の政治権力や政党の介入が排除される。

今回の決議は、玉津教育長の教科書採択を巡る一連の言動、思考停止を結果したとする平和教育批判発言、琉大の教育支援事業に対する人事介入発言等を教育長にあるまじきものとして不信任に至ったわけだ。僭越な行動に、石垣市の教育庁として相応しくないとの烙印を押したわけだが、議会の良識として当然のことである。

しかし、議会の決議を無視し、居座り続けようとする玉津教育長の言動を見る限り、一連の問題発言は、個人的な資質の欠除による独断と偏見の迷走発言というよりも、戦後民主主義を否定する政治的潮流と連動した確信犯的、意図的言動のように思う。組織的に仕組まれた政治的、思想的問題である。

昨年（二〇一一年）、教科書採択問題が起きた時、これは教育問題に名を借りた「思想的な政治闘争」であり、「政治的な思想闘争」であると直感した。この問題の始まりが中山市長の玉津氏任命にあり、育鵬社版の教科書採択の布石が着々と打たれたことや、玉津教育長の思想が「新しい歴史教科書をつくる会」の思想と酷似していたことなどの理由による。

「つくる会」は、教科書採択年に当たる昨年「教科書はできた。次は地方の教育委員会を通じて採択させる運動だ」を合い言葉にしていた。玉津教育長の行動は、それを実践していたわけである。

ともあれ、玉津教育長が一介の地方公務員の分際で、教育行政の場に政治的、思想的問題を持ち込み、現場の教育に分裂と対立を招き混乱させた罪は重い。玉津教育長は石垣市の教育長である。文科省が任命した教育長ではない。教育が「信なくば立たず」の事業である以上、潔く辞任することを求める。なお在沖宮良郷友会の多くが玉津教育長の任命は当初期待し、失望し、そして怒りを持っていることを宮良出身者の一人として付記しておく。

（二〇一二年）

万歳県議に仰天

認知症の前期症状かどうか知らないが、県議会で「天皇陛下万歳」を叫ぶ議員が出て来たということを知って、アイエナーと仰天してしまった。理由は今期で県議を引退するからとのこと。政治家の劣化は国会議員だけと思っていたが、ついに沖縄県議までとは。

そもそも天皇陛下万歳は明治期になってからだが、ものの本によると、明治二二年の大日本帝国憲法の発布式に天皇陛下をお迎えする時の祝声として文部省が考え出したものとか。当初、バンザイ(万歳)となったが、これでも具合が悪いとなり、万歳を漢音読みと呉音読にして「バンザイ」にしたとか。県議を辞める祝声とは何の関係もない話だ。

これで日本人になったつもりなら、まだまだウチナーンチュは、日本の植民地人にさえ成り切れていない。おそまつだ。

(二〇一六年三月)

〝教科書騒動〟の背景と本質

教科書選定問題を考える

はじめに

もうすぐ四月。子どもたちが希望に目を輝やかせて新学期を迎える時節だ。例年ならばである。しかし今年（二〇一二年）は「新春のお喜びを申し上げます」という年賀状が泣きかねない憂うつな年明けとなってしまった。例の教科書騒動の所為《せい》である。

一般的に「八重山の教科書選択問題」といわれるから、誰しも教育問題だと思う。しかしその経緯を見ると、教育とは関係ない政治闘争、思想闘争の変形的騒動である。

「新しい歴史教科書をつくる会」とは何か

「新しい歴史教科書をつくる会」は一九九七（平成九）年一月三〇日に設立された。その趣意書によると、会の目的は概略次の通りである。

「私たちは、二一世紀に生きる日本の子どもたちのために、新しい歴史教科書をつくり、歴史教育を根本的に立て直すことを決意した。

世界のどの国民も、それぞれ国有の歴史を持っているように、日本にもみずからの固有の歴史がある。日本の国土は古くから文明をはぐくみ、独自の伝統を育てた。日本は、どの時代においても世界の先進文明に歩調を合わせ、着実に歴史を歩んできた。欧米諸国の力が東アジアをのみこもうとしたあの帝国主義の時代、日本は自国の伝統を生かして西洋文明との調和の道を探り出し、近代国家の建設とその独立の維持に努力した。私たちの父母のそして祖先のこうしたたゆまない努力の上に、世界で最も安全で豊かな今日の日本がある。

ところが戦後の歴史教育は、日本人が受けつぐべき文化と伝統を忘れ、日本人の誇りを失わせるものだった。特に近現代史において、日本人は子々孫々まで謝罪し続けることを運命づけられた罪人の如くあつかわれている。冷戦終結後は、この自虐的傾向がさらに強まり、現行の歴史教科書は旧敵国のプロパガンダをそのまま事実として記述するまでになった。世界にこのような歴史教育を行っている国はない。

私たちのつくる教科書は、世界史的視野の中で、日本と日本人の自画像を品格とバランスをもって活写し、祖先の活躍に心躍らせ、失敗の歴史にも目を向け、その苦楽を追体験できる日本人の物語である。子どもたちが日本人としての自信と責任感を持ち、世界の平和と繁栄に献身できるようになる教科書である。私たちはこのような教科書を作り普及するために必要な活動を推進する」という。

沖縄人は日本人に含まれるか

この「新しい歴史教科書をつくる会」（次下「つくる会」と略称する）の趣意書を読めば、新しい歴史教科書を作り、普及させる目的が何かが分かる。簡単にいえば、戦後の歴史教育の否定であり、特に対中・韓、対米関係史の書き直しである。この趣意書は総論的なものであるが、「つくる会」の人たちが現実的な各論を論じる中で、沖縄問題をどう扱っているかである。各論に共通しているキーワード「日本人としての誇り」という言葉が何度も使われているが、そこには沖縄人など眼中にない。つまり彼らの意識には沖縄人は日本人どころか、日本国民でさえないのである。

このような意識は、戦前、戦中、戦後とも一貫して変わらない。彼らの意識に「沖縄」が出てくるのは、領土論においてだけである。沖縄人は国有の日本人ではない。どうにでも〝処分〟できる自分たちが日本人にしてやった新参者の〝日本国民〟なのである。「日本人は沖縄の土地をより不毛にした」という伊波普猷の嘆きは、今も変わらない「つくる会」の日本人の意識だ。このことは後述する「つくる会」の教科書を書いている渡部昇一や、監修者の田久保忠衛などの意識に如実に現れている。

では歴史教科書はいかに書かれるべきか。「つくる会」の中核的存在ともいえる坂本多加雄は「初等・中等の歴史教育は国民の意識の育成である」とし、歴史教育の経緯を述べた上に「民衆レベルの政治参加が進行するにつれ、国民的な一体感の育成が課題となった。われわれ＝国民という意識が成立することが必要とされ『われわれをアイデンティファイするものこそ国民の歴史でなければならない』という。いったい、日本国民の一体感を育成するという歴史教育の中に、沖縄人も含まれているのか。「われわれ」の中に沖縄人もいるのか。

この四百年間、沖縄の歴史と日本の歴史は「共有」することも「共感」することもなかった。両者のアイデンティティーも全く別ものである。現実に置かれている「立ち位置」も。

尖閣問題の意義

「つくる会」のスローガンは、自虐史観を越えて新しい日本の歴史を作ろうということだが、自虐史観を植えつけたのは、もちろんアメリカの対日戦後政策であり、日本をアメリカのマインドコントロール下に置くことにあった。したがって自虐とは呪縛をも意味する。その根幹は勝者による敗者を裁くという東京裁判批判として現われざるを得ないが、ならば東京裁判は無効という徹底的な批判が出て来そうなものだが、現実的にそれが出来ない。なぜか、それは日米安保条約によってがんじがらめにされているからである。

本来、東京裁判が不当で、無効だというならば、日米安保条約を破棄し、憲法を改正して独自の軍隊を持つのが論理の帰結である。しかし、なぜか「つくる会」の人たちは、現実的に日本のマインドコントロールの根幹をなしている日米安保条約の破棄はいわない。本来なら日米安保条約こそアメリカの最大の呪縛である。

しかし、「つくる会」の理論家の一人中西輝政京大教授は、日本人の中国に対する四つの呪縛として、

①自虐史観による中国に対する戦争責任の呪縛をあげ、さらに②中国文明を過大に評価する中華文明幻想の呪縛、③中国市場という呪縛、④中国は大国という呪縛を上げ、これらの呪縛が日本の対中認識を誤らせているという。日本の対中認識の根本的な是正なくして日本の将来はない、としたうえで「尖閣事件を契機に日本人がこの四つの呪縛からようやく自由になろうとしている」というのである。
まるで尖閣を守ることこそ日本の将来を左右するといわんばかりである。（『Ｗ·ｉＬＬ』七五号）。

中西氏は、米ＮＩＣ（国家情報会議）の報告書が「二〇二〇年代に世界に最も影響を与える国は中国になる」との予測をしていることに対し「米中接近は日本の正念場」と不安を吐露している。アメリカに付いても離れても、ジレンマは深まるばかりである。尖閣どころの話ではない。

自虐論の現実的矛盾

「つくる会」の自虐史観を乗り越える方法論はまちまちだ。つまり自衛隊と安保関係については、その典型的な矛盾をさらけ出したのが前航空幕僚長の「日本は侵略国家であったのか」という論文である。彼はこの論文で航空幕僚長をクビになったが、尖閣問題や自衛隊の与那国配備問題で八重山にオルグに来ている。当然教科書問題ともからむ問題である。

「東京裁判は、あの戦争の責任を全て日本に押しつけようとしたもの。そのマインドコントロールは戦後六三年を経てもなお日本人を惑わせている。このマインドコントロールから解放されない限り、我が国を自らの力で守ることはできない。

アメリカに守ってもらえば、日本のアメリカ化が加速する。日本の経済、金融、商慣行、雇用、司法もアメリカのシステムに近づき、我が国の伝統文化が壊されていく」といいながら、日米同盟については「アジア地域の安定のためには良好な日米関係が必須である。但し日米関係は必要な時に助け合う良好な親子関係のようなものであることが望ましい。子どもがいつまでも親に頼りきっているような関係は改善の必要がある」という。

彼はまた『Ｗ・ｉＬＬ』（二〇〇九年一月、第四九号）の独占手記で、幕僚長を解任された後の心境を書いているが、その中で彼は「占領軍から与えられ、自衛隊を軍と認めない日本国憲法も変える必要がある。防衛政策では〝専守防衛〟〝非核三原則〟〝武器輸出三原則〟を見直す必要がある」と主張する。

これらの政策はいずれも「国是」として取られてきた政策であり、アメリカの世界戦略と重要な関わりを持つ政策である。安保ただ乗り論だけでも右往左往する日本が、アメリカと全面衝突するような「武力政策」を主張することはアナクロニズムというほかない。日米安保の親子論はこれこそ自虐的現実感であり、破綻した論理である。

「尖閣と自衛隊」が目的

「八重山の教育自治を守る会」主催の「八重山教科書採択問題に関する講演会」が九月十八日、石垣市健康福祉センターで開かれた。講師は、高橋史朗明星大学教授。高橋は元埼玉県教育委員長で、戦後教育史研究センター長。「つくる会」メンバーの一人で『教科書検定』『検証・戦後教育』『歴史教育はこれでよいのか』などの著書がある。共著として、西尾幹二・藤岡信勝・小林よしのり・高橋史朗『歴史教科書との十五年戦争』や西尾幹二・藤岡信勝・高橋史朗『国民の油断』などがある。

一体、なぜこの段になってから教科書採択問題、講演会なのか。多分、多くの八重山の人たちが「なぜ育鵬社版なのか」を知らないので、育鵬社版の必要性をオルグする必要があったからであろう。「八重山の教育自治を守る会」の名が泣くというものだ。

問題は、高橋が育鵬社版の必要性について「いま八重山の子どもたちに尖閣や自衛隊問題をどう教えるか、ということ。そのためには育鵬社版が必要であり、玉津採択協議会会長を応援してほしい」と言っていること。

この発言の中に、今回の教科書採択問題の本質の一面が現われている。教育自治を守る会の本質同様に。〝守る会〟といっても、その実態は「つくる会」の別動隊であり、その政治的、思想的な実践隊である。八重山でこの採択問題が起きたのは決して偶発的な問題ではない。

そもそも自治とは、自分のことを自分で納めることであるが、やっていることは自分で起こした問題を自分では処理できず、「つくる会」や文部省の力を借りて政治的、思想的政策を実現しようという策略に過ぎない。八重山の教育自治を守るというのは、自治のカムフラージュである。

問題解決の当事者能力なくして自治を語るのは羊頭狗肉でしかない。県教育委の指導助言は石垣市教育委の権限を覆す不当な介入である、という主張こそ茶番である。

誰が歴史を歪めているか

私が渡部氏の主張を噴飯ものと思うのは、それがダブルスタンダードでナルシスト的に「演技」をしていると思うからだ。

彼はいう。「東京裁判の最も憎むべき点は民族の歴史に対するプライドを抹殺したことだ」と。アメリカが日本人の誇りを抹殺したことは許せない、というならば「つくる会」のような日本人によって無視され、侮辱され、抹殺された沖縄の人たちはどうなるかだ。ご都合主義もいいとこだ。

二〇〇七年三月、文部省は高校教科書検定で、沖縄戦における「集団自決」について「軍の強制」という表現を削除した。これに対して沖縄県民は、九月二九日宜野湾市において「教科書検定意見撤回を求める県民大会」を開いて文部省の検定に抗議を行った。

この県民大会に対して渡部は「軍強制記述の回復は歴史教育を歪めるもの」と批判、「一一万人が参加したというのは琉球新報、沖縄タイムスという左翼メディアのインチキ報道に過ぎない」とし「報道写真を拡大して調べたら、二万人にも満たない集会だった」という。一〇万人以上の参加ということがかなりショックだったのだろうが、沖縄の新聞がウソを報道しているかどうかは、県民自身が知っていることである。いくらダブルスタンダードとはいえ「白を黒」といい張ることはできまい。

とはいっても沖縄の歴史に立脚して日本政府を告発し続ける沖縄のメディアには我慢ができないらしく「沖縄は左翼メディアの巣窟だ」「記者たちは真実を封じ込めて嘘を書く」「沖縄には元来資源も

なく産業が発達しているわけでもないので基地問題で騒げばカネが出るということを学び、米軍基地に土地を持っている人たちは、基地反対運動で騒ぐ人たちを支援する構図がある」とあれこれいちゃもんをつけ「美しい虹」を描けなければ今回のような根拠もない「歴史歪曲」に右往左往するという。

沖縄の抹殺こそ虹見る前提

「輝く虹を見せることが歴史教育だ」と渡部氏はいう。この輝く美しい歴史を見せるのに一番邪魔なのが戦前、戦後の日本の歴史における沖縄の歴史の存在なのである。ならば、それを日本の歴史の中から抹殺し、抹消する以外にない。渡部氏の書く「昭和史」には沖縄戦が完全に「なかったこと」にされていることは前に書いたが、それだけでない。戦後の沖縄の屈辱的な命運を決定づけた講和条約の祝日化を言ったり、教科書から自決の軍命削除に抗議する県民大会や、基地撤去を要求する県民世論に対して「カネを取るための騒ぎ」と平気で侮辱する。

沖縄での〝復帰闘争〟は、四月二八日に「四・二八」闘争として闘われた。その日を「屈辱の日」として全県的に県民大会を開き、日本政府に対する抗議行動を毎年行ってきた。沖縄県民にとっては忘れ難い日である。

いうまでもなく、四月二八日は、一九五二（昭和二七）年四月二八日の日本国との平和条約が締結された日であり、沖縄が法的に米国支配下に置かれた日である。この条約によって日本は戦後独立を認められることになったが、沖縄は日本の独立と引き換えに〝基地の島〟として今日に続いている。

この沖縄にとって屈辱の日を渡部氏は、日本人の品格を取り戻すための処方箋として、四月二八日を「独立回復記念日」として祝日にせよ！と主張する。これほど品格のない主張はない。祝日化主張の理由として渡部は「東京裁判に始まる戦後日本を被う自虐的な史観というものを払拭するために私が提案したいのが四月二八日を独立記念日にしようということ。四月二八日は、日本が独立を回復した記念すべき日だといって祝日にすればいい」という。渡部にとって沖縄は日本ではないし、眼中にもない。

憲法・講和条約・安保条約と沖縄

「自虐史観」を越えて新しい歴史教科書を作る――これが「つくる会」のスローガンである。自虐史観とはつくる会運動の中心的人物である藤岡信勝氏の造語だそうだが、要するに東京裁判によって洗脳され、マインドコントロールされて自虐的になっている戦後日本の心を解放し、歴史を正当な位置に戻そうということである。

東京裁判は戦勝国によって「日本の戦争は〝罪悪〟だったとの意識を植えつけるものであった。日本国憲法は、二度と日本が連合国に歯向かうことがないよう第九条を押しつけたものである。このため今の日本人はその呪縛によって自虐的になり、現在の歴史教科書も旧敵国（アメリカなど）のプロパガンダをそのまま事実として記述している――と主張。つまりアメリカの洗脳、マインドコントロールからの解放なくして〝正しい教科書〟は書けないということだ。そしていまなお呪縛からの解放闘争は続いているというのである。だから論理的にいえば、日本の侵略戦争否定論や憲法改正論も当然出てくるわけだが、なぜかこれらの問題が教科書論外の一般論として、正面から論じられることはない。なぜか。

現実的に日本国憲法の担保となっているのは日米安保であり、それに依拠しない限り日本の豊かさと安全は保障されないからである。日米安保の〝要石〟が沖縄であるが、彼らの視点から基地沖縄はすっぽり抜け落ちている。アメリカの洗脳論を正面からいえるはずがない。

「つくる会」は「どういう教科書を使いたいか」という座談会を行っているが、十五項目の主要な論点の中のひとつ「戦後の改革の叙述。日本国憲法の制定過程、講和条約、安保条約、朝鮮戦争」については自虐史観の根本にかかわる問題であるにもかかわらず、ほとんど何もふれていない。これは彼らの論理の矛盾、ジレンマを象徴している。これらの対米問題については後述したい。

美しい虹を見る踏み台か

渡部昇一氏によれば、「つくる会」の教科書は、日本の歴史の「美しい虹を見せてくれる教科書」だそうである。彼はあちこちで「美しい虹」論を書いているので、それは彼の歴史教科書論であろう。

この「美しい虹」という言葉は、イギリスの哲学者オーウェン・バーフィルドの使った言葉だが、バーフィルドは「歴史の事実は、雨あがりの大気中の水滴のごとく無数にある。その断片を拾い集めればどれもが事実だが、ある視点からそれを見ると虹が見える。その虹が歴史というものである」と言っている。渡部氏はその言葉を引用しつつ「無数にある歴史の事実から、輝く虹を見せることが歴史教育の要諦なのである。美しい虹が見える視点を与えることが戦後の日本の歴史教育からはすっぽりとなくなっている」という。

彼は、育鵬社の歴史教科書の執筆者の一人である八木秀次高崎経済大学教授との対談で、次のように述べている。

八木「教育行政を変えない限り、学校で子どもたちに歴史の大局と美しい虹を見せることは難しい」

渡部「皇室というのは日本国および日本人にとっての誇りの原点である」

八木「日本人を日本人たらしめているのが皇室である」

渡部「皇室と神道は日本人のアイデンティティーの芯になっている」

渡部氏の虹を見る視点がどこにあるかが分かる。この視点からすると、戦前、戦中、戦後の沖縄の歴史は美しい虹を見たい「つくる会」の足もとを揺さぶるっているようなものである。

渡部昇一の『昭和史』には沖縄戦は一切出て来ないし、沖縄の名が出てくるのはジョン万次郎が漂着したことくらいである。沖縄を美しい虹を見る踏み台にするには、沖縄の歴史を抹殺、省略する以外にないのだ。

（二〇一二年）

3

言葉と文化

——方言を考える

人間の絆としての島言葉

―疎外された方言の再生を求めて―

一、はじめに

わたしの故里八重山に、「島ぬ言葉忘しぃねぇ島忘しぃん、島忘しぃねぇ親忘しぃん」という箴言《しんげん》があります。人間が生まれて最初に学ぶ言葉は、母親が話すその土地の言葉ですが、その言葉を忘れるということは、親を忘れるということだという戒《いまし》めです。

しかし、今や日本の言葉は、単一民族論という虚構の下に標準語が徹底され、各地に伝わってきた多様な個性的、伝統的な方言は消滅しつつあります。子どもたちも言葉を習うのに親からではなく、テレビやラジオからであり、故里という地域社会から学ぶ言葉はほとんどありません。島言葉の出る幕は全くないのです。せいぜい訛《なま》りで方言の痕跡が分かる程度で。特に日本語の姉妹語であるウチナーグチの場合はそうです。学校教育（国家教育）の徹底で、親自身が島言葉を話せなくなっているのですから。

そもそもウチナーンチュは明治以降、自ら「日本人」になるために自らの言葉である方言を捨て、忘れようと努めてきました。ウチナーンチュとしてアイデンティティーを否定し、日本人としてのアイデンティティーを獲得するためです。その結果として多くの人がウチナーンチュとしての「心」を失うという大きな犠牲を払ってしまいました。しかし、西銘順治さん（元衆議院議員・沖縄県知事）のように、日本語も英語も自由に話せる人が「日本人になりたくてもなれないのが、〝沖縄の心〟だ」と喝破し、多くのウチナーンチュに自信と誇りを与えた人もいました。ウチナーグチ、それは沖縄の心を表現する言葉なのです。西銘さんもよく地域の老人たちと方言で話をしていました。

幸いウチナーグチの根っこが残っている中で自らのアイデンティティーを回復すべく、「島言葉を残そう」という運動が各地で展開されつつあります。それは、人間としての自己主張の表現運動であり、ウチナーンチュの一人として大いに共感を覚えるものです。

そこで沖縄方言が戦中、戦後の厳しい歴史の中でどう使われてきたか、ウチナーグチの具体的な使われ方、自己表現の事例を見てみたいと思います。

二、ウチナーグチの今

沖縄の方言が衰退してきた理由はいろいろあります。日本政府による政策的な抑圧や、ウチナーンチュの日本への同化のための自己否定などです。特に沖縄文化の中核をなす方言について劣等感を持ち、自己卑下的に人前で島言葉を使うことを意識的に避けてきました。そして方言を使えないことが進歩的知識人であるかのように振る舞ってきました。まるでヤマトゥンチュモドキのように。島言葉が今や「さまよえるウチナーグチ」になってしまったのも当然でしょう。しかし沖縄の心を持つ人たちがいる限り、島言葉が亡びることはないと信じています。沖縄の心を表現するにはウチナーグチが最適だし、その心には人間的かつ普遍的な価値が含まれていると思うからです。ヤマトゥンチュの中にも、言語学者だけでなく沖縄方言の大事さを説き、その存続に力を貸して下さる人もいます。

元沖縄総合事務局次長だった船津好明さんは「標準語と沖縄方言」の関係を適確に述べられ、方言に誇りを持ち、大事にするよう励ましておられます。特に沖縄方言が話し言葉で終り、伝承されにくいことを考え、自ら「沖縄方言の表記法」を考案され提案されたことは、その場で消える言葉を活字によって残せるようにすることであり、島言葉を語り継ぐことしかできなかったウチナーンチュにとっては、歴史に残る画期的なことといえましょう。

私たちはこの表記法に習熟し、自由に島言葉を文章化することができるようなれば、ウチナーグチの世界は飛躍的に広がるように思われます。そのことは、日本語の多様な豊かさを示すものにもなります。ところで沖縄の島言葉は戦中戦後どう使われてきたのか、その具体的な事例を見てみたいと思います。

三、方言ゆえに殺されかつ救われる

沖縄戦ほどウチナーンチュとウチナーグチが翻弄《ほんろう》された時代はありませんでした。日本人の沖縄人に対する〝差別と偏見〟の根底には沖縄方言に対する異質感、違和感がありますが、その典型的な事例が、戦時中、牛島満中将が出した〝方言禁止令〟です。方言を使う者はスパイとして扱い、厳罰に

処するというものですが、実際にスパイとして殺されたウチナーンチュも多くいました。まるで方言は「敵性言語」といわんばかりです。日本人なら日本語を話せというわけですが、自国民の使っている言葉を日本軍が分からないからと敵性語として禁止するということは、世界史的に見ても極めてまれな例です。

多民族国家アメリカは、逆に先住民族であるインディアンの言葉を暗号が解読されないよう通信に使っていました。日本語の暗号がほとんど解読されていたこととは対照的です。

人種の坩堝《るつぼ》といわれるアメリカと、単一民族一国家という日本の違いでしょうが、もしウチナーグチを暗号文に使っていたらと思わぬこともありません。おそらくそれほど多くの人が殺されることはなかったでしょう。敗戦になるにしてもです。

米軍は、日本軍と沖縄住民を区別し、できるだけ住民を殺さず救い出すため沖縄の方言を話せる沖縄出身の二世兵たちを沖縄戦に送り込みました。その二世兵たちに多くのウチナーンチュが救われましたが、そこには皮肉にも日本軍が禁止した「島言葉」があったのです。ウチナーンチュにとって島の方言は、命そのものであったわけです。

次は吉田健正さんの著書『沖縄戦＝米兵は何を見たか』の証言録からの引用です。貴重な証言録なのでみなさんも読んでいただきたいと思います。

ハワイから来た比嘉武二郎(北中城村島袋出身)という二世兵がいました。彼の証言に拠りますと、北谷海岸に上陸して索敵行動に出た時、道路脇の小さな待避壕に何か人の動くのを見ました。カービン銃を向けて、日本語で「デテコイ」と呼びかけたが何の返事もありません。銃の引き金に手をかけたままさらに近づいて見ますと、小さな足が見えた。軍人の足ではないことが分かったので、今度は方言で「ンジティメンソーレ」と話しかけると、安心したのか一人の老婆と女の子が出てきた。方言で聞くと、家族は北部へ避難したが、自分は足が悪いため孫娘とここに残ったという。二人は後方に護送され助かったわけですが、日本語で「出て来い」というのと、方言で「ンジティメンソーレ」では語感にかなりの違いがあります。

この武二郎さん、捕虜になって住民になりすましている日本兵を方言で尋問《じんもん》し、日本兵を見つけ出していたといいます。

武二郎さんのエピソードで面白いのは、日本文学者として有名なドナルド・キーン＝コロンビア大学名誉教授を戦時中、自分の叔母さんの家に連れていき一緒に食事をした話。キーンさんは今年、日本に永住するため来日し、話題となりましたが、キーンさんは情報将校として沖縄戦に参加、一九四五年四月一日にフィリピンのレイテ島から輸送船で嘉手納沖に到着、七月中旬まで沖縄戦に参加します。ハワイでは沖縄出身の二世たちと親交があったことから片言のウチナーグチを覚えていたそうです。

キーンさんの証言によれば「自分の部下にタケジロウというハワイから来た沖縄二世兵がいた。ある日彼が、自分の叔母さんが近くにいるからお昼に食事に行こうと誘った。軍服のまま彼について行ったら、戦時中にもかかわらず敵味方なく親切な接待を受け感動した。それで食事が済むと、片言のウチナーグチで「クワッチーサビタン」とお礼の言葉を言った。それはこれまで使った唯一のウチナーグチだったという。

戦場の沖縄で敵味方にあるウチナーンチュとアメリカ兵の間で「クワッチーサビタン」と島言葉で友好的な会話が交わされたということは、これこそ正に、「イチャリバ兄弟、ヌーヌヒダティヌアガ」です。ウチナーンチュの心の有り様を示す逸話であると思います。

もうひとつ、沖縄住民救出に使われた島言葉の事例。これは日系二世兵として救出に当っていたジョージ・タカバヤシ一等軍曹の証言。タカバヤシという名前からして、本土出身の二世兵と思われますが、記憶に残る沖縄の方言であるということから、沖縄出身の二世兵たちがそのような島言葉をよく使っていたと思われます。

証言によりますと、沖縄住民を救出する時よく「ワンネー、アメリカヌヒータイ、シワシミソーランキヨー、マジュンイカヤー」という島言葉がよく話されていたという。「デテコイ」という日本語よりはるかにやさしい言葉であり、その言葉を聞いて安心して壕から出て来る住民が多かったという。「マジュンイカヤー」といわれると誰も殺されるという恐怖は感じないはずです。

次は中城村出身の比嘉太郎さんの著書『ある二世の轍《わだち》』にある証言です。比嘉太郎さんは一九一六年にハワイで生まれますが、出稼ぎの父母の手足まといになるとして幼い時に沖縄の祖父母に預けられ、九歳まで養育された。父母の手伝いが出来る年頃になったため、ハワイに呼び戻され英語も学ぶようになりますが、日本への留学もあって日本語も自由に話せるようになっていました。

第二次世界大戦が始まると、彼は一九四三年から四四年にかけて日系二世部隊である米軍歩兵第百大隊の一員として欧州戦線に派遣され、イタリア兵やドイツ兵と戦った。しかし負傷してアメリカに送り返され、手術療養を受けますが、一九四五年ふるさと沖縄が戦場になることを知って、居ても立ってもおられず、沖縄住民の救出に当たるため軍への復帰を願い出ます。ハワイ選出の国会議員ファーリントン氏や米太平洋方面地区情報部長フィルダー准将らに頼み込み、その協力を得て第一軍情報部付きとして沖縄に来ることができました。彼は第十軍司令官バクナー中将にも直接会って、沖縄住民の救済を訴えたりしています。

彼が沖縄に到着したのは一九四五年四月二五日でした。米軍の沖縄本島上陸は四月一日ですが、彼が到着した四月下旬にはすでに嘉手納飛行場は米軍に占領されており、彼は軍用機で嘉手納飛行場に降り立ったのでした。

彼の証言によりますと、ある索敵中、一人の老人が壕から這い出てきて必死に保護を求めた。しかし、日本語も英語も知らない老人は恐怖に顔をひきつらせ、手まねで何かを米兵に訴えていますが全く通じない。老人を引き立ててきた米兵が、その老人を方言を知っている太郎さんに引き渡した。太郎さんがウチナーグチで話しかけると、これまで涙ひとつ見せず、恐怖に脅《おび》えていた老人は人前もはばからず泣き出した。そして神でも拝むように方言で語り出した。

太郎さんの本来の仕事は、保護した人の住所、氏名、年令など簡単に聞き、記入することだけであったが、その老人は泣きながら戦争が始まって以来のことを細かに話し「行方の知れない孫や嫁のことが心配です。あなたのような方がもっと早く来ておられたら私の孫や嫁も助かったのに……」と泣き続けた。

多分、その老人にとって方言の話せる太郎さんは、〝地獄に仏〟に思えたことでしょうが、自分の事より肉親のことを気づかうあたり、いかにもウチナーンチュといったところです。

もうひとつの証言は、越来村森根での話。ある日索敵中、米兵から「洞穴に婦人が逃げ込むのを見た」との情報が入った。早速その洞穴に銃口を向けて近づき、日本語通訳兵が「危害を加えないから出て来なさい」と呼びかけたが一向に応答がない。そこで太郎さんがウチナーグチで「自分は隣村の出身ですが決して害は及ぼさないから出て来て下さい」と呼びかけると、中から女性の声があった。「ここに二人の娘がいますが娘たちを護って下さい。決して強姦させないで下さい」と方言で泣きながら訴え、壕から出てきた。

話しを聞くとこの母娘は、北部の源河に避難していたが、食糧が尽きたため実家に戻って食糧を探しているうちに銃撃戦に巻き込まれ、洞穴に隠れていたとのことであった。この間十四歳の長男も一緒だったが、行方不明になってしまったと泣き続けた。この母娘も後方に送られて助かった。

太郎さんの記録には具体的な方言のやりとりは記載されていませんが、沖縄の人なら誰でも方言の会話内容は察しがつくでしょう。改めて島言葉の表記法が確立されておればと残念に思います。

四、島人の絆としての島言葉

島人《しまんちゅ》同士、島言葉で話をすると不思議と安らぎを覚えます。標準語にない感覚です。島人にとって島言葉がいかに自らのアイデンティティーの中核にあるかが分かります。その事例のいくつかを書いてみます。

一九八四年、私は「世界のウチナーンチュ」の取材のため南米に行きました。南米のウチナーンチュの間ではどこでも島言葉が通用するということを知っていましたので、取材はほとんど方言でやりました。また、取材の合間を利用して「沖縄の現状報告」をテーマに、各国の県人会を対象に方言講演会を開きましたが、どの会場も数百人の聴衆で埋まり、故里沖縄への関心の高さを示していました。

ペルーでの取材の時、一人の老人が訪ねてきました。豊見城村出身の比嘉正雄という人でした。私の方言講演を聞いた人から情報を得たものと見えて、比嘉さんはいきなり方言で「ウチナーグチ話《はな》スヌ新聞記者ヌメンソーチャル話シヤシガ、マーンカイウミセーガヤー」と話してこられた。ウチナーグチを話したいためだけに、リマ市から20キロも離れているカヤオ市からわざわざ来られた、というのである。以下はすべて方言の対話ですが表記が不自由なので標準語で書きます。

比嘉さんは昭和五（一九三〇）年、一六歳の時、両親の呼び寄せでペルーに来た。しかし一家の生活が何とか軌道に乗った頃、一九四〇年に起きた〝排日暴動〟ですべてを失い、父は正雄さんと母をペルーに残して弟を連れて沖縄に引き揚げてしまった。妹は暴動で亡くなってしまった。沖縄に帰った父は沖縄戦で死亡、弟もケガで死んでしまった。正雄さんと二人でペルーに残った母も間もなく病に倒れてペルーで死亡。貧しさゆえにペルーで生きるしかなかったのですが、ウチナーグチを思いきって話したくて私を訪ねてきたのだった。

ペルーの排日暴動のきっかけが日系人の中のウチナーンチュと、ペルーに帰化したヤマトンチュの対立にあったことを知って驚いたが、この暴動ですべてを失った比嘉さん一家の不幸は、何ともやりきれない思いがしました。

それはそれとして比嘉さんが孤独に耐えて生きて来られた理由は何かと聞きますと、比嘉さんは泣きながらウチナーの〝汗水節〟を静かに歌って下さいました。比嘉さんの生きる力がウチナーグチにあることを知ってジーンときたものです。

もうひとつペルーで印象に残ったことは、名護市久志出身の徳村政繁さんがペルーで亡くなった妻千代子さんの墓碑に琉歌を刻んであったことです。外国の墓地で琉歌に出逢ったのは初めてのことでした。

ひちんとみららん
道ぢりんならん
まみぐなよかなし
いくゆまでん

歌意は「死んでいくあなたを引き止めることはできない。道づれにもなれない。迷うなよいとしいあなた、いつまでも」といったところでしょうか。異国に眠る妻に故里の言葉で語りかける墓碑銘が何ともウチナーンチュらしいと思いました。

五、人ごみの中の方言対話

これは泡盛屋での二人の初老の男の対話ですが、何ともウチナーンチュ的な話なので書いてみました。

大阪に出稼ぎに行った時のその男（Aさん）の体験談です。なんでも船で鹿児島まで行き、そこから汽車で大阪まで行った時のことだというから多分復帰前の話でしょう。

Aさんが言った。風呂敷包みや段ボール箱に詰め込んだいくつもの荷物を抱えて梅田駅に降り、長いホームを急ぎ足で出口に向かった。しかし人ごみでなかなか前に進めない。人間は重い荷物を持つと自然に急ぎ足になるものですが、Aさんの前を小太りのお婆さんがゆっくりと、しかも堂々と歩いていて前に進めない。イライラしたAさんは思わず「ヤナハーメーグヮー、ヘークアッケーシムルムン」と方言でつぶやいた。周囲はみなヤマトンチュと思っていたからです。方言の意味は、この愚図なお婆ちゃん、さっさと歩けばいいのに、ということです。

するとそのお婆さん、ふり向きもせず「トゥスイヌヘークアッカリーミ」と方言でいい返してきた。年寄りが早く歩けるもんか、ということですが、びっくりしたAさん「ワッサイビータン」ととっさに謝った。失礼しましたということですが、Aさんは荷物の重さも忘れてそのヤナハーメーの後について改札口までゆっくり歩かざるを得なかったという。それほどAさんはびっくりしたのでしょう。この話を聞いて連れの男はゲラゲラ笑うだけでした。

それにしても、対話とは向き合って話すことですが、一度も目を合わせることもしないで方言でやりとりするこのお婆さんと男の対話は、的確に意思を通じ合うということでも、島言葉のもつすばらしさを示すものとして強く印象に残っています。

六、〝落ち穂拾い〟から〝種蒔く人〟へ

これまで日本語の中では落ち穂になってしまった島言葉の使用例をあれこれ集めてみましたが、やはりウチナーグチには私たちウチナーンチュの心のヒダまで表現できるすばらしい力があると思います。いま多くの志のある人たちが島言葉の再生に向けて懸命に取り組んでおられますが、それは落ち穂を拾って新しい種蒔きをしている人に似ています。必ず芽が出るものと信じます。

思うにこの四百年間、沖縄の歴史や文化は本土から疎外され続けてきました。そのためウチナーンチュは本土人に対する劣等感や卑屈感、自己否定などさまざまな問題に悩まされてきました。しかし、自らの価値に目覚めつつあるウチナーンチュたちは、今や政治や経済、文化など各分野で自己主張を始めています。これはすばらしいことであり、歴史的に見て沖縄が歴史のターニングポイントにあるといっても過言ではないと思います。

魯迅はいいました。「もともと地上に道はない。歩く人が多くなればそれが道となる」と。疎外と抑圧で細く荒れた沖縄の道になってしまったが「愚公山を移す」の気概でもってすれば、沖縄の〝人の道〟は必ず再生するものと確信しています。

▽お詫び：文中同じ意味のウチナーグチ、島言葉、沖縄方言という三つの言葉が混用されていますが、文章の流れからくる微妙な語感の違いのためです。ご了解お願いします。

（二〇一一年NPO「しまくとぅばの会」会報『ゆんたく　ひんたく』18号）

母語――アイデンティティーの根っこ

大学の頃、教育とは人格の陶冶をめざして行われると「教育」されてきた。明治以来ウチナーンチュは、政府によってそれこそ「日本人」として「陶冶」されてきたわけである。

陶冶とはもともと「陶器を造ること」を意味し、転じて、「人間の持って生まれた性質を円満完全に発達させること」の意味に使われてきた。そして戦後制定された教育基本法でも、教育の目的を「人格の完成」を目指すと規定した。

しかし、一九六〇年代、日本が経済の高度成長期に入ると、中央教育審議会は「期待される人間像」を打ち出し「社会に役立つ人間の教育」を教育の目的としてきた。そして出てきたのが「偏差値教育」である。結果は「教育の崩壊」。その残滓が今なお「学力テストの向上」として叫ばれている。こどもたちの「自分探し」という奇妙な社会病理も、その弊害の一環としての現象である。

ところで「人間の持って生まれた性質」とは何かである。昔から人間の性質をめぐる「性善説」「性悪説」の論争は今も続いている。人間の性質は、「持って生まれる」ものか「生まれた後に形成される」

ものか。孟母の三遷などは環境によって人間は変わるという後者の考えであり、教育思想の原点でもあろう。人間は人種や民族に関係なく、生まれた時や場所の環境によって人格(アイデンティティー)が形成されるということである。

その基礎、根っこにあるのが「母語」である。母語とは、幼児の時に母親などから自然の状態で習得した言葉で、学校で意識的に教え込まれた「国語」とは違う地域や地方の言葉であり、ウチナーにとっては「島ことば」である。人間は言葉で「考える」わけだから、母語によって「人格の形成」が始まるといってもいい。その性質は「持って生まれた」ものではない。ものの見方、考え方、感じ方は母語の大きな影響を受ける。

戦前、アルゼンチンに移民に行ったウチナーンチュが白人の男の幼児を養子にもらい、沖縄に連れ帰った。その子は祖母《おばー》によって養育されたが、話すのはウチナーグチだけ。祖母の話すウチナーグチがその子にとっては母語となり、大人になってもウチナーグチしか話せなかった。ウチナーンチュそのものになってしまった。

戦後、初めて白人の孫を抱いた祖母は「これで英語を話せる家族ができた」と大喜びしたが、大きくなっても英語が話せないどころか話すのはウチナーグチビケーン。ヌーガヤーとがっかりしたが、かわいい孫をウチナーンチュとして立派に育てたという。この娘が白人との間に生んだ孫にとってもウチナーグチは母語となった。

私は退職して今は孫のおもりをしているが、孫がどのようにして言葉を習得していくかを観察すると。それで分かったことだが「学ぶ」の語源が「まねる」にあるということ。これまで泣くことでしか自分の気持ち（意思）を人に伝えることができなたかった乳児が、二歳ごろになると何でも人の言葉をまねするようになる。

まず最初に名詞をまねして覚え、次に動詞や形容詞、副詞などの単語を覚え、接続詞や修飾語などで単語をつなぎ合わせて言葉の構造を覚え、自分の意思を伝えていく。言葉の意味が分かろうが分かるまいが、正誤に関係なく繰り返して話しているうちに、前後の状況から言葉の意味を察し、習得していく。正に「自然に身につく」のである。だから孫が言葉の意味を知ろうが知るまいが、一方的に語りかけていく。習うより慣れろである。

外国語をテストや留学のために意識的に学ぶことと違って、母語をいつ、どのようにして学んだかが記憶にないのは当然であろう。

幼馴染のA君、高校卒業後上京、二〇年ばかり本土で生活していたが、帰ってきたら「方言は忘れた」といわんばかりに使う言葉は標準語ばかり。それが一種の見栄であることはすぐわかる。それで彼がどんなに標準語で話しても、こちらからはそれを無視して〝しまくとぅば〟（八重山の方言）で話す。そしたらその見栄は五年も持たず破れ、今では島くとぅばだけで話すようになっている。そういう人はA君だけではない。沖縄人の中にはいくらでもいる。島人《しまんちゅ》としての誇りを削いだのは国家の文化政策の結果によるものだが、雑草の如く生き続ける〝しまくとぅば〟を開くにつけ、話すにつけ、この言葉の持つ情感にしみじみと誇りを感ずる。

人間社会は、文明の発達や経済の発展によって生活圏が拡大し、人や物の物流だけでなく、文化の交流も盛んになる。言葉の交流もそのひとつで、コンピューターの世界では英語が不可欠だし、学術論文などでも英語やフランス語、ドイツ語など外国語の援用なくしては書けないようになっている。日本語の商品名もほとんどが〝外国名〟だ。

アメリカで買ったおみやげ品がメイド・イン・ジャパンだったり、ヨーロッパで買ったものがメイド・イン・チャイナだったり、国籍不明の時代である。みやげという日本語もかつて「土産」と書いたが、今やその土地、地域とは全く関係なくなってしまった。百円ショップの商品はそのほとんどが中国はじめ、アジア各国で生産されたものである。

その昔、外国語を自国に取り入れる場合、翻訳という手続きをしていたが、今やそんな面倒な手続きをする時間的余裕もなくなるほど急激な変化で、ストレートに外国語を取り入れる時代になった。二、三歳の幼児が言葉の意味も知らず、大人の言葉をまねて話し、あとで前後の状況から意味を知るのに似ている。しかし、幼児が長時間かけて母語を習得するのに対し、生煮えの外来語を振り廻し、文化人を気取ってみたってたかが知れている。

国際的な交流の場において、自らの出自を証明する文化的素養を持ち合わせない人が増えている。文化的「根のない」アイデンティティーなんて浮草同然で、あなたは何者かと問われても答えようがない。人間国宝の照喜名朝一さんは、よく「自分のパスポートは三味線だ」というが、これこそ自己証明の名言だと思う。

琉大に同郷（八重山）の教授がいたが、この教授、国際会議などで外国に出る場合は、必ず琉球民謡のカセットテープと扇子、着物を持って行き、交流の場がある時はどこでも民謡をかけ踊るのである。これこそ本物の国際人であろう。自己証明にとってその土地の文化は不可欠なものである。それこそ最大の〝土産〟である。歌や踊りの意味が分からない人でも、その人の〝心に察しがつく〟わけである。

かつてウチナーンチュは「日本人化」される中で「さまよえる琉球人」ともいわれ、自らが何ものかを問い続けてきた。しかし今や自らがウチナーンチュであることを自己確認し、自らのアイデンティティーの根っこにウチナーングチを据え、自己主張をするまでになった。日本社会の中で「特殊」扱いされてきたが、世界的に見れば、日本人こそが特殊でウチナーンチュの生き方の中にこそ普遍性があるように思う。今なお日本人になりたがっている人も多いが「ウチナーンチュよ、汝の価値に目覚むべし」といいいたい。

（二〇一二年『ゆんたく　ひんたく』19号）

ウチナーグチとヤマトゥグチ
―敬語と差別語に見るその異同―

一、はじめに

「歌は世につれ　世は歌につれ」という日本の俚言がある。流行歌と世相の関係をいったことばだが、言語（ことば）もまた「ことばは世につれ　世はことばにつれ」である。もともとことばは人間の作ったものだが、それは社会の変化（歴史）によって構造化され、ひとつの文法（文体）によって形成され、ひとつの文化として成長発展していく。

もとより言語学については門外漢で言語論を展開できる能力はないが、ただウチナーグチに興味のある者として、ウチナーグチとヤマトゥグチの違いについて〝敬語〟と〝差別語（蔑視語）〟を事例に私見を書いてみたい。

二、ウチナーグチ、ヤマトゥグチとは何か

私たちは普通、沖縄のことばを〝ウチナーグチ〟いい、日本本土のことばを〝ヤマトゥグチ〟といっている。しかし、厳密にいうと沖縄本島とその周辺のことばと、奄美大島や宮古、八重山などのことばは違うし、琉球諸島のことばを沖縄本島を代表して〝ウチナーグチ〟いうのも分からないではないが、これらの島々のことばを総称していうなら〝琉球語〟といってもいいのではないかと思う。〝ヤマトゥグチ〟の呼称にしても、現在の日本語の中でことばの構造（文法など）はともかく、純粋の〝ヤマトことば〟はめっきり少なく、和製漢語や和製英語などが入り乱れ、どれが〝ヤマトゥグチ〟なのか、わけのわからない状況だ。

さらに日本語ということばの中でも〝国語〟だの〝共通語〟〝標準語〟〝方言〟などとことばの呼称もさまざまだ。このためウチナーグチの日本語の中での位置づけもあいまいで、日本語の中の一方言なのか姉妹語なのか、はたまた独立言語なのか、人それぞれの解釈しだいである。

三、日本語とは何か

「ことばは神と共にあった」と聖書に書かれているが、人間が作ったもの、発明したものであることは間違いないだろう。したがって日本語は日本人が作ったものである。ところが日本人がどこから来て日本人となったかというと、諸説紛々さっぱり定説がない。そのため〝日本語の起源〟をめぐる論争もいまなお続いて結論は出ない。琉球人（沖縄人）がどこから来て、琉球語（沖縄語）を作ったか

という問題も同様である。

有史時代とは、文字による文献記録が残されている時代の歴史を言うが、『魏志倭人伝』に出てくる邪馬台国がどこにあったか分からず、今もって論争が続いている。ことばは人間が文字を発明し、記録する以前（先史時代）から話されていたわけだから、しかも人間と共に移動して語り伝えられるわけだから、日本人がどこから来たのかが分からなければ、日本語の起源が分からないのも当然であろう。

現在、日本語の研究はおもに「音韻《おんいん》、文字、語彙、文法、文体」などの研究を中心になされているが、それだけで日本語のすべてが明らかにされるわけではない。とくにやっかいなのは、言語としての日本語を使用する場合には、文法的な制約だけでなく、心理的制約や社会的制約があるということである。語彙（単語）を文法に従って並べただけでは、言葉にならないという複雑さがある。外国人が日本語を世界一むずかしいことばというゆえんである。

四、社会的制約としての敬語、謙譲語

日本語には、ことばの慣習的な使い方として、敬語、謙譲語、丁寧語などがある。これは文法的な規則や法的な規制ではなく、社会的な規制として強い影響力のあることばだ。

特に敬語や謙譲語については、話し手と聞き手の関係によることば使いが違ってくるだけに、日本語を学ぶ外国人にとってはやっかいな問題である。しかも同じことばでも〝本音と建て前〟に使い分

けたり、〝いんぎん無礼〟に使ったりするのだからなお分かりにくい。日本人にとってもそうなのだから、まして外国人にとってをやである。

ではなぜ日本語で敬語や謙譲語、丁寧語が発達してきたのか。国語学者の大野晋によれば、江戸時代に徳川幕府の体制が確立し、人間を上下の関係で分別するようになってからだという。いわば縦の身分制度と関係しているわけだが「士、農、工、商」におけることばの使い分けが、儒教とのからみもあって外国にはあまり見ない特異なことば使いを生んだわけである。

今日でも私たちは名刺で相手の社会的地位をさぐったり、さりげなく相手の生まれ年を聞いて、自分より年上か年下かをさぐる。それによりことば使いも違ってくるわけだ。

もちろん日本には、江戸時代以前から上は神としての〝天皇〟から下はエタ、非人まで人間に対する差別が長く続いてきた歴史がある。そんな歴史的背景を基礎に徳川幕府は徹底した身分制を敷き、ことば使いまで変えたわけである。

五、敬語の裏返しとしての差別語

日本人が日本語の中で敬語や謙譲語、丁寧語を発達させてきたことを理由に、日本人は謙そんで、やさしく思いやりのある人間かというと、その裏にある他人に対する〝差別語〟(蔑視語)の汚さを見ると、日本人ほど傲慢で偽善的な人間はいないことが分かる。差別語と敬語はコインの裏表のようなもので、しかもそれを使い分けるから質《たち》が悪い。日本人の他国民、他民族、他人種に対する優越感と劣等感の振幅の厳しさは、ちょうど敬語と差別語のセットのようなものである。日本政府のアメリカ政府に対する低姿勢と、沖縄人に対する高姿勢がそのことをよく示している。

六、近代化の成功と差別語の増長

日本語における差別語（蔑視語）を研究している今野俊彦によれば、日本語の中での差別語（蔑視語）は何と四千語もあるという。日本の「タテ社会」の構造は、正に敬語と差別語で支えられているといってもいい。

今野の定義によれば、差別語（蔑視語）とは「一定の集団内あるいは集団間における優位者が、自らの特権と社会的地位と威信を守るために、自らの文化と距離のある一群の集団を侮辱、増悪、嘲笑、暴力の対象とする際に用いられることばで、彼らをより一層〝従属的地位〟にとどまらせようと強いる場合に用いられる」。

差別語（蔑視語）は、国語学的には「敬語の研究」の分野に入り、「待遇表現（話し手、聞き手、素材の三者間の尊卑、優劣、利害、親疎の関係に応じて変化する言語形式）として分析される」という。

さらに「ある特定の人びとが、他の人びとより生来的にすぐれているとする選良意識（選民意識）と、それに虚偽の正当化が行われ、優勢者（支配者）による劣勢者の征服、搾取、圧迫、抹殺の権利主張に関する信念が形成される」という。正に帝国主義者の論理である。それは、政治、経済だけではなく文化や言語についてもあてはまる。

実際、他国民、他民族、他人種に対する差別語（蔑視語）は、日本の帝国主義的侵略戦争の中で多く発生している。

七、ナショナリズムと不可分の差別語

日本は近代化を進める中で、日露戦争、日清戦争、日中戦争、太平洋戦争と多くの帝国主義的戦争をやってきた。その中心にあった理想は、日本を神の国とするナショナリズムだった。この日本民族主義の勃興と他国民、他民族、他人種に対する差別語（蔑視語）の多発生は軌を一にしている。

戦前生まれの人なら覚えておられることと思うが、ロシア人を〝ロスケ〟と呼び、中国人を〝チャンコロ〟、朝鮮人〝センジン〟〝バカチョン〟――アメリカ人を鬼畜とかアメ公と呼んで蔑視した。しかしこの差別語（蔑視語）は、敗戦によって消えたかというとまだ形を変えて残っている。慰安婦発言はもとより、昨今いわれている右翼によるヘイトスピーチ（憎悪発言）などすべてそうである。オスプレイ配備反対のウチナーンチュのデモに対しても、〝日本から出て行け〟〝非国民〟〝補助金目当てのデモを止めよ〟とか罵声をあびせ悪態の限りをつくす。ことばで見る限り日本の民族主義は克服されていない。

日本語の特異性のひとつといわれる敬語、謙譲語、丁寧語、差別語（蔑視語）をウチナーグチの中で調べてみた。これらのことばがウチナーグチの中にないでもないが、その数は極めて少ない。なぜかは知らない。専門家ではないから。この問題は言語学の問題というよりも文化人類学の問題とは思

うが、誰か研究してほしいと思う。日本は縦社会だとよく言われるが、横社会といわれる沖縄の社会構造、あるいは天皇制とも関係があるかどうかなど。

八、ウチナーグチとヤマトゥグチ

ウチナーグチ（沖縄語）とヤマトゥグチ（日本語）の関係については多くの先人たちが研究し、密接な関係があることはよく分かるが、それでも分からないのが、なぜウチナーンチュは自らのことばをウチナーグチといい、日本語をヤマトゥグチというようになったかということ。確かに与那国は日本語圏の境界となっており、中国語とは明らかに言語構造が違う。

だからといって、「日本語の起源をめぐる論争」がいまなお続く状況にあって、日本語と沖縄語の祖語は同じだったといえるかどうか。そうれあれば、ウチナーグチとヤマトゥグチは姉妹語となるわけだが、問題は言語学者の学説はともかく、明治以降ウチナーグチ（沖縄語）はヤマトゥグチ（日本語）の下位にある日本語の一方言として扱われ、沖縄土人のことばとして蔑《さげす》まされてきたことだ。

しかも本来、方言とは「ある地域だけで話される標準語と違う訛《なまり》のあることば」だが、本土各地の方言とは違う沖縄方言の見方、扱い方である。沖縄語を日本語の方言だということによって、沖縄の併合を合理化する政治的策略を感じないわけにはいかない。

実際、学校教育で〝方言札〟や〝標準語励行〟が強制されたことや、牛島司令官が「方言を使う者はスパイとみなして処分（殺害）する」と方言を禁じた時、その方言ということばの意味は、本土におけるその意味とは違っていたであろう。人類館事件でも明らかのように、ヤマト（日本）民族にとって琉球人、中国人、朝鮮人（韓国人）は差別（蔑視）の対象でしかない。

九、差別語（蔑視語）の呪縛からの脱却を

これまでウチナーグチ（沖縄語）とヤマトゥグチ（日本語）の関係を敬語と差別語（蔑視語）を事例として見てきたが、これを現実の差別との関係で見た場合、ウチナーンチュはこれまであまりにもヤマトの抑圧に対して歴史的に委縮してきた感がある。自らのことばであるウチナーグチを卑下したり、ヤマトの圧力に屈したり、「クシャミ」までヤマト風にやるべきなど、日本への同化に苦慮してきた。

しかし、われわれは自らのためにウチナーンチュとして生きるのだ。有色人種とりわけアジアの人びとを蔑視し、白人に対して劣等感の固まりのような日本の民族主義なんて虚妄に過ぎない。日本人のヘイトスピーチ（憎悪発言）による脅しなど恐れる必要もない。構造的な差別にくじけることもない。自らのことばウチナーグチを堂々と胸を張ってしゃべり、守っていくことから人間の自立尊厳は生まれる。

（二〇一三年『ゆんたく　ひんたく』20号）

歴史の流れと言葉
—国策に翻弄された琉球語—

言葉は平等

琉球新報社の中部支社長のころ、コザで「入《い》らん穴《み》ーんかい入っちゃん」とか「装《すが》らん装いそーん」とかの言葉を聞いて、ウチナーグチにもそんなすばらしい絶妙な言葉があるのか、とびっくりしたことがある。このような表現法の活用は「笑《わ》らん笑い」とか、「食《か》まらん食み」「生ちからん生ち」とか広く使える便利な表現法で、改めてウチナーグチの豊かさに驚きもした。標準語の「進退極まる」とか「にっちもさっちもいかない」とか「格好悪い」「みっともない」とかに比べても、はるかに心象表現として格上に思われる。その他にも琉球語には言い得て妙な表現がいくらでもある。

では、一体なぜこのようなすばらしい言葉が絶滅の危機にある言語に追い込まれたのか。ユネスコによれば、宮古や八重山の言葉はさらに危機的状況にあるという。言葉が時代の生活環境の変化によって変化するのは当然だとしても、言霊といわれるほど重い言葉の意味が絶滅するとは、環境の変化では済まされない問題である。

日本の言語学の多くの本には、日本語を論ずる場合、必ずといっていいほど〝琉球語〟の持つ位置が言語論的に論じられる。しかし、琉球語の今日置かれている状況の歴史的経緯を見た場合、それは言語学の問題というよりも社会的、政治的な問題によるといったほうがいいように思う。

そもそも、自然的に発達し使われた諸言語に上下の関係はない。同祖語とか姉妹語という言葉はあるが、それは言葉の関連性をいったもので、どの言葉が上位でどの言葉が下位だという価値の上下をいったものではない。かつて言語学者のチェンバレンは、日本語と琉球語の関係を〝姉妹語〟いったが、それは横並びの関係をいったものであって、上下の価値をいったものではなかった。

作られた上下関係

明治政府は、近代国家建設の必要性から、国策として〝国語〟(標準語、共通語)なるものを作らせ、これをもって全国統一を図る手段にした。その普及は、全国の学校を通じてなされたが、これまで各地域(藩)で話されていた言葉は〝方言〟として位置づけされ、国語(標準語)が上位の言葉となった。

この政府の文教政策は、自ら版籍奉還によって廃藩置県を受け入れた他府県にとってはそれほどのショックではなかったが、無理に琉球処分によって沖縄県民にされた琉球の人々にとっては、大変なショックだったであろう。何しろ当時の琉球のほとんどの人々は、知識人を除いては琉球語(島くとぅば)を日常的に話していたからである。学校に行けない人も多かった。

この標準語の策定は、全国統治に必要なものだったが、とりわけ徴兵制の実施には不可欠なものだった。それだけでなく、沖縄県民にとっては、日本人（ヤマトゥンチュ）に対する劣等感の引き金として今日まで尾を引く問題となった。

この日本語としての標準語の普及のため、政府は全国的に〝標準語励行〟運動や〝方言札〟政策によって地方語の一掃に努めたが、とりわけ日常的に方言（島くとぅば）しか話さない沖縄では熾烈を極めた。そのため日本語の姉妹語であるはずの琉球語（島くとぅば）に対する誇りも失われ〝フジツボ民族〟になってしまった。

極秘の県民評

日本人（ヤマトゥンチュ）が琉球語を日本語より下の言語と見て、琉球人を日本人より下の人達と見ていた興味ある資料が残されている。それは〝人類館事件〟だけでなく、政府が琉球人をどう見ていたかを知る貴重な資料である。

大正一一年に、沖縄連隊区司令部が出した『沖縄出身兵卒教育のためのテキスト』によれば「本県（沖縄県）は、その祖を日本人に承《う》け、中途支那（中国）の感化を受けたる結果、両国の風習を同化し、加うるに気候風土、位置との関係は、一種独特の沖縄式を発揮し、今日に至れる」とし、言語については「日本語の古語より伝化せる大和語よりなるもの多く、支那語とは全然その語源を異にする。またアイヌ語を加味せるもの若干ありという」

「現今普通語は、学校において修得するをもって、就学したる壮年以下の者は、概ね用を使する支障なきも、無学にして普通語を解せぬ者比較的多し」としている。また、ウチナーンチュの欠点として、「普通語拙劣なるため、自己の意思を十分発表し得ず、種々なる点に不利を招くこと多し。諸種の点において、他府県人に一歩を譲るは、普通語の拙劣なるに基因すること甚だ大なり。しかしその性質たるや進取的ならず、無気力かつ責任観念なし。言語の不熟と相まって、本県人が頭角を現し得ざるは当然といわなければならない」という。

この沖縄人論は、伊波普猷の日琉同祖論を敷衍しつつ、沖縄人の遅れは、普通語（標準語）を知らない無学さにあると断じているが、そこには琉球語の否定（沖縄人の誇りの否定）と無理な日本語強制に対する傲慢な国策に対する自省的な視点はない。現在の基地問題と同じである。

劣化する日本人

かつて大日本帝国時代「八紘一宇」だの「東洋平和」だの、「鬼畜米英」「眠れる豚」「敵性語禁止」などと唯我独尊的に豪語していた日本人が、今やアメリカの走狗になり果て、沖縄に投げつけていた〝事大主義〟だの〝夜郎自大〟だのという言葉を自らのものとしている。

それだけではない。グローバル化時代とはいえ、日本の新聞、雑誌、テレビ、ラジオでは毎日のように、かつての敵性語であふれ、自ら和製英語を作って得々としている。さらに経済大国を自慢していたかと思うと「オレオレ詐欺」とか「おやじギャル」とか訳のわからぬ人間が出てきたり、記者会見でワァワァ泣き出す子どもみたいな県議が出てきたり、議会で女性差別ヤジを飛ばす議員がいたり、ヘイトスピーチでうさばらしをする人間がいたり、日本人の劣化は目をおおうばかりである。〝ふうじんねーん〟（風情のない）人があまりにも増えすぎている。

政治的に見ても、アメリカにノーといえる日本人になろうという政治家がいたが、いまやアメリカに対して「ノー」といえるのはウチナーンチュだけである。かつて沖縄人を蔑視し、差別的な扱いをしていた日本人の気概はどこへ消えていったのか。なぜ。

確かに今もウチナーンチュは国策に翻弄されている面はある。しかし、かつて否定されてきた琉球語（ウチナーグチ、島くとぅば）を自らの力で復元。復興する運動も始まっている。ウチナーグチはウチナーンチュのアイデンティティーの中核になる文化であるからだ。

ウチナーンチュは、戦前の日本人によるウチナーグチの否定、戦中の生命・財産の否定、戦後の差別的な人権の無視によって人間として覚醒し、自らの運命（強いられた生き方）を自らの力で切り開こうとするまでになった。戦いの道は果てしなく遠いだろうが、もうくじけることはない。自分自身そう決意する。どんなにアメリカが強かろうと日本人が偉かろうと「やれーぬーやが」である。

（二〇一四年『ゆんたく　ひんたく』21号）

ことばは意思伝達の〝記号〟か〝言霊〟か

ことばとは何か

人間にとって、ことばとは何か。辞書では「ことばとは音《おん》が一定の意味と結びつき、自分の考えや気持ちを表し、人に伝えるための、また相手のそれを理解するための手段として使われるもの」という。つまり、人間社会をつくる重要な発明品だ。

このことばは、文字の発明によって広く遠く、時代を超えて人間の思念を伝えられるようになった。そのため文字によって記録されるようになった時代のことを「有史時代」というようになった。文字の発明は、音によることばを形によることばに変えた。人間の歴史にとって画期的な事件だったのである。

もちろん、音によることばは、文字によることばの歴史に比べて何百倍もの長い歴史の時間を持つ。文字によって記録された人類の歴史は約四千年にすぎない。

ことばとは何か。儒教や仏教、キリスト教などに見る〝ことばの意味〟をエッセイに綴ってみた。

一、ことばの同化は八代三期・六〇〇年

中国で漢字が発明されたのは、黄河の干潟に残された野鳥の足跡がヒントになったという。中国で発見されたもっとも古い漢字は、殷墟から発掘された甲骨文字だが、殷は紀元前千五百年前の古代王朝の一つだから、漢字の発明は約三千五百年前のこと。日本に伝えられたのは約二千年前だ。

その中国に、異民族を同化するのに「八代三期」かかるということばがある。一代を二五年とすると八期で二〇〇年、それを三期重ねると六〇〇年だ。ユーラシア大陸で何百という民族を同化しつつ漢民族中心に大帝国を築いてきた中国の息の長さに驚かされる。

始皇帝が中国を統一し、漢字の普及を徹底してから約二千三百年、いまなお六〇以上の民族で構成されている多民族国家中国。ことば即ち心の同化がいかに困難かが分かる。

島津が琉球に侵攻して四〇〇年、廃藩置県から一三〇年、同語族だといってもいまなおヤマトに完全に同化しないウチナー。中国流に八代三期とすると、ウチナーがヤマトに同化するにはあと二〇〇年かかることになる。ウチナーンチュのアイデンティティーとは何か、興味のある問題だ。

二、聖書の〝ことばの混乱〟の由来

旧約聖書の創世記に〝バベルの塔〟の話がある。その昔、世界中の人間は同じようなことばを使って、同じように話していた。しかし、東方から来た人たちが石の代わりにレンガを作り、漆喰の代わりにアスファルトを使って〝バベルの塔〟を築き、天に届く町を作ろうと話していた。それを聞いた

主は、「彼らは一つの言葉を話しているからこのようなことを始めたのだ。これでは彼らが何を企てても妨げることは出来ない。彼らのことばを混乱させ、互いに聞き分けられないようにしよう」といって町を分散させた。今でもイスラエルでは全会一致で物事を決めない。

いま世界の文化・文明は西欧の文物によってリードされているが、その根底にはキリスト教がある。混乱した現代社会を見ると、バベルの塔の比喩性が分かるような気がする。

三、仏教と〝以心伝心〟

ことばによらないコミュニケーションとして、仏教の〝以心伝心〟いうことばがある。その由来は、お釈迦様が大勢の弟子たちに説教をしていた時、一輪の花を手に持ち、それをちょっとひねって見せてその日の説教を終えた。だがそれが何を意味するか、誰も知らない。ただ一人の長老がお釈迦様を見てにっこり笑った。お釈迦様が言わんとしたことが分かったのである。そこで、お釈迦様はその長老に言った。「私の教えをことばによらず後世の人々に伝えてほしい」と。釈迦の教えを文字によらず、心から心に伝えることを〝不立文字〟ともいう。日本でも〝目は口ほどに物を言う〟という。コミュニケーションとして最高の在り方であろう。

四、ことばは〝記号〟か〝言霊〟か

言語学の分野に記号論というのがある。ことばを記号としてとらえ、その記号が何を意味しているか、厳密に考察し、推論し、その是非を論ずる。ことば＝記号を認知的、科学的なものとして扱うものと、情動的、芸術的なものとして扱う分野がある。いずれにせよ、問題を厳密に扱えば扱うほどミーミークジーせざるを得ない。ことばの分裂だ。

一方、ことばを言霊としてとらえ、ことばには霊感が宿ると見る考えがある。厳密な論理よりことばの表現している本質をおおらかに理解する。現代社会のことばはその間でゆらいでいる。やはり仏教的な、ことばによらないコミュニケーション、以心伝心の時代がこなければ、インターネットで瞬時に世界にことばが通じても平和は来ない感じがする。

（二〇一四年『ゆんたく　ひんたく』22号）

ふるさとへの提言
―方言による人づくりを―

宮良小学校創立百周年を記念して開催された今日のシンポジウムで、私の講演に与えられたテーマは「ふるさとへの提言――人材をいかにして育てるか」ということであります。ふるさとを離れて三十五年、このような機会を与えて下さった関係者の皆さんに、まず感謝の意を表したいと思います。

一、人間にとって「ふるさと」とは何か

提言を行う前に、皆さんと共に最初に「ふるさと」とは何か、ということについて考えてみたいと思います。

年輩の方ならご存知と思いますが、私たちが宮良小学校で習った文部省唱歌に「浦島太郎」というのがありました。日本の民謡から取った唱歌ですが、習った頃は意味も分からず、五番まである暗記して歌っていました。

なぜ、浦島太郎が乙姫さまとの約束を破って「玉手箱」を開け、たちまちおじいさんになってしまったのか。年を経て知ることができましたが、そこには人間にとって「ふるさと」の持つ意味が含まれていたのです。

ご存知のように浦島太郎は、亀を助けたお礼に美しい龍宮城に招かれ、歓待に次ぐ歓待で時のたつのも忘れてしまいます。しかし、遊びに飽きて「生まれ故郷」に帰ります。おみやげに乙姫さまから「玉手箱」をもらいますが、そのとき乙姫さまは「どんなことがあっても、決して玉手箱をあけてはならない」と忠告します。浦島太郎も固い約束をして帰ります。しかし……。

帰ってみればこはいかに
元いた家も村もなく
路に行き会う人々は
顔も知らない者ばかり

自分の「ふるさと」がなくなっていたのです。途方にくれて浦島は、乙姫さまとの約束を破って「玉手箱」を開けてしまいます。その時、玉手箱から白い煙が立ちのぼり、たちまち太郎はおじいさんになってしまいます。人間にとって、ふるさととはそれほどかけがえのないものなのです。あと二、三事例を挙げてみます。

今年はアメリカのジョージア州アトランタで、オリンピックが開催されます。アトランタは戦後米兵と結婚した沖縄からの「花嫁移民」が多いことでもよく知られていますが、そこが有名なのは、その不朽の名作『風と共に去りぬ』の舞台だということです。詳しいことをお話する時間がありませんのであらすじは省略しますが、主人公で気性の激しいスカーレットという女性は、自業自得とは言え夫や子供と離別し、すべての財産を失って絶望の淵に立たされます。そして最後に「ふるさとタラへ帰ることを決意します。ふるさとに明日への希望を見出すのです。「あしたはあしたの日が昇る」という最後のセリフは有名ですが、ふるさとを失って絶望の果てに玉手箱を開け、死に近づく浦島太郎と逆に、絶望の果てにふるさとに希望を見出すスカーレット。結果は全く対照的ですが、意味するところは同じでしょう。

人生とふるさとの関係を歌った歌で有名なのが、あの島崎藤村の「やしの実」です。これまた沖縄と因縁浅からぬものがあります。この詩の碑が渥美半島の伊良湖岬にありますが、土地の人達が毎年石垣島の沖合から「やしの実」を流していることはご存知の通りです。島崎藤村が「やしの実」を作詩したのは、「海上の道」で知られる民俗学者、柳田国男から沖縄の話を聞いたことによるといわれます。柳田は「沖縄の方言」が失われることに反対して、文部省の「標準語励行」に楯突いた人ですが、それはともかくとして「名も知らぬ遠き島より流れ寄るやしの実ひとつ／ふるさとの岸を離れて……」の歌詞で始まるこの歌は、終りのところで

海の日の沈むを見れば
たぎり落つ異郷の涙
思いやる八重の汐々

いずれの日にか国に帰らん

と歌い、やしの実に人生を託して歌っています。多分、きょうのパネリストの中からも望郷の念が語られると思いますが、人間にとって「ふるさと」とは「母なる存在」とも言えるほど大事なものと言えましょう。

これまで、民謡や文学の中で「ふるさと」がどう扱われているかを見てきました。では現実にはどうでしょうか。具体的事例をもとに考えてみたいと思います。

「ふるさと」を「その人の生まれ育った土地」と規定するならば、「ふるさと」を最も強く感じる人たちは、今は「ふるさと」を離れて異境の地に生活している人々だと言えるでしょう。その典型的なものは海外に移民している人たちや、島を離れて沖縄や本土に住んでいる人たちです。その人たちは自らの「アイデンティティー」を共有するために「○○県人会」とか「○○郷友会」などを結成して「生きるよすが」としています。

私は琉球新報で「世界のウチナーンチュ」を企画し、自らも世界各国のウチナーンチュを取材して回りましたが、彼らが生きるために最も心の支えとしていたものは「ふるさと沖縄の文化」でした。私たちが沖縄から取材に来たというだけで、沖縄の方言を話したというだけで、涙を流して抱きついてくるほどでした。異国の地で、苦しい時も悲しい時も自らを慰め励まし、生きる力を与えてくれたのは「ふるさとの文化」だったと言っていました。沖縄の民謡や舞踊をはじめ食文化、風俗習慣などが彼らの生活の中で脈々と生きていました。そして彼らがいま最も苦悩し、淋しがっていることは「二世、三世になる子や孫たちが沖縄の言葉と遠ざかり、風俗習慣から離れていく」ということでした。

同じようなことはわが「宮良郷友会」にも起きています。沖縄で生まれた子供や孫たちは宮良の方言「メーラムニ」を話すことがだんだん出来なくなってきています。郷友会の会合で方言を話している者は年寄りがほとんどです。郷友会の強い絆となっている方言が失われていくことは淋しい限りで、言葉の絆が失われたらどうなるか、将来を心配せざるを得ません。これは海外の移民たちが直面している問題と同じことなのです。

私事にわたって恐縮ですが、私の個人的な体験でも「ふるさと」と「ふるさとの言葉」はその人の人生にとってかけがえのないものであることが分かりました。私の母は三年前亡くなりましたが、母が生きていたころ私は毎日三つの言葉を話していました。職場では標準語、現在住んでいる首里のお年寄りたちとは「ウチナーグチ」で、そして母とは「メームラニ」といった塩梅です。

母は晩年ねたきりで、首里厚生園の特別養護老人ホームに入っていましたが、見舞いにいって帰りぎわになると、必ず「ハンナ」というのです。ハンナというのは「行くな」「帰るな」という意味の方言です。困った私は「ティダ、イーリタ、ヒグハラナーカー、アッコンヤカーハラヌ」（日は暮れてしまう。早く行かないと芋は掘れない）というのです。すると母は「アンジー、アンカ、ヒグハリャー」（そう、だったら早く行きなさい）と答えます。

母は少々記憶が薄れかけていましたが、宮良にいたころ、いつも夕方になるとイモを掘るため大急ぎで畑に走った記憶がいまなお強く残っているため、私が家に帰る口実として「日が暮れてイモ掘りができない」というと、すぐにだまされてしまうのです。同じ厚生園に字大浜のお年寄りがおられましたが、私がメーラムニで話しかけるとポロポロ涙を流して、私の手を握って離しませんでした。人生が終わりに近づくほど人間の心はどんな異境にあっても「ふるさと」へ帰るのです。

ふるさと――それは人間の出自・アイデンティティーの根源なのです。

二、人間とふるさとの言葉（文化）

私は、ふるさとは人間にとって「母なる存在」であり「アイデンティティーの根源」だと申し上げました。それは一体どういうことでしょうか。

三〇年ほど前に「こんにちは赤ちゃん」という流行歌が歌われていました。初めて赤ちゃんに出会う若いお母さんの気持ちを歌ったものです。この世に生まれてくる赤ちゃんが真っ先に出会うのがお母さんなのです。そして家族や地域の人々――それは人間として初めて出会う「社会」なのです。お母さんの体内から出てきた赤ちゃんにとっては劇的な環境の変化になるわけですが、そこで人間は「愛情」を知り「言葉」を知り「食べ物」を知ることになるわけです。お母さんや家族、地域の人たちによって赤ちゃんは「人間としての刻印」がなされるのです。

教職に就く人、なかんずく小中学校の先生になる人は必ず「教育原理」とか「教育心理学」を勉強します。そのなかで必ずといっていいほど出てくるのが有名なインドの「狼少女」の話です。詳細は省きますが、インドで「狼に育てられた」二人の少女が発見されますが、この少女たちはやることなすことが狼にそっくりで人間らしいところは一つもありませんでした。生れて間もなく母親に捨てられ、狼によって育てられたと思われますが、この少女たちの脳には「狼の生態が刻印された」のです。この事例は人間の「脳の発達と環境の影響」を如実に示す事例と言えます。戦後沖縄でも、アメリカ人との間で子どもが生まれてきたため、おばあさんが「英語を話せる子どもが生まれた」と非常に喜んでいたところ、育つにつれ英語どころか日本語さえ話せず、おばあさんの話すウチナーグチしか話せなかったという笑い話があります。

このように、人間にとって「初めての出会い」はとても大事なことなのです。分けても言葉は人間つまりお母さんや家族と赤ちゃんの意思の疎通を図る重要な手段であり、その意味や振る舞いによって「人間らしい育ち」がなされるのです。生まれた時に話される言葉、ふるさと言葉は人間にとって「人間としての刻印」であり、自己認識、出自の刻印なのです。

また、ふるさとの生活習慣や文化は「人間の生き方」や「人間の知恵」を育む決定的とも言えるほど重要なものです。人間は言葉によって「学習」を始めますが、人間の生き方や知恵を言葉で表したものがふるさとの格言や諺であり、それを幼少のころに学ぶことによってそれが核となり、その人の生涯を貫く「人生観」や「世界観」が生まれてきます。

それと共に大事なのはふるさとの自然です。文化の根底には自然と歴史の相関関係があります。よく八重山の人と宮古の人の気質の違いを自然環境の違いから説明する人がいます。遊牧民族と農耕民族の違い、漁民と農民の違いなども自然環境の違いから説明されます。ふるさとの自然も人間にとってはかけがえのない存在なのです。自然環境は人間の体や情緒を育てます。

私の足の爪は十の内七つが変形し、生まれたときからのまともなものは三つしかありません。これは宮良の自然環境が私の体に刻印したものです。石ガンバラー道のウイズの坂やスムヌカクの道、カナガバの道で「ぺーきり」で変形したものです。

名蔵や西表の彼方に沈む夕日の美しさは格別なものでしたが、山や畑からの帰り道、トバラーマやデンサー節を歌うのに恰好の環境でした。この癖が抜けず、酒に酔うといまだに大声でふるさとの歌を歌います。これもふるさとの自然が私の体に刻んだものです。

このように、ふるさとの文化や自然は人間の人格形成に大きな影響を与え、生涯影のようにその人により添って存在するものなのです。宮良小学校のあの「川下り」も、きっとすばらしい思い出を残してくれるでしょう。

八重山に「島ぬむに忘しきるかぁ　島忘しきるん、島忘しきるかぁ　親忘しきるん」というすばらしい格言があります。ふるさとの言葉を忘れたらふるさとを忘れてしまう。ふるさとを忘れたら親を忘れてしまう――これほどすばらしい格言がありましょうか。人間として初めて出会った言葉、それによって育まれてきた人間が、それを忘れることは自分を生み育ててきた親を忘れるに等しい、という格言は世界に誇れる格言です。自らの出自・アイデンティティーの喪失は、人間失格に繋がるものだということをこの格言は教えています。

三、ことばと社会

言葉と社会の関係を知るために「ユダヤ人と華僑」「日本における標準語励行」の事例を取り上げてみたいと思います。

ドイツの有名な社会学者にテニエスという人がいます。この人は、社会の構造を知るために社会における人間関係をもとに社会集団を「ゲマインシャフト・共同社会」と「ゲゼルシャフト・利益社会」の二つに分類しています。具体的にいいますと家族や地域社会は前者に当たり、会社や学校などは後者に当たります。共同社会は愛情とか信仰とか生活習慣などで結ばれていますが、利益社会は利益を得るために作られた社会組織で、その組織から利益が得られない場合はいつでも抜け出ることができます。人間と人間を結びつけているのは「共通の利益」なのです。

時代が進むに従って人間関係は「利益社会」に比重を移していきますが、現代社会はまさに加速的に「ゲゼルシャフト」になりつつあると言えます。

それはともあれ、この「ゲマインシャフト」と「ゲゼルシャフト」の関係を見る中で重要な要素となるものが「言葉」とか「信仰」「風俗習慣」などの文化的要素なのです。現代文明の象徴的存在とも言えるものにコンピューターがあり、今、もっとも世界的に注目されているのがコンピューターの世界的通信網「インターネット」です。これはまさにゲゼルシャフトを象徴するもので「契約社会・利益社会」そのものです。

愛情とか思いやりとかいった人間的要素、感情を抜きにした冷徹な記号による非人間的な契約のやり取りだけです。世界の情報が瞬時に入手できるという便利さはあっても、人間の生き方としてこれでいいのかという不安は隠せません。しかも言葉は英語が中心で、日本でも小学校から英語を教えるべきだという意見まで出きているほどです。

しかし、言葉の画一化は文化の多様性を失わせ、人間性の喪失につながると批判する文化人類学者もおり、地方文化の復権を重視する傾向も強くなってきています。

さて、このゲマインシャフトとゲゼルシャフトの関係をうまく活用し、調和させながら生きているのが世界各国にいる「ユダヤ人」と「華僑」と言えるでしょう。共通していることは「言葉」であり「信仰」「風俗習慣」などです。これが、たとえ世界中に散らばっていても共通の「アイデンティティー」となっているのです。世界のウチナーンチュの一世たちが、子供や孫たちがウチナーグチを話せないと悩んでいることとは対照的です。

ではなぜユダヤ人や華僑は自分たちの言葉だけでなく、数カ国の言葉をすらすらと話せるのでしょうか。その秘密は幼児教育にあるということです。人間が生まれて初めて出会うのはお母さんであり家族です。言葉や知恵を学び取るのもそこから始まります。

そこでユダヤ人や華僑は幼児の頃に徹底して自国語を教えるということです。就学する前に、毎日学校でユダヤ語や中国語を話して教えるのです。この幼児期に徹底して教えられた言葉は生涯忘れられることなく、ユダヤ人や華僑の結束の絆となっているのです。住んでいるそれぞれの国の言葉は、就学後に習得しても遅くないといわれますが、ユダヤ人や華僑が数ヵ国語を自由に話しているのを見ますと説得力があります。

また彼らは、ユダヤや中国の伝統文化を徹底して教え、ものの見方、考え方を継承していくといわれますが、人間の複眼思考を養うのに多言語の習得や文化の継承は大きな影響を与えているようです。

これに比べるとわが日本の言語教育は、天皇を頂点としたピラミット型の社会を作るために、全国に「標準語励行」を徹底させ、各地の方言撲滅を推進してきました。私たちもこの宮良小学校で「方言札」をはかされた思い出がありますが、この「標準語による全国統一」の真の狙いは、皇軍つまり日本軍の近代化にそれが不可欠だったからです。軍隊を組織化し、それを命令通り機能させるには「共通の言語」が絶対必要です。命令が正しく伝わらなければ大変なことになります。富国強兵を国策の基本方針とする政府にとってこれは重大な問題です。このために全国に「標準語励行」が徹底されたのです。

戦時中沖縄の方言しかわからない「ウチナーンチュ」が、日本軍によって「スパイ」扱いされたことは記憶に新しいことです。それだけでなく、日本は植民地化した朝鮮や台湾、南洋諸島などでも「八紘一宇」の旗印の下に日本語を強制してきました。それがその国の人たちのプライドをどれだけ傷つけてきたかわかりません。その国の言葉や地域の方言、文化を否定することは、その人々の出自・アイデンティティーを否定することになるのです。

この「中央集権」的な思考や心理はいまなお日本社会に巣くっており、地方分権の遅れや価値の多様化を否定する「縦型社会」を作っているのです。日本人の「単眼思考」は、社会の構造そのものの結果とも言えます。

　以上見てきたように、ユダヤ人や華僑などの言葉（文化）に対する考え方と日本人のそれは極めて対照的ですが、政治や経済が急速に国際化する中で、世界各地の風土の中から生まれてきた多様な言葉も急速に失われつつあります。世界に蔓延しつつある「経済至上主義」が自然環境をつぎつぎ破壊し、貴重な種の絶滅を招いていますが、同時にそれは地域文化の破壊をも招いているのです。

四、ふるさとメーラへの提言

　これまで、人間にとって「ふるさと」の占める位置、人間のアイデンティティーとふるさとの言葉の繋がり、言葉社会の関係などについて述べてきました。そして現代社会の経済至上主義、利益優先主義が「ふるさと喪失」「自然破壊」「人間性の疎外」という病理をもたらしていることを指摘してきました。「人生到るところに青山あり」といえども、人間を人間たらしめている「人間としての刻印」は「ふるさと」においてなされる、ということは、どんなに時代が移り変わっても変わることのない「普遍的原理」です。言い換えれば「ふるさとは人間づくりの原点」だということであります。そして私は、自分のふるさと「メーラ」に生まれたことを大変誇りに思っていますし、どこにいてもメーラムニで話のできることを幸せに思っています。

　そのことから私は、ふるさと宮良村に対して次のような提言を申し上げたいと思います。その第一は「宮良の方言を残していって欲しい」ということです。私は新聞記者としていろんなところで、いろんな人に会って話をしますが、八重山出身者の中でいつでも島の方言を自由自在に話せる者はメーラプトだけです。昔は標準語を話せる者が上等で、方言を使う者は時代遅れの感じがしましたが、社会に出ていろんなことを経験しますと、方言を使う者は時代遅れとする考えこそ時代遅れなのです。いろんな言葉を知っていることは、物事を複眼的に考える、つまり多面的に考える重要な武器となります。そしてそれは段々複雑になってくる現代社会に対応するのに重要な要素となっています。

しかし、時代は先ほど述べましたように、ふるさとの自然や文化が破壊されていく状況にあります。それだけにふるさとの自然と文化を守る重要性が逆に増してきていると言えるのです。そして私は、ふるさと八重山の文化、取り分け方言を残していけるのは宮良村をおいてはないと確信しています。

わが八重山は、昔から「詩の国、歌の国」と自他ともに認めてきたところでありますが、方言が失われては詩や歌の意味もだんだん失われてしまいます。浦島太郎ではありませんが、ふるさとの喪失ほど淋しく、悲しいものはありません。これはやむを得ず異境の地で生活せざるを得ない者の単なる感傷ではないのです。

私はふるさと宮良村を守り育ててこられた皆さんに申し上げたい。宮良村を全国で唯一の「方言村」として宣言し、メーラムニを日常の生活の中で堂々と使っていただきたい、と。

この中で重要な役割を果たすのはおじいさん、おばあさんです。ユダヤ人や華僑の知恵を私たちが学ぶべきだと思います。すなわち幼児期の孫や曾孫に「メーラムニ」を話し、ふるさとの民謡や諺を徹底して教えてほしいのです。標準語はテレビやラジオなどで自然に覚えますし、就学してからでも決して遅くはないと思います。また、村の集会などでも出来るだけ方言を使っていただきたいと思うものです。このふるさとの文化を大事にする風土の中から、きっと素晴らしい人材が育ってくると確信します。

きょうのパネリストのみなさんは、宮良村で「イモとハダシ」「メーラムニ」で育った「メーラ印」の人ばかりですが、沖縄はもとより全国でも通用する人たちです。宮良小学校の卒業生は他村に比べてずば抜けて大学卒が多い学校となっていますが、昔から貧しいピーヨー村（出稼ぎの多い村）といわれながらも、困難と闘っていける人間を育ててきたふるさとの文化風土は、どんな教育にも勝るとも劣らない「教育力」を持っていると言えましょう。

「島ぬむに忘しきるかぁ　島忘しきるん　島忘しきるかぁ　親忘しきるん」というすばらしい格言を生んだふるさと八重山、その言葉と伝統を継承発展させるために宮良村の果たす役割は限り無く重いものと言えます。その役割を積極的に担っていくことこそ宮良村の歴史的使命だと思います。最後にわがふるさと宮良村とわが母校宮良小学校の益々の発展を祈念申し上げて、私の講演を終わります。

ご清聴ありがとうございました。

（一九九六年『宮良小学校創立百周年記念誌』）

Ⅱ 随想

1

話の卵

——「琉球新報」夕刊コラム

県民性のイメージ

ぐうたらなわれわれ沖縄男性（？）の見本のような友人が、利発な佐賀のお嬢さんを嫁にしている。きちょうめんで無駄がなく、家計を合理的に切り盛りしている奥さんで、端から見れば誠に立派な〝女房〟だが、稼ぎが少なく、理屈ではかなわぬ友人は、それがシャクの種らしく、一杯やると「佐賀人が通ると草も生えないというが、あれほんとだよ。スーパーは安いと決まっているのに、あれこれひっくり返して少しでも安いものを買おうとする。残りメシも捨てようとしない。ケチでねぇ」と自分のことは棚に上げて、おもしろおかしく〝女房〟の悪口をいう。口とは裏腹に、よっぽどほれているのだろう。

佐賀の〝おしん〟を見るたびに、この友人夫婦のことがふと目に浮かび、奥さんも毎日イライラして大変だろうな、主人はこの際とばかり日ごろのウサ晴らしをしているはずだし、作者の橋田さんも罪なことをするもんだ、と思ったりする。それほど佐賀のしゅうとめのおしんいびりは、何とも憎ったらしい名演技で、いまや全国のおしんファンの憎しみの的になっている。友人の奥さんならずとも、佐賀の人ならだれしもイライラするだろう。

案の定というか、佐賀県知事や県議会議長もことを重視「ドラマといってもひどすぎる。佐賀のイメージダウンだ。このままでは佐賀県民が意地悪で、暗い県民性との誤解を与えかねない」と騒ぎ出し、ＮＨＫに善処を訴えたという。佐賀弁で、毎日あのような悪役を演じられては大変だろう。

人間不思議なもので、自分に対する悪口には我慢できるが、自分の家族や古里に対する悪口には我慢ができないものだ。それほど人間は古里にこだわる。相手をやっつけるには、相手の古里をこきおろせばいいといわれるほどで、友人もまた佐賀の県民性を引き合いに悪口をいっている。

たかが県民性のイメージというなかれ、である。イメージというのは長い歴史の中でつくられ、一人歩きする。実際、われわれも「ウチナーンチュ」のイメージで、いかに歴史の重荷を背負わされてきたことか。政治家もそこまでの心配りがほしいものだ。

（一九八三年九月二〇日）

杏林の荒廃

その昔、といっても今から一七〇〇年前もの話だが、中国は盧山の麓に薫奉という、医術にすぐれ徳の高い名医がいたそうな。

金持ちからはカネを取ったが、貧しい者からは一切治療費を取らなかった。ある長患いをしていた農夫の母親を治してやったところ、農夫はせめてものお礼にと、薫先生の家の門前に二株の杏《あんず》の木を植え「春風は大地に生気をもたらし、杏の花を咲きほころばせる。薫先生は春風も同じで、わしら貧乏人の命の恩人だ」と感謝の意を表した。その時から、病気を治してもらった貧しい人たちは、この農夫にならって杏の木を植えるようになり、薫先生の家のまわりは杏の林になった。

このことから、医術にも徳にもすぐれた医者のことをほめたたえる言葉として〝杏林に春満つ〟という成語が出来、日本でも医者の美称として杏林という語が使われている。

が、昨今の医者や医学界を見ていると、杏林なんていう美称や尊称は死語にしてしまった方がいいのでは、と思ったりもする。池園とか畑野とか酒井といういい名前を持ちながら〝教授〟の座をカネで取引したり〝技術指導料〟の名目で二億数百万円を製薬会社から受け取る薬大学長もいる。医療保険の水増し請求をした医者もおれば、六百七十億円という日本最高の遺産を残した製薬会社の名誉会長もいる。慰安旅行の費用を業者からかき集める医学部はざらだそうだ。刑事事件にひっかかるなぞ、まさに氷山の一角という。

閻魔大王が「門前に亡者の群がっていないのがよい医者だ」と教えたという。わけのわからぬ横文字でカルテを書いているのも、患者にもったいぶる小道具の一つではないかとカンぐりたくもなる。

とはいえ、一般大衆には、医者は神様の次に偉いのである。ただ「患者の脈の具合と懐具合によって診断を下す」メイ医よりも、誤診でもいいから信頼できる医者のもとで死にたい気もする。体の病より心の病がもっと大事だ。医者の悪口ゴメンナサイ。悪徳医者はごくわずかだと思うが、いずれにしても杏林は枯れかかっている。

（一九八三年九月二九日）

頼みもしないのに

世の中には、頼みもしないのにお節介をやく人がいる。知人のおばさんに〝お見合いばあさん〟といわれる人がいる。世話好き、というより余計なお節介といった方がいいようなお人よしで、このばあさんの前で独身者の話、とりわけハイミスの話でもしようものなら、どこから探してくるのか適当な人を見つけて来ては「お見合いしなさい」と勧める。独身主義のよさを主張でもしようなら、「人間はね……」と長々とした説教が始まる。もう逃げるにしかずだ。

これなど罪が軽い方。もっと厄介なのはセールスマン。それにもいろいろあって、家庭用品まではいいが、教育図書あたりになると、これさえ買えばあすからでもわが子の成績がぐんぐん伸びそうな話をする。セールスマン自身もミーティングなどでそう思い込まされているフシもあって、それを断るのに骨が折れる。

一番困るのは〝神様〟のセールス（?）だ。神様を否定でもしようものなら「この不幸な人を救ってやらねば」と相手に思い込ませ、否定をすればするほど相手は本気で説得にこれ努める。善意ゆえに手も足も出ない。沈黙して相手のくたびれるのを待つほかない。これなども時間をつぶし、イライラするだけでそれほどの実害はない。

ところが、困った、厄介だで済まされないのが、ペンタゴンが公表した巡航ミサイル配備に関する研究報告だ。米海軍が開発した艦載用の巡航ミサイル「トマホーク」の配備は、対ソ戦略上、日本とトルコが効果的だという。戦略型のトマホークは二百キロトンの核弾頭装備が可能で、戦術核としても使用可能なシロモノ。戦術型も核、非核両方に使用でき、戦略型より射程距離が短いだけという。日本配備の効能書きまでちゃんと出来ている。不沈空母に配備し、ソ連をにらめば米国は安泰というわけである。効果的とはまさにそのことにほかならない。

防衛庁は現在「採用の可能性は薄い」といっている。だが、非実現的なのがいつ現実的になるかわからぬのが現実だ。頼みもしないものを押し付けてくるのは警戒するに限る。逃げや沈黙は許されない。

（一九八三年一〇月四日）

自在とはいうものの

ヤンバルの友人が、沖縄では珍しい囲炉裏のある家を持っている。天井からつるした自在鉤《かぎ》は、火の強弱によってナベを上げ、下げする便利なもの。まさに自由自在だ。

最近、那覇地方法務局が、一坪反戦地主の登記申請に対して、これまでの受理手続き方針を改め、新たな要件を課し、受理を拒否したという。それで自在を思い出したわけだが、法の利用法もいろいろあるな、といまさらながら官僚の頭の良さに感心させられる。

既に読者もご存じの通り、一坪反戦地主運動は、政府の軍用地強制収用に反抗する苦肉の策として編み出されてきた。地主を多くすることによって収用手続きを困難にし、ブレーキをかけようと。これに対抗して法務局は、移転登記手続きを複雑にし、地主の増えるのを阻止しようと逆襲してきたわけだが、どうも分からない。

那覇地方法務局は、これまでは軍用地の証明だけでも受理したが、今後は〝本来〟の土地登記法や農地法に基づいて登記申請を受理するものとし、農業委員会の必要な証明書や地目変更の手続きをしなければ受理しない、という。一介の国の出先の官僚が方針変更をできるはずもないから、多分より上の方から指示されたものだろう。よく分からぬというのは〝地目変更〟ということである。

かつてある高等弁務官が「基地作物論」をいって県民をあ然とさせたことがある。軍用地料は農作物を作るよりはいいと。この論法でいくと嘉手納飛行場の滑走路は立派な農地だ。地目変更の必要はない。だが、官僚の頭がいくらいいといっても、あそこを農地だといい張ることは出来ない。

確かにあそこは立派な農地だった。地目を実質的に変更したのは米軍であり、それを追認したのがわが政府である。地主に対してカネ、ヒマをかけて地目変更の手続きを迫るなど、踏んだりけったりというほかかない。

反戦運動の強弱によって自在かぎよろしく、法の適用を小手先で上げ下げするのはいかがなものか。行管が、窓口サービスの一番悪いのは法務局だと指摘していたが……。

（一九八三年一〇月一八日）

手前勝手ないい分

まるでハリウッドの大根役者が二丁けん銃を振りかざし、いっぱしの正義漢を気取って暴れまわっている——の図である。ドン・キホーテの〝正義感〟といった代物ではない。そこにあるのは、気にくわぬヤツはぶんなぐれといった感じだ。米軍のグレナダ侵攻のことである。

グレナダ、といっても、どこにそんな国があるのか、ほとんどの県民が知らなかったに違いない。グレナダはカリブ海に浮かぶ超小国で、人口わずか十一万人、面積は約三百四十平方キロというから、わが竹富町の面積約三百三十平方キロとほぼ同じだ。そこに空母インデペンデンス（六万トン）を主力に二十一隻の艦船を動員、約二千人の降下部隊を投入して、あっという間に占領してしまった。

グレナダは沖縄の復帰二年後の七四年二月に英国から独立したが、独裁者ゲイリー首相の下で七九年三月にビショップ前首相の率いる人民革命軍がトラック二台とレンタカー一台でクーデターを起こし、人民革命政府を樹立している。このビショップ首相の政策がなまぬるいとして、オースチン軍司令官らが再度クーデターを起こしたのに対し、米国は「在留米国人の救出と民主的秩序の回復」をタテマエに侵攻したことになっている。

ところが本音の部分がだんだん出てきた。「レバノンやグレナダの背後にはソ連がいる」と。しかも大統領選挙をねらった人気回復策だというからあきれる。米議会もついに「在留米国人が危機にさらされていたかどうか調査する」という。よしんば建前と本音がそうであったとしても、不可解なのは米側が「ソ連の在グレナダ大使館は攻撃していない。安全である」と言明していることだ。なぜソ連やキューバ大使館をまっ先に攻撃しないのか。

ソ連もアフガン侵攻の時「その背後に米国がいる」として侵攻を正当化した。この両超大国の横暴を見るにつけ、全くもって「イッターＩ、カッティドゥヤルイ（お前たちの勝手か）」といいたくなる。そこにあるのは米ソの安全となれ合いによる弱者いじめだ。

（一九八三年一一月一日）

どこがいいんですかね

結婚シーズンたけなわ。どこの式場も満杯でご同慶の至り。県内でも毎年約八千組がゴールインするそうで、復帰後は本土との交流も盛んになり、他府県からの嫁入り、婿入りも増えてきた。それでも他府県に比べれば、まだまだ県民同士の結婚が多い。親の中にも「島ムク（婿）、島ユミ（嫁）」を望む人が多いが、古いといえば古い。だが、それにはそれなりの歴史的背景があろう。それにしても、どうも分かりかねるのが沖縄人女性の心。

ウチナーの男性がウチナー女性と結婚したがるのは分かる。これほどしっかり者で、家庭をまかせておいて安心できる女性は、まずめったにいるものではない。明るくてたくましく、それでいてやさしい。沖縄の歴史を支えてきたのは女性だったともいえる。周囲を見ても、実権を握っているのはほとんどが女性。片親でも、母親なら子供を立派に育ててくれるが、父親なら子供をイチュマンウイ（糸満売り）やジュリウイ（遊女売り）しかねない、ともいわれてきた。ことほどさようにウチナーの男性はあまりよろしくない。

男性自身がつくったウチナーウタグヮァの中に出てくる男性像も、それほどほめられたものではない。たとえば軍人節。これほど非軍人的な軍人もないと思うが、出征に際して「勝ってくるぞと勇ましく」どころか「涙ゆいふかにい言葉やねさみ」で、あべこべに妻から「里や軍人ぬ、ぬんで泣ちみせが、御心配しみそな母の事や」と励まされる始末。

かと思えばユージグヮー（小用）節のように、ウフユージ（大きな用事＝冠婚葬祭など）は妻にまかせておき、自分はユージグヮーにかこつけてあちこち遊びまわる。浮気節のように、自分が浮気をする時には、女性にもてることは妻の幸せと大いに威張り、妻が化粧して外出でもしようなら、他の男とイチャつかない約束だったはずとベソをかく。カネをもうけさせてもヘタくそな非資本主義的人間。立身出世もあまり関係ない風。全くのぐうたらだ。

そんな沖縄男性のどこがよくて結婚したがるのか、ちょっと不思議ではある。喜んでいいのか……。

（一九八三年一一月一五日）

宝島か死人の箱か

読書の秋―というから、いまなお多くの少年少女が、小さな胸をおどらせながら、あのスチーブンソンの名作〝宝島〟を読んでいるかもしれない。読者の中にも、われを忘れ、フリント船長の埋めた財宝をめぐって繰り広げるジム少年や一本足の海賊シルバーたちの宝探しの活躍を、夢中で読んだ記憶もあろう。宮古の大神島に海賊の宝が埋められている—との話を聞いて、胸をときめかしたこともある。

それはそれとして、〝宝島〟の海賊たちが歌う歌に「死人の箱にゃ十五人—。よいこらラム酒もひとびんだ。のこりのやつらは、酒と悪魔がかたづけた—」というのがある。死人の箱というのは、カリブ海に浮かぶ海賊の根城とする島だそうな。フリント船長ももちろん〝死人の箱〟を中心に暴れまわった海賊の一人。こんなヤツがのさばる店を経営しているジムの父の店はつぶれそう。だが、フリントの仲間は、彼を「まことの船乗り」「海のつわもの」とたたえ、「このような人物がいるからこそイギリスは海上で威張れるのだ」と敬服する。

どうもレーガンがフリント船長に似てきて困るが〝死人の箱〟が沖縄に似てくるのではよけい困る。考えてみれば、沖縄は二十世紀の〝宝島〟だ。というよりも、世界の超大国アメリカや日本の〝宝〟を支える〝死人の箱〟かもしれない。世界で一番怖い米海兵隊がいて、シーレーン防衛とか何とかいって世界の海ににらみをきかす。大砲は好き勝手にドカーン、ドカーンとぶっ放すし、県民は脅えて手も足も出ない。自分たちが落とした二百五十キロ爆弾でも、片付けるのに知らんふり。

だが、県民にとって沖縄はかけがえのない〝宝島〟だ。大事な物がいっぱい詰まっている。この島を、アメリカにとっての宝島にするか、県民にとっての宝島にするかは、ジム少年ならぬ沖縄県民自身の肩にかかっている。一本足のシルバーと宝探しを争うジム少年は、最後に勝つが、沖縄の宝は沖縄人自身の知恵で守りたいもの。失われつつある沖縄の宝を探すのも読書の秋の楽しみ。

（一九八三年一一月二二日）

こっちがしつける番だ

冷酷無比の高利貸といえば、ご存じベニスの商人〝シャイロック〟だろう。貸金の取りたてには情け容赦なく、行き過ぎて墓穴を掘る結果になるが、悪徳高利貸の典型といえば、まずシャイロックの右に出る者はない。

現代の高利貸といえばサラ金。中にはシャイロックばりの業者もいて、世のひんしゅくを買う者もいるが、そのサラ金業者を対象に、この社会で一番のワルはだれと思うかと調査したところ「政治家」と答えたそうだ。二番目がサラ金だといったというからおもしろい。なるほど、民間会社に飛行機を買わせるだけで五億円を簡単に手に入れたといわれるのだから、人に嫌われ、心を鬼にして五億円を稼がなければならないサラ金業者からすれば、政治家はなかなかの悪党ともいえる。いや、ただの悪党ではなく大悪党だ。

なにしろ、あれもこれも国民のためと称してやるんだから。もっとも悪党というのは政治家の一部だろうが、それによって政治不信病をばらまいている害毒は計り知れない。

こんどの総選挙は「田中判決選挙」というそうだ。バカヤロー解散なんて極めて人間的で陽気だが、今回の選挙は新潟の天候にも似てうっとうしい。なかでもやり切れないのは、国会が自浄能力もなく、人心一新のため〝信〟を国民に問う、といっていることだ。これが民主主義といえばそれまでだが、責任転嫁の見本というべきだろう。

裁判所は、田中の五億円の収賄についてしか有罪の判決を下さなかったが、田中元首相のより大きな政治的犯罪は、行政の中立性の建前を破棄し、政治権力によって行政の利権化を図ったところにあるのではないか。五億円の収賄はその一つに過ぎないように思う。おかげで全国にミニ田中をはびこらせ、権力と結びつかなければ予算はとれないと利権政治を横行させた。腐敗の構造を一新するかどうか、これが改めて問われている。田中政治を支えるつっかい棒をさらに増やすかどうかだ。ゲタをあずけられた以上、立候補者をただの人にするかセンセイにするかはこっちの番だ。

（一九八三年一一月二九日）

政治とプロレス

「政治とは、綱領コンテストといったあんばいで、仮装して行う利害得失の争い。私欲のため国政を運営すること」とシニカルに言う人もいるが、現実に政治や選挙戦を見ていると、なるほどと思われるフシがあまりに多い。それほど政党や立候補者の言葉にはウソや奇弁が多い。奇弁術を学ぶには、NHKの政治討論会（毎週日曜放送）を見た方がいいともいう。いま選挙戦の真っ最中。有権者はまずこれらのウソや奇弁を見破ることから始める必要がある。

高校野球の面白さは何が起こるか分からないことにある。八百長がないからだ。プロスポーツの中でも、プロレスときたら半分八百長。スポーツ記者は、試合を見なくても、事前に粗筋を聞いて記事を書けるそうだ。それでもプロレスが面白いのは、八百長であるようなないような演技をレスラーがやってくれるからだろう。

こんどの衆議院解散で、与野党の議員がバンザイを三唱していたのには驚かされた。野党は「中曽根内閣を解散に追い込んだ」といい、田中派は「首相を年内解散に踏み切らせた」という。どっちもバンザイだ。見ている観客（有権者）は何が何だか分からない。プロレスならそれでいい。だが、国政がそれであっては困る。といっても困ってばかりもおれない。観客の方に審判役がまわってきたのだから。

さて、県内では定数五議席をめぐって六人の候補者がシノギを削っている。われこそは沖縄の救世主たらんの情熱だが、論戦を聞いているとどうも分からぬ点が多い。それぞれの候補者の思惑が入り乱れ、仮装行列を見ている感じだ。与党前議員の国場、小渡両氏が「三人は無理、政治力は当選回数が重要」と言えば、新人の仲村氏は「西銘知事の協力があれば三人は可能。政治に新鮮さを」と言う。野党は野党で社大党票の思惑から、共産党の瀬長氏が「真の革新はこっち」と暗に社会、公明はニセ革新と言えば、社会党の上原氏や公明党の玉城氏は「社大党との友党関係は崩れない」と言う。マカ不思議だ。この縦糸、横糸のほつれ具合を有権者がどうみるか。鑑定眼をみがかねば。

（一九八三年一二月六日）

超党派で逃げる話

不発弾、山火事の相次ぐ中で選挙戦が繰り広げられている。保守と革新の争いという。何を争っているか釈然としないが、報道で知る限り、どうやら集票争いらしい。

先だって、那覇市のどまん中の牧志で不発弾撤去作業が行われたが、付近住民が保守、革新を問わず避難せざるを得なかった。厳密にいえば、警察によって強制避難をさせられた、といった方がいいかもしれない。いずれにしても、どこからも文句なくスムーズに避難が行われ、無事不発弾は撤去されたわけだ。

なぜ「革新派の人々は逃げたが保守派の人々は逃げなかった」とかいう現象が起こらなかったのか。意味深に考えてみればおかしい。が、ことは簡単明りょう。自衛隊や警察が「これは危険だ。爆発するかもしれない」といったからだ。実際、不発弾が発見されるまで、人々はその上で生活し、危険も感じずやれ保守だ、革新だといって騒いできた。潜在的危険が顕在化したとたん、超党派で逃げたわけだが、避難は当然として、それならばなぜより大きな潜在的危険を見極め、超党派で対処しないか不思議な話。あの毒ガス移送の時もそうだったが……。

金武の米軍基地で演習による山火事がまた起きた。被害が大きく村落近くまで燃えてきたため、これまた保守、革新の区別なく怒った。砲弾や火は、どっちが保守でどっちが革新かわかりはしない。この場合も、潜在的危険が顕在化した例だが、金武町では恐怖の報酬（軍用地料）は欲しいが危険が本物になっては困る―と悩んでいるというところか。一部では基地より平和産業を、という動きも出てきそうだが、悩みを解消するにはそれしかないだろう。

先に来日した胡中国共産党総書記は、衆院本会議場で行った演説で、唐代の有名な政治家の言を引用「小さな利益を惜しんで大きな利益を失うことは聡《そう》明な人間のやることではない。目先におぼれて将来を見失うことは、一般の人でも割に合わないことを知っている」と述べた。超党派で避難したり、怒ったりしなければならないわれわれはどうか。

（一九八三年一二月一三日）

非理法権天

なぜ楠木正成が、この「非理法権天」なる五文字を、自らの旗印にしていたかは分からない。多分それ以前からずっと言われてきたものだろう。徳川時代にも、この五文字の意味をわきまえないと、物事の道理に心得違いが出てくる―として、武家の戒めになっていたという。

五字の意味は、非（無理）は理（道理）にしかず、理は法（法律）にしかず、法は権（権力）にしかず、権は天（天道）にしかず―ということだ。これほど道理と法律と権力、そして天道の「力関係」をみごとに表現した言葉はないように思う。この実態は、われわれが日常経験していることでもある。いくら道理があっても、法にはかなわないことがままあるし、法だって権力によって曲げられることがいくらでもある。権力者にとって法が不都合ならば、都合のいいように変えればいい。

この世の中で一番強いのは権力だ。ただ権力者は、自らの持つ権力の本質が最終的には暴力であることをかくすため、権力にさまざまな装飾をこらし〝権威〟づけをする。ところが、人間社会で最高最強とみられる権力も、天の声にはかなわないという。

中国では昔から「天命を革める」との言葉が使われてきた。易姓革命の思想である。革命の大義名分は〝天の声〟だ。この天の声はどのようにして下されるのか。たとえば天候不順等で凶作が続き、飢きんで人民が暴動を起こして収拾がつかなくなった時、権力者（王）に徳がないからだとして、革命が起こされた。即ち「天の声は民の声」というわけで、天命は人民の声を通じて下されたのである。人民の声こそ天の声であったわけだ。
田中問題で始まって田中問題で終わった感じのするこんどの選挙で、なぜかこの「非理法権天」なる言葉が頭を離れなかった。道理（倫理）や法を踏みにじり、権力によって中央突破を計らんとする田中一派。選挙に勝てば〝みそぎ〟はすんだという論理。罪に汚れていなければみそぐ必要もないのに、選挙みそぎ論をいうごまかし。だが、国民はこのような自民党に鉄ついを食わせた。これを天の声と受けるかどうか。

（一九八三年一二月二〇日）

大臣を何と心得るッ！

昨夜遅く、第二次中曽根内閣に入閣した新閣僚のあいさつをテレビで見た。どの顔もほんとにうれしそうで、ついこっちまで、わがことのようにうれしくなってしまった。とくに初の大臣組は、喜びを抑えるのに精いっぱいで、紅白歌合戦初出場の新人歌手のそれにも似て「チバリヨー（がんばれよ）」と声をかけたくなるほどだった。入閣は当然といわんばかりの実力者？のチューバーフーナー（強い者のふり）した顔に比べ、何ともスガスガしかった。たとえそれが一年そこらの〝大臣生命〟だったとしても、いや、それだからこそ美しく見えたかもしれない。

実際、沖縄の人は大臣の偉さを知らないようでもある。国務大臣・沖縄開発庁長官といっても、だれがそういうことをやっていたのか、何人かのほかはとんと忘れてしまったようなところもある。二七年間のヒズミか、それとも県民性か。

復帰前の話だが、首相官邸に取材に行ったことがある。佐藤総理の沖縄問題に関する記者会見ということで。ところがこっちは背広がないもんだから、ヨレヨレのセーターに米軍払い下げのベトナム戦用の戦闘靴をはいて堂々と官邸の赤じゅうたんを踏んだ。そしたら吉田嗣延さんが、こっちが沖縄の記者だと知って「サムライならヨロイを着けてこなくちゃ」と、そっと耳うちして下さった。これにはこっちがびっくりした。何とかヘビにおじずだ。

復帰後、さまざまな大臣の来沖が相次いだ。大抵は帰りに空港で二十分程度の記者会見がある。別に悪気はないと思うが、記者会見に集まる記者の数がすこぶる悪い。竹下登氏が建設大臣の時だったが、記者会見の時間をずらしただけでなく、記者会見に来た記者はたったの三人。竹下大臣怒って「大臣を何と心得るッ!」と大声。こういう例は国会議員の何とか調査団の記者会見にもままあることだが、これを「礼儀を知らない」とみるか「必要がなければ」の合理的精神とみるかは見解の相違だろう。いずれにしても、昨夜テレビ画面の裏側には、大臣になれなかった大臣病患者が見える気もした。

(一九八三年一二月二七日)

足を切られても……

いよいよ受験シーズン。生徒や学生にとっては進学、就職試験とムーチービーサの季節。母親はガミガミ、父親はヒヤヒヤ、子供はイライラ。何ともイヤな季節ではある。だが、気は持ちようだ。受験のお陰で家族がガタガタすることもあるまい。

これは琉大が首里にあったころの話。あったような、なかったような話だから責任は負いかねるが…。

琉大教授「高校では一体何を教えているんだ！　これくらいも知らんで」

ある高校教諭「中学校でもっと基礎的なものをしっかり教えてもらわないと困る」

某中学の先生「キミたち、小学校で何を習ってきたんか！」

ある小学校の先生「幼稚園や保育所でもっとしつけをきちっとしてほしいわね」

こんどは保育所のセンセー「チッ、チッ、パッパ、チーパッパ」

教育委員長「学力低下のセキニンは―、教師にあるっ！」

沖教組「セイフ・自民党が悪い」

親たち「?…、!…、?…」

子供たち「好っかんさあモー」

明治十二年に首里の三平等（ひら）学校に小学校が開設されたのが、わが県の初等教育の始まりだとか。真和志の平等を西小学校、南風の平等を南小学校、西の平等を北小学校とそれぞれ名付けて。が、全県的にみると、村学校に行くのはわずかで、ほとんどが山学校で遊学？していた。明治十七年の学齢児童七万五千二百人のうち就学していたのはわずか二・四七％の千八百人。五〇％を超えたのが明治三十三年。師範学校設置の明治十三、四年ごろの職員は、助教諭一人、訓導四人、書記一人計六人に過ぎぬ。

あれから百余年。今や高校進学率は九〇％を超え、博士と名のつく人もかなり多い。敗戦で無からスタートしてよくもここまで来た。何といわれようと、沖縄の教育は確実に進歩、前進している。教育が歴史の総体である以上、くよくよすることはない。学力より、ものを見る目が大事だ。共通一次で足を切られても。

（一九八四年一月一〇日）

続・どこがよくて……

いつかこの欄で「ぐうたらなウチナー男性のどこがよくて結婚したがるのか」と書いたら、多くの読者からおしかりを受けた。もちろん全部男性から。いわく「ただでさえうるさい女房がそんなのを読んだらどうなるか。あんた責任を持つか」「いま本土の女性とつきあっていますが、そんなこと書かれると困ります」「これを書いた記者はヤマトンチュでしょう」等々。怖くなって続きを書くのをやめたが……。

先日、昼食のため小さな食堂に入った。客はそんなにいない。近所の子供だろうか。幼稚園に行っているかいないかの年ごろの男と女の子が遊んでいる。あまりにもかわいい子供たちなので、つい、いつものいたずらっ気が出てからかってやろうと思い

「おい、ちょっと来てごらん」と声をかけると、女の子が近寄ってきて

「なんねェー」とニコニコ。

「あのなあ、あんたのほんとうのお父さんは、このおじさんだよ」と、指で自分を指してみせた。一瞬、キョトンとしていた女の子が

「ウエッソー、ウッソ！」

「ほんとうさあー」と私。

「だったらうちの母ちゃんの名前いってごらん」

この思わぬ反撃に、こんどはこっちが一瞬ぐっと詰まってしまった。

「これは秘密なことなので、お互いに名前は知らんことにしているんだよ」と、やっとの思いで逃げると、

「あっははは、うちの母ちゃんウワキなんかしないもん！」と一蹴《いっしゅう》して、ピョンピョンはねながら外へ出ていってしまった。この間、男の子はそばでニコニコやりとりを聞いていたが、一体、この子の親たち、家でどんな話をしているのだろうか。いずれにしても、母ちゃん主導型だろう。

いま本紙で「世界のウチナーンチュ」を連載しているが、しゃくにさわるほど美人の奥さんを持っているウチナー男性が多い。「ウチナー男性も捨てたもんではないゾー」。だが、ユージュグヮー（小用）にかこつけて外で遊び歩けないそうだ。外人の美人の奥さんを持つと。

（一九八四年一月三一日）

大泥棒は泥棒でないか

世はまさに学歴、資格免許時代。糸満のウミンチュ（漁師）の酸素ボンベを使った潜りにさえ〝資格〟試験が必要だということで、素潜りで勇名をはせたウミンチュをフウフウさせているほどだ。だが、学歴、資格免許を全く必要としない民主的な職業もある。政治家という名の職業だ。一定の〝票〟集めさえすれば、だれにでも出来る。それからすると、政治ほど分かりやすくなければならないものはない。

ところが現実には、どういう訳かおよそ政治ほど分かりにくいものはない。それほどごまかしのきく代物ということか。たとえば減税のための増税とか、軍縮のための軍拡とか。ロンとヤスの手口が見えすいているのは言うまでもない。もちろん、政治の手法として、はれものの手術よろしく、病状を悪化させてバサッと切開する方法のあることは理解できる。しかし、どうしても理解できないのが社会党・石橋委員長のいう自衛隊の「違憲・合法論」だ。社会党は、階級的大衆政党というそうだが、一般大衆の分かりかねるようなことを言ってもらっては困る。自衛隊は違憲だが、合法的だというのは「彼は大泥棒だが泥棒ではない」といった類ではないか。

確かに「政権を取らぬ政党はネズミを捕らぬネコに等しい」といえるかもしれない。しかし、だからといって自衛隊という既成事実の存在を解釈するために、国民が理解しかねるような〝違憲・合法論〟を持ち出す必要があるのだろうか。

憲法は国の最高法規。それに反するような法律は無効、というのが法理論として、国民の常識としてもいえるのではないか。最高裁が自衛隊問題を「統治行為」の問題として違憲か憲法かの判断を下さず逃げ回っているからといって、何も社会党が裁判所に代わって判決を下す必要もあるまい。自民党の中にさえ自衛隊は違憲だから改憲して合法化せよ、という主張さえあるのだから。国会で単純過半数さえとれば憲法を空洞化させることができる、との論法は納得できない。社会党政権の場合も同断だ。もっと国民に分かる政治を。

（一九八四年二月二日）

死んで花実が……

西銘知事、なぜか共産党とくればムキになり、言わずもがなのことまで言ってよく物議をかもす。知事の共産党嫌いはそれなりにわからぬでもないが、少々〝偽悪的〟なところもありはしないか。保守反動といわれても結構と、開き直りのようなものが見受けられるのである。しかし、議会答弁は、相手がだれであれ、県民代表に対してやっている、ということでなければならない。そのことは西銘知事が百も承知のはず。にもかかわらず、知事の答弁は、ときに反発とからかいが入り混って、どこまでが本心で、どこまでが建前かわからない、との感を与える場合がある。

三日の県議会代表質問における共産党・古堅実吉氏の質問に対する答弁もその類ではないか。核戦争が起きた場合「死なばもろとも」と本気で言っているとすれば正気のさたではない。日本を守るために、米軍基地とともに百万県民が無理心中を強いられてもやむを得ない、と知事が本気で考えているとすれば、またなにをか言わんやである。まさかそうではあるまい。おそらく知事の時代認識や核に対する認識の中に、人類は全面核戦争をするほど愚かではない――との楽観論があるのではないか。あるいは核戦争で沖縄だけ生き残ってもあまり意味はないとも…。すべての〝悪〟を政府・自民党と米軍のせいにする革新陣営に対する反発もあるように思える。「反核の英雄になるつもりはない」との発言の中に、西銘知事が反核運動をどう見ているかが伺える。ムキになりすぎる。

だが、本気で日本を守るために沖縄が玉砕してもいい、というならば、知事の良識を疑うばかりである。沖縄戦の犠牲になった二十万の英霊に対しても侮辱を与えることになりはしないか。いずれにしても、何とも乱暴な発言だ。百万県民の命と暮らしを守るべき知事が発言すべきことではない。

沖縄では昔から「ヌチ（命）ドゥ宝」といわれてきた。生命尊重の思想だ。沖縄が全滅しても守るべき価値とは何か。恒心なき若者たちへの悪影響を恐れる。死んで花実が咲くものではない。

（一九八四年三月六日）

うれしい〝建前〟

専門家でも、小さいパンダの雌雄を識別するのはなかなかむつかしいらしい。でも、それは別にパンダの罪ではない。人間様の勝手な必要から識別するのだから。

それよりさらにむつかしいのが、女性や政治家の〝本音〟と〝建前〟の判別といわれる。周囲の状況の変化によって両者が錯そうし、見分けがつかなくなるからだ。女性の「イヤよ、イヤよも好きのうち」を真に受けて、気のある女性に積極的にアタックしたら、ほんとに「顔を見るのもイヤ」とヒジ鉄をくわされ、シュンとなった男性もおれば、「どうして最近みえないの。ひとの気も知らないで」とバーの女性にいわれ、その気になって鼻の下をのばし、せっせと貢いでいたら、ある日突然「ハイ、サヨナラ」で一巻の終わり。これもまあ、相手の本音を読み違えた男の身勝手。

政治家の腹の内を読むのもむつかしい。プロ中のプロの政治家でさえ「一寸先はヤミ」だというんだから、素人の当たりはずれは、天気予報やパンダの比ではない。

だが、大変わかりやすい場合もある。例えば、最近の那覇市議会における特別職の報酬引き上げの否決。県民所得が低い中で、市長や議員の報酬だけを引き上げるのは市民に申し訳ない、との共産党の言い分に与野党が右へならえであっさり衆議一決。何ともうれしい話だ。市議のみなさんが、これほど市民のことを考えているとは、おそらく多くの市民が思ってもみなかったのではないか。県議会でも、時あたかも同じ問題を論議している。当然、那覇市議会を見習うべきだ。

中には、「本当は自分たちの給料をアップしたいんだが、今年は選挙（那覇市長選、県議選）を控えている手前、共産党だけいい子にする訳にはいかなかったのではないか」とか「内心ブツブツ言っているのでは」と勘ぐる向きもあるが、まさかそうではあるまい。選挙が終わったから引き上げましょう、というほど政治家は非常識ではないと思うがどうだろう。それを知るには来年の議会を見ればわかる。

（一九八四年三月二七日）

現代の浜うり

きょうは旧暦のサンガチ・サンニチ（三月三日）、浜うりの日である。沖縄では、女の節句としてよく知られてきた伝統行事だが、最近では、歳時記の上での行事に化してしまった感が強い。那覇市など、浜はすっかり埋め立てられ、消波ブロックの山では味気ない。浜うりは、やはり白波に限る。

もともとこの行事の由来は、その昔、クニンダ（久米）の百姓ジラーの娘ウサグヮーが、美男子に化けた蛇の種を身ごもり、浜の白砂を踏めば流産するということを聞いてその通りしたところ、無事身を守ることができた、ということにあるという。人蛇通婚説話は何も沖縄に限ったことではないが、宮古の漲水御嶽のそれなどもよく知られている。アマゾンのインディオたちの間では、蛇ではなくイルカが美男子となっており、娘たちを守るために踊るという。

これらの話に共通していることは、年ごろの娘たちが、自覚症状もないまま蛇やイルカの化身と恋をし、身ごもってしまってあとからその実体を知り、絶望して救いを求める、という点だ。自分ではどうしようもないような体のうずき、それに身をまかせることの危険性。悪者役にされた蛇やイルカはいい迷惑だろうが、こういう説話は娘たちに対する立派な性教育だ。しかもそれを行事として定着させてきた先祖の知恵はすばらしい。中には、浜うりする娘たちの中から将来の嫁をさがすチャッカリした親もいたようだが、どっちにしろ健康的である。これから夏に向かう〝うりずん〟の季節にこの行事を持ってきたのも意義深い。

ところで昨今の〝浜うり〟はどうなっているだろうか。行事がすたれていく中で、行事に託された先祖の願いもむなしく、娘たちの心もすさんでいく。美男子でもない〝蛇〟までウヨウヨし、親たちの心苦もひどい。美しい砂浜もつぎつぎ消え、警察のテレホン相談や産婦人科医だけが忙しくなるのでは情ない。民話や伝説などに込められた先祖の知恵を、もう一度見直すべきではないか。失われつつある行事を呼び戻したいとも思う。

（一九八四年四月三日）

夢なれや…

人間の末期の言葉に、なぜか興味がある。特に絶大な権力を行使し、国民に塗炭の苦しみを与えた人物についてはそうだ。

暴君の代名詞となったネロは、軍隊や元老院の離反に絶望し、自分を殺してくれる人を探させたが、だれ一人としてネロを殺してくれる人はなかった。とうとう彼は「おれには友達も敵もいないのか！」と絶望し逃亡する。自殺する勇気もなく、部下に命じてノドに短剣を突き刺してもらい、やっと息絶えたという。

東の暴君といえば西太后だろう。名はともかくとして、この女帝、臨終に及んで姪（めい）の孝定に「わたしの遺言を心にとめておきなさい。それはもう決して女を摂政にして支那（中国）の主権者にしてはならない。ということです」。女性のしっと心やさい疑心が権力を行使することの怖さを自ら知ってのことだろう。

かのナポレオンは「フランス、軍隊、ジョゼフィーヌ！」といってこの世を去ったという。

第二次大戦の元凶といわれたヒトラーは、大臣のゲッペルスに「おれと妻の死体がよく焼けたかどうか、確かめることは任せたぞ！」といって自殺を図ったという。それぞれの人間の生きざまを示すようで何とも興味深い。それは、古い歴史上の人物とか遠い西洋の話ということで、相手を対象化して感ずることのできる余裕だろう。

だが、東条英機の辞世の句や戦争責任論を読んだときほど、腹が立ち、むなしさとやり切れなさを感じたことはなかった。この記事（四月一日、本紙朝刊）をどう扱うかについてかなり議論もした。結局社会面に掲載した。「夢なれや　馬上に過ぎし五十年」。日本人の無常観、とくに武士道のそれからすれば、そこに何らかの美を感じさせぬことはない。だが、彼の戦争責任はあまりにも大きく、重すぎた。自ら国民に強いた「悠久の大義」の下に、「天皇陛下バンザイ」を叫んで息絶えればまだ納得できたものを。自分が責任をとるといっても取れるはずがない。権力者の怖さだ。いま琉球新報では「戦禍を掘る」が続いている。

（一九八四年四月一〇日）

ケンカのやり方

与那原町に住む一主婦が、本紙六日付の声欄、息子の初月給を手に「おとなしかった息子が幼稚園で初めてケンカして帰ったとき、赤飯を炊いて喜んだ」と思い出を語っている。この投書を読んだとき、いいお母さんがいたもんだ、と思わずニヤリとさせられた。

幼いころ、よくケンカをした。上級生からケンカのやり方を習い、近所の腕白どもをかき集めてよくケンカをさせ、親たちから苦情を持ち込まれたことも何度か。上級生から習ったケンカのやり方といえば、ほんとに強い者は絶対武器（棒切れなど）を使わないこと、急所を狙わないこと、相手が負けたといえば許すこと―というものだった。

ケンカといっても、たわいもないレスリングごっこのようなものだったが、小さい胸をドキドキさせながら、なかなかどうして相当の勇気と知恵のいることだった。勇気がないといわれるのがシャクだから、強いヤツに頭をポカポカやられながらも足にしがみついて放さなかった。鼻血が出ると、ヨモギの葉をまるめて鼻に詰め、そ知らぬ顔で家に帰った。弱い者いじめは軽べつされた。一番いやなのは、女の子が親や先生へ告げ口することだった。とくに負けたときは…。負けのくやしさを恒久的精神勝利法（負けの理由を適当に見つけて満足する）で晴らすときもあった。今考えると、ケンカの中で学んだことは多い。ケンカ友だちこそ生涯の友でもある。

最近、ナイフが静かなブームを呼んでいるという。東京のある百貨店では、月に三、四百本も売れるというからゾッとする。国内でナイフの売れ行きが目立つようになったのは七、八年前からといわれるが、護身用にナイフを持ち歩くというのは不安定な世相を反映してのものだろうか。ナイフによる刺傷事件があまりにも多すぎる。ケンカといっても陰湿だ。弱い者いじめも平気である。

一人っ子が多く、親たちも神経質になり過ぎると思われるが、ケンカ友だちは多い方がいいと思うがどうだろう。赤飯を炊いて祝うほどのおおらかさがあってもいいではないか。

（一九八四年五月九日）

あぁ　五・一五

ゴー・テン・イチ・ゴー。県民意思とは関係なく決められた、歴史的な沖縄返還の日。というわけで、一二年という歳月の流れもあろうが、県民の意識の中から遠ざかりつつある〝歴史的な日〟だ。

なぜ五月一五日に決めたんですか――

「そうだなあ、当初アメリカ側は七月一日を主張し、われわれは四月一日を主張したわけね。で、それではということで、足して二で割った五月一五日に決めたわけですよ」

福田元総理に、五月一五日がどうして決まったのか聞いたとき、前記のような答えがはねかえってきた。福田氏は、当時、外相としてサクラメンテで沖縄返還日を決めた人だ。

沖縄返還の流れが決められた以上、返還日はある意味でどうでもいい日程だ。それは、半ば必然であり、半ば偶然のいきさつで決まった日である。問題は返還の中身だったが、残念ながらそれがどういうものだったか多言を要しない。だが、五・一五と安保条約の本質的な関係を見事に言ってのけたのは、皮肉にも西銘県知事だった。

西銘知事は県議会で、沖縄返還と安保の関係を「米軍の沖縄占領を日本の法によって合法的化したもの」とかっ破した。さすが歴史的に物を見る知事だけあって、凡俗の及ぶところではない。それがその後どうなったか、これまた多言を要しない。あるいは「燕雀《えんじゃく》いづくんぞ鴻鵠《こうこく》の志を知らんや」かもしれない。

四・二八といい、五・一五といい、県民にとって政府の決めた日はどっちも屈辱的な日だ。重い荷物を背負わされる。その点では、一日も早く忘れた方が苦痛をやわらげる、といえるかもしれない。また、政府にとってもそれがつごういい。だが、幸か不幸か現実がそれをなかなか忘れさせてくれない。

五・一五平和行進を続けてきた護憲・反安保県民会議が、きょう那覇市の与儀公園で県民総決起大会を開き、平和への誓いを新たにする。復帰闘争にかかわった人々の感慨はいかばかりか。忘れよう、いや忘れまい。五月一五日が来るたびに心は複雑になるばかりだ。あすから復帰一三年目だ。

（一九八四年五月一五日）

ことばの〝詐欺師〟

いま、「アウトドアライフにバードウオッチングが大人気」で、「森林浴を楽しむ」人が多いという。そう言われれば、何となくこっちまでやってみたくなる。「エアダムスカート、サイドステップ、ルーフスポイラーを装備した車」「ハイセンスに着こなしたエアロパーツ、カラード・ウレタンバンパーで走る姿が印象的」と言われると、これまた何となく乗ってみたい車の感じがする。「バイオテクノロジーの技術で新開発したスキンケアのためのエッセンス」できれいにすれば、うちのヤナカーギー

（不美人）かあちゃんでも何となく美人になりそうだ。が、こんなことを書いているうちにだんだんイライラしてきた。

「フォーマルな装いのスーツからカジュアルなセーター、アクセサリーまでお好きなものをお選び下さい」といわれたって、どうして選べばいいのか。「サケパック〝マイルドタイプ〟のペットネームを募集」。応募のしようがない。

「インテリアファブリックはナイーブでくつろげます」「ストレッチングでリラックスしよう」。こう来られると、読んでいるだけで肩がこり、腹が立って疲れてしまう。

これらの外来語は、今月の新聞に載った広告文だが、こっちが外国語に弱いことにつけ込んで、わけのわからぬ言葉でコケおどしにかかってくる。タテ文字を横に並べかえて学生をおどす大学教授と同じではないか。

だが、中にもっと悪いヤツがいる。国民の税金を使って国民をだまそうというのだから悪質も極まれりである。ホワイト・ビーチという美しい名前の所に「沖縄海洋環境観測所」が建設されているというから、サンゴの保護にでも乗り出すのかと思ったら、シーレーン南西航路帯の防衛のため対潜作戦用データを収集する施設という。グリーンベレーなるものもトリイ基地に居すわる算段らしい。人殺しと謀略を教えるために。名前とは似ても似つかぬものばかりだ。世はまさにある意味では詐欺師時代。名前でだまされぬよう心したいものだ。

（一九八四年五月二二日）

闘う神父さまたち

「リオのカーニバル」で知られるブラジルのかつての首都、リオデジャネイロは美しい街だ。その街を一望に見おろせる山頂に、巨大なキリスト像が立っている。像の高さが三〇メートルもあり、両手を大きく広げて下界を見つめている姿は、見る者を圧倒する。

「このキリスト像はどこを向いているのかな」と、向かっている方角を地元の人に聞いたら、

「お金持ちの住んでいる方に向かって立っている」との意表をつく返事だった。

見れば、確かに貧民街をバックにし、資産家階級の住んでいる高級住宅街や高層ビルの林立する方を向いている。やっぱり神様も金持ちの所にしか向かないのか、と早とちりをしていたら、

「いや、お金持ちに、このままではいかんと説教をしているのだ」ということだった。

中南米はいま、みぞうのインフレに苦しめられている。先進国での経済理論が通用しないといわれるほどだから、そのひどさは推して知るべしである。それだけに失業者も多く、こじきをする幼い子供たちや老人たちの姿が痛々しい。強盗やかっぱらいも横行し、治安が極度に悪い。中南米各国の大半がカトリック教徒だというのに、一体この現実はどうしたことか、とよそ目にも疑問を抱かせるほ

どだ。

いま国際政治の中で問題となっている中米のニカラグアで、左翼政権を支えているのはカトリックの神父たちだという。教会は貧しい人たちの側に立つべきだという、いわゆる「解放の神学」の立場に立って、大地主を中心とする右翼ゲリラと闘っている。

これに対してローマ法王庁は「解放の神学」を否定し、ニカラグア政府の官僚を務めている四人の神父に「官僚をやめるか神父をやめるか」の二者択一を迫っているという。二者択一論で、当初カトリックの教義を否定していなかったマルチン・ルターを新教の教義確立に追い込んだのは法王庁だったといわれる。キリスト教がどこを向いておられるか知らないが、神父さんたちの闘いに注目したい。


（一九八四年九月四日）

ユタと行政と

つい先日の早朝、まったく見知らぬユタびとの訪問を受けた。困っているので、相談にのってほしいというのである。これまで、いろいろな方から、もめごとや悩み、不安などについて相談を受けたことはあるが、ユタを訪問客に迎えるとは夢想だにしなかった。それだけに仰天し、あわてた。

ユタにも解けない難問題を、新聞記者が解けるはずはなかろう、と思いつつも、改めて新聞記者が世間からどう見られているかに思いをいたして、複雑な気持ちに駆られたのである。

七十歳ぐらいのおばあさんが、方言で語りだした。相談とはこうである。

「これまで私財を投げうって、神さまのいる拝所を守ってきたが、もう自分の力ではどうにもならぬ。せめて国や県の力で、みんながお参りできるよう、拝所の周辺を整備してほしい。そう思って、文化財保護委員会や教育庁にお願いしているが、まったくとりあってくれない。なんとか、いい方法はないものでしょうか」

仕方なく、ない知恵をしぼりつつ、世界のおもだった神さま（宗教）の概略や、政治と宗教の関係をるる説明し、いまの日本の憲法では、神さま（宗教）のために、国や県や市町村がカネを出すことを禁止されている旨を話したが、分かってもらえたかどうか。俗世の論理と宗教的次元の論理との接点をどこに求め、どう説明したものか。骨が折れることではあった。

半面、すっかり考えさせられた。ユタは神（あるいはほとけ、祖霊）からいろいろなお告げがあり、ときにはそのお姿を目のあたりにして、対話するともいう。こうもいっていた。

「いまの世の中は自分のこと、物欲しか考えず、先祖のことを忘れている」「文化財の発掘とかいって、物や道具のカケラを熱心に拾い集めるが、その当時に生きていた人たちの魂を拾い忘れている」「いまの沖縄の世の中は、落とし穴の上に出来ている。繁栄はみせかけだ」

これらの言葉の、なんとマトを射ていることか。文化も教育も、行政は温かい〝こころ〟を失っている。神さまはすべてお見通しのようだ。

（一九八四年一〇月二日）

ああ、教育パパ

昔、中国のある宰相、子供たちの才能を見るために、三人の息子を呼んでもつれた麻を一束ずつ与え、きれいに並べて持ってくるように言いつけた。上の二人は、ていねいに時間をかけて麻のもつれを一本一本ほぐして持って来た。ところが三男坊は、面倒くさいとばかり、刀でばっさり切って簡単に麻を並べて持ってきた。

これを見た父親は、三男の発想にびっくり、これは物になるぞと教育したところ、父親の期待どおり、成長して立派な政治家になったという。快刀乱麻の成語の故事である。

いま県議会でかまびすしい知事の秘書問題を、どう理解したものか。わが子の才能を信じて、教育にあれこれチョッカイを出す教育ママのいることは知っていたが、こんどの「秘書特別職問題」はわが子を政治家として教育するために、県条例まで変える政治的教育パパと評されても、反論の余地はないと思われる。

確かに知事秘書を特別職にするかどうかという問題と、身内から採用するか否かは別問題であり、出来れば身内から採用したい、という知事の気持ちもわからないではない。しかし「三男を政治家にするため」とか、「機密の政治献金を扱わせるため」とかをいうに至っては、開いた口がふさがらない。これではまるで「現在の自民党には人材がいない」「もはや信頼できるのは身内しかいない」ということを天下に宣言するようなものではないか。

知事が、自分の息子たちの才能をどう評価しているか知る由もないが、見方によっては息子たちが気の毒とも思える。親の方で世の批判をそれこそ「快刀乱麻」の如く切り捨て、息子を秘書にしたとなれば故事が泣く。秘書と政治献金とどうかかわるのか知らないが、社会正義よりカネの力で動く政治のいやらしい現実を、わざわざ議会で明らかにしてみせたともいえる。語るに落ちる、とはこういうことだろう。息子を立派な政治家に育てるかどうかは、同時代の人びとであって、歴史の流れからみればツカの間ともいえる親の権力ではないと思う。

（一九八四年一〇月九日）

夏目漱石と新札

一番いやな現場に、自分の意思とは無関係に無理やり立たされることほどつらいことはない。別に、直接行って聞いたわけではないから、何ともいえないが、松山や熊本における漱石フィーバーとは裏腹に、本人自身は、ハタ迷惑と思っているのではないか。

先生「鋳型に入れたような悪人は世の中にあるはずがない。平生はみな善人だが、いざという間際に急に悪人に変わるんだから恐ろしい」

私「いざという間際の意味は、どんな場合を指すのですか」

「金さ君、金を見るとどんな君子でもすぐ悪人になるのさ」

漱石は『こころ』の中で「先生」にそう言わしめている。

さらに「先生」は、自ら友人Kの恋人を奪い、Kを自殺に追いやった罪の深さから「恋は罪悪ですよ!!」といって「私」を驚かし「本当の愛は宗教心とそう違ったものではない」「私は死ぬ前にたった一人でいいから、ひとを信用して死にたいと思っている」と、ざんげの弁をはいている。

恋や愛といわれるものの中にさえひそむ人間の業の深さ。エゴイムズを徹底的に追求した漱石は、やがて「則天去私」の思想に至ったといわれるが、よりによってというか、まさか自身が、欲望の最もむき出しにされるお金の〝顔〟になるとは想像だにしなかったことだろう。一万円札ではなく、庶民の喜怒哀楽を直接知ることのできる千円札だったことが不幸中の幸いか。

明治も今も「智に働けば角が立つ」し「情に棹させば流される」。とかく「人の世は住みにくい」。だが、愛情や命の問題さえお金で解決するお金万能の世相は、多分、漱石のもっとも嘆くあまりにも非人間的な社会に違いない。

東京にいたころ、雑司ケ谷の墓地をよく散歩した。地下に眠る漱石の墓には、なぜか行くたびに菊の花が手向けられていた。記者の特権で、もしあの世にもインタビューに行くことができれば、雑司ケ谷の墓地は記者団でいっぱいだろう。漱石は何というだろうか。一日から新札が出まわる。

（一九八四年一〇月三〇日）

〝制服〟の欺まん

「これが規律というものだ。何人もこの点でわが国のまねをできる者はおるまい。これこそ制服の力だ！」といって、ドイツのウィルヘルム二世皇帝はひざをたたいて大笑いしたという。

話はこうである。一九〇六年のこと、強盗で十五年の刑期を終えて刑務所を出所してきたウィルヘルム・フォイクトなる男が、ベルリンの近くにあるケベニック市の金庫を強奪する事件を引き起こした。それだけならただの強盗だが、手口がふるっている。

フォイクトは、まず古着屋に行き仮装舞踊会用に使うといって大尉の制服、制帽を手に入れ、正式な帽章や肩帯まで付けさせた。そして実在もしない近衛連隊所属のフォーン・アロエザム大尉と名乗り、ベニック市庁舎に乗り込む。まず巡視している歩哨兵小隊に出会うと「とまれっ！」と号令を発し「歩兵はこれより本官の指揮下に入る。小隊長は兵舎に戻り、応援部隊数人をすぐよこせ」「命令違反は許さない」。

上官の命令とあって、歩哨兵は大尉殿について市庁舎に向かう。市長室に入った大尉殿は「皇帝陛下の命令により市長を逮捕し、金庫を差し押さえる」といい放ち、理由を聞かれると「今は申し上げられない。いずれ分かる」と威厳を正していう。逮捕した市長と現金四千マルクの入った袋をベルリンまで護送するが、大尉殿は現金袋を持って途中下車、まんまと逃げてしまった。

後に大尉殿は逮捕されるが、事件の真相を知って皇帝も大笑いしたわけだが、制服の盲点をついた大尉殿の人気は大変なものだったという。

最近、京都駅で五千六百万円の現金盗難事件が起きた。犯人は同駅の荷役会社の元従業員で、退職時に持ち出した制服、制帽で乗務員の目をごまかした。サラ金の支払いに困っての犯行という。何ともわびしい。

同じ制服の欺まん性を悪用した犯罪でも、アキノ氏やガンジー首相暗殺のそれはやりきれない。規律のない陰湿な制服の欺まんは憎んで余りある。犯罪の陰に制服ありでは世も救われまい。心すべきことだ。

（一九八四年一一月六日）

2

仕事の余滴

壺中酔眼——女性考

「女は、女に生まれるのではない。女になるのである」

人間は社会的条件や環境の影響で行動パターンを身につけていくものであり、男女の意識は歴史的、社会的、文化的環境によって形成されていくものである——。

この有名なボーヴォワール女史の言葉をすっかり信じきって、しかも男女機会均等法の実施などもあって、人事担当専務として「男女の区別」なく社員を採用してきた。その採用数は男女ほぼ五分五分。時には女性が多い年もあった。

ところが、女性社員が増えるにしたがって社内でさまざまな問題が起きてきている。しかもそれは増える傾向にある。何だこれはといった感じだが、具体的に言うと旧姓使用問題に始まって産休問題、南部支局問題、電話使用料問題、社用車事故多発問題等々、女性社員に関わる問題が増えてきているということである。こんなにも問題が相次いでくると、人事担当として積極的に女性を採用してきたことに責任を感じざるを得ないのは当然である。沈黙を守った方が得策だが、人事担当をはずれたのを機会に「女性とは何ぞや」と愚考を繰り返してみた。もちろんこれは社の人事政策とはまったく別問題であり、私個人の女性観の考察の一環に過ぎない問題である。

で、二〇世紀の女性学の理論となってきたボーヴォワール女史の持論はさておいて、歴史や文化の中で女性がどう見られてきたかを調べてみたが、結果は「不可解」。沖縄には華厳の滝がなかったのは幸いだった。「男女はたまたま同じ地球に住んでいる異星人。テロリストとは話はできるが、女性とは難しい」と嘆く言葉を見つけて、改めて女性の係わる問題解決の難しさを再認識させられた。以下に問題との関連で愚考を記してみる。

一、旧姓使用問題

これは、単に便宜上の問題ではなく「アイデンティティーの揺らぎ」の問題ではないか。生涯、同一姓で通す男性とは違って、結婚して姓が変わるとなると「ちょっと待ってよ」と言いたくもなろう。今年も新入社員の最初の研修で「あんたって誰だ。何者か」と聞いてみると、びっくりしたように揃いも揃ってまず自分の姓名を名乗り、生まれた市町村名（出身地）と卒業大学名を言う。改めてアイデンティティーにおける姓名の重さや誕生のルーツ、成長の過程の重要性を認識させられる訳である。

アイデンティティーの心理学を確立したエリクソンは、人間発達の理論を構築するために「心理的・社会的」条件よる発達論と「ライフサイクル」による発達論の概念を導入したが、「人間の生涯全体を変化していく主体の発達」として捉えたのが特徴と言われる。つまりアイデンティティーは状況の変化に応じて形作られていくもの、というわけである。

で、アイデンティティーの中核となるものは　①自分のルーツに関係したもの　②自分の仲間関係の中での自分の位置づけ　③自分と社会との関係に置ける自分の位置づけ――にあるそうだが、さしづめ「旧姓使用問題」は③と関わる問題と言えよう。つまり結婚という新たな状況の変化に対するこれまでのアイデンティティーの揺らぎとも言える。

結婚という新たな状況への対応には三つのパターンがある。一つ目は結婚したら素直に入籍して夫の姓を名乗る。二つ目は旧姓使用と新姓使用を状況に応じて使い分ける。三つ目は夫婦別姓を通す――である。揺らぎというのは二つ目のそれであろう。どっちを選択しようと、それはそれぞれ女性個人の自由であろう。ただ、会社経営上の問題としては「揺らぎの防止」にはコストがかかるということであろう。ストレス予防費のようなものである。高いか安いかは別として。

二、産休問題

よく入社試験の面接のとき「あんたは結婚したらすぐ辞めるんでしょう」と不躾な質問をする。元気な女性は「そんなことはありません」ときっぱり答える。「職業婦人」としてはそれだけの気概が必要であろう。第一、新聞社のような二四時間稼働している職場では「結婚したから辞めます」では困るのである。特に「女性記者」という職業においてはなおさらである。で、成績や性格、適性などを考えて「男女の区別」なく採用したわけだが、思わぬ誤算があった。

そもそも「女性記者」なんて少々ガサツ者がいいから、採用してもそう簡単には結婚しないだろう。そんな怖い女性と結婚しようという物好きな男性もそう多くはいるまい、とたかを括っていた。ところが立て続けに五人もの女性記者が結婚し、産休を取るという。これにはびっくりしたが、まさに「うれしい」「悲鳴」である。

結婚というのに「流行性」があるかどうかは知らないが、それはともあれ「わが社の女性社員はそれほど魅力があったのか」とうれしく思うと同時に、現場からは「代替要員はどうするのか」の苦情に困惑。「だいたいそんなことも予想せず女性社員をたくさん採用する会社に問題がある」「なぜ男性社員だけがしわ寄せを受けなければならないのか」と正当な抗議を受け、考え込んでしまう。

女性社員が少ない時は、産休を取ってもみんなでカバーできたが、こうも大勢同じ時期に産休を取られるとカバーが難しくなる。どれもこれも私の誤算の結果で申し訳ないと思っているが、その根底には「女性記者とそう簡単に結婚する男性はいまい」という「差別と偏見」の意識があったことを認めないわけにはいかない。もう一つは「試験結果」を重視し過ぎたことであろう。

最近分かったことだが、ペーパーテストに最も必要な言語能力は男性より女性の方がはるかに高いそうだ。統計によると三歳児では、女の子は男の子の二倍以上の語彙を持っているそうだ。国語と英語のペーパーテストが重要な比重を占めている入社試験で女性が有利なのは当然であろう。それに面接でも女性が有利だそうである。男子は自問自答しながら話すが、女性は話しながら考えるそうだし、男性は一日に約三千語の単語しか話さないのに女性はその二倍以上の七千語を話すという。

面接の女性の方がハキハキ、テキパキと話すのを見て、ボソボソ話す男性より「頭がいい」と男性面接員たちが錯覚するのも当然であろう。しかも男性は面と向かっている女性を騙せないが、女性は男性を堂々と騙せるというではないか。女性は感受性が強いが男性は鈍感であるというから、入社試験は断然女性が有利であり、それを知らずもっともらしい顔で入社試験を行っている男性たちが馬鹿とも言えよう。これまた自業自得のコスト高の原因である。

三、携帯電話の使用料

最近電話の使用料がかなり増えている。特に携帯電話の使用料が。そこで携帯電話の使用料を個人ごとに一カ月分をはじき出してみた。男性が約七〇台、女性が八台それぞれ携帯している。結果を見て驚かれたことは使用料の高いベストテンのうち、何と女性が七人も入っている。仕事の量と比例しておればいいが、それとは余り関係ない話である。最高は月に四万円以上も使っていた。偶然だろうか。

「じゃあねぇ」といって、電話を切るかと思ったら、それからまた三〇分も話し込む家内を見て「精神異常だ」と思い込んでいたが（今でもそう思っている）、長電話、長話は女性の一般的な傾向だと知って呆れている。

「男性は電話を事実や情報を伝える通信手段と考えているが、女性はお喋りの手段と考えている」そうだ。確かに自分の経験でも大抵の用事は三分以内で済むし、長くても五分以内で済ませる。電話料金が三分を基準にしているのもそのためだろう。「男性の話す言葉は短く、論理的、単刀直入に要点をまとめて話す」ため、話しているときはあれこれ考えないが、女性の場合は「自分でしゃべりながら相手のいっていることも聞ける」そうだから、ガヤガヤしながら話しができるのは当然であろう。ちなみにアゴの障害は女性の方が男性の四倍も多いそうだ。整形外科は女性で持っているようなものである。

女性に携帯電話を持たせると、男性の四倍もコストが高くつくということである。これを定年まで計算すると男性より一人で数百万円も高くつくことになるが、女性社員がさらに増えると数千万円の額になろう。気が遠くなる。

四、自動車事故

損害保険会社から「新報は事故が多いから保険料率を上げてほしい」といわれ、最近保険料がこれまでより数百万円も値上げされた。調べてみると、これまた女性社員の増加と比例したものであった。大事故は少ないものの追突、接触事故等が多く、その修理費が馬鹿にならない。何でも女性は男性に比べて事故を起こすのが多いとか。

これは右脳の働きの違いで、空間能力は女性より男性が遙にいいそうで、三次元の空間能力のテストでは男性は女性の四倍もいいそうだ。だから空間能力を最も必要とする飛行機のパイロットや自動車のレーサーはほとんどが男性である。三次元というのは距離と時間とスピードの関係である。この距離ならこのスピードで何秒後にぶつかるという判断が、女性にはなかなか出来ないということである。だから動かない電柱や塀にさえ自分からぶっつけていく。この空間感覚に関する限り女性の方が「鈍感」である。したがって渋滞していても近道を探して迂回しようとしない。車線変更もなかなかやらないし、じっと渋滞に耐えている。

こういった空間能力の「劣化」は、特に夕暮れや夜になるとますます強くなるそうだから、外勤職場では「疲労感」がひどくなるそうで、夜は女性の運転する車には乗らない方がいいという。南部支局問題にもその辺が絡んでいるのだろう。つまり男性記者ならそんな問題は起こらなかったのではないか、ということである。

五、セクハラ問題

一番やっかいな問題。女性社員が少ないころは「職場の花」として大事にされてきたが（これ自体差別的か）、現在のように「石を投げると女性社員に当たる」ほど数が増えるとトラブルが絶えない。どっちもストレスが増えて。そもそもセクハラ問題というのは、職場で上司が部下の女性に性的嫌がらせをしてはならない、というアメリカの訴訟判例から世界的に広がったものだが、何をもってセクハラと見るかは「相手の判断による」というからややっこしい。

組合の女性部から「社はセクハラのないよう指導せよ」と注文をつけられ、困惑してしまった。注文は当然のことだが、個別具体的な事例を挙げて注意を促したが、どうなることやら。管理職会議で

「女性に関心を持つな」と言ってはみたものの、どうもそうはいかないのが「男女の仲」。相互努力以外に打つ手はない。女性社員が増えたことによるジレンマである。訴訟でも起こされて負けてしまったら、これまたコストが高く付くことになる。雇用の機会均等というのは、どっちにしろ高くつくということ。

芥川龍之介は言った。「健全なる理性は命令している。—汝、女人を近づくるなかれ—。しかし、健全な本能は反対に命令している。—汝、女人を避くるなかれ—」。

また「女人はわれわれ男性には正に人生そのものである。即ち諸悪の根源である」と言っている。これでやっと分かった。藤村操にならなくて済んだ訳だ。とにかく男女の問題はややっこしい。

六、その他—女とは……。

そもそも、何故に男女間にはかくもややっこしい問題が多いのか。ある種の下等動物は状況によって雄になったり雌になったり変化自在だ。合理的である。なのに神は人間を男女二種類に分けてトラブルを起こし易いように創った。神の悪戯かそれとも失策か。

ボーヴォワールの発想の根源には、多分ユダヤ教の聖典である旧約聖書があっただろう。この旧約聖書を母体に一千年後にキリスト教が生まれ、さらに六〇〇年後にイスラム教が生まれたわけだが、これらの宗教に共通していることは「男女の差別」である。旧約聖書には「始めに神はアダムを作り、その肋骨からイブを作った」と書いてある。問題の出発点はそこにある。なぜ神はそんなことをしたのか。ユダヤのジョークに書いてある。

「なぜ、神はアダムが寝ている時にその肋骨を盗んでイブをつくったのか。それは簡単なこと。要するに神が教訓を人間に示すためだった。盗品はろくなものはないと」

「なぜ、神は最初にアダムをつくり、その後にイブをつくったのか。その理由は簡単。もし女が男の前につくられたとしたら、神は女の希望を聞かなければならなかったはず。そして女の希望を聞いていたら、神は何事もできなかっただろうから」

女性のつくられ方からしてそうなんだから、人類が誕生して以来、世の男性たちが女性を持て余し、恨みつらみ嘆いてきたのもよく理解できる。

あの文豪ゲーテはいう。

女を遇するには寛大になせ。
女は曲がれる肋骨をもてつくられたり。
神もそれを真っ直ぐにはなし得ざりき。
それを曲げんとすれば折れ、捨ておけばなお曲がる。
汝、よきアダムよ、より悪しきことありや。
女を遇するには寛大になせ。
肋骨の折るるは好ましからず。

あの痛烈な皮肉屋ピアスの矢は鋭い。

「女は教会では聖女。町では天使。家庭では悪魔」

「女に美しいと言ってみろ。悪魔が百度もそれを彼女に思い出させる」

「女を見たら顔をほめろ。顔がだめなら着物をほめろ。それもだめなら手をほめろ」

「美貌―それは女性が恋人を魅了し、夫を震え上がらせるために用いる力」

「哺乳類―脊椎動物の一種で、自然状態でその雌はこどもに乳をやるが、文明化し進歩するとこどもに乳母を押しつけるか哺乳瓶を使うかする」

ルフラン曰く「女を良く言う人は女を十分知らない人であり、女をいつも悪く言う人は女をまったく知らない人である」

デューマ曰く「女とは驚くべき存在だ。何も考えていないか、別の事を考えているか、そのどちらかである」

バーナードショウ曰く「良識を求めることのできない人間、それは恋をしていない女」＊わが社にもそんな人がいる。恋をされても困るが……。

バトラ曰く「命と引換えに金銭を欲しがるのは強盗だが、女はそのどちらも欲しがる」

ルソー曰く「男は正しい行為をしている限りただ自己に頼ればいいが、女は人の思惑のほうが事実がどうであるかより重大である」「男は知っていることをしゃべり、女は人に喜ばれることをしゃべる」
＊女との議論は難しいのは当然だ。
ワイルド曰く「男は人生を余りに早く知りすぎ、女は余りに遅く知りすぎる」

オー・ヘンリー曰く「一人でいる時、女たちがどんなふうに時間をつぶすものか、もしそれを男たちが知ったとしたら、男たちは決して結婚なんかしないだろう」

チェスターフィルド曰く「女は一〇才で天使、一五才で聖者、四〇才で悪魔、八〇才で魔女」「女たちは実際のところ二つの情熱、虚栄心と愛情しか持っていない」

＊とすると、わが社には悪魔しかいないのか。悪魔は微笑むこともあるし。

女性の特性を定義した言葉はまだまだたくさんあるが、要するに世の男性たちがいかに女性たちを持て余し、苦労してきたかを示すものであろう。神様も罪なことをするものだ。しかし、不幸中の幸いというか、これらのほとんどは西洋の女性たちのことであり、沖縄の女性たちにとっては他人事といってもいい。なにせ沖縄の女性たちは、〝うない神〟たちであり、男たちは西洋と違って「ソーキブニ、タランヌー」として女性たちに軽蔑されているからだ。

キリスト教の伝来と共に旧約聖書のアダムの神話を取り入れて男たちを揶揄した沖縄の女性は偉いというべきか。ともあれ、わが社で現在起きている問題を通じて、男女の違いを考えてみる事も無駄ではあるまい。疲れた。

（一九九六年）

『外国人来琉記』発刊に当たって

サミットの沖縄開催を機会に、山口栄鉄沖縄県立看護大学教授の編著による『外国人来琉記』を出版することになった。政府の沖縄開催決定から一年余の短期間で、極めて困難なことだったが、山口先生はそれを快諾され、出版にこぎつけることができた。まずもって、先生のご好意とご尽力に感謝申し上げたい。

琉球新報社が、沖縄の国際交流の歴史について出版するのは、一九六九年に復刻出版した東恩納寛惇著『黎明期の海外交通史』に続くものである。同書は、日本本土やアジア諸国との交流を記したものだが、今回は西洋人が見た「琉球」の記録翻訳を詳細に収録し、概説している。ウチナーンチュの自己認識に不可欠な書とも言えるが、読み物としても面白い。

琉球新報社は、一五年前「世界のウチナーンチュ」を二年間にわたって連載したが、企画の示唆に須藤利一訳著の『異国船来琉記』（一九七四年、法政大学出版局）があった。今回の外国人来琉記もそれと類似したところもあるが、ウチナーンチュが自ら概説した点で異なる。読んで感ずることは、西洋人の見たウチナーンチュ像が、本土側のそれとかなり違うことである。それは本土対沖縄という惰性的な思考の基軸を無力化し、ヤマトの呪縛《じゅばく》を解き放してくれるほどの力を与えてくれる。

沖縄サミットで世界が沖縄をどう見、沖縄が世界へどのようなメッセージを発するか、『外国人来琉記』と比較してみると、興味は尽きない。ぜひ一読をお願いしたいと思う。

（二〇〇〇年　山口栄鉄編著『外国人来琉記』序文）

なぜ新報社はそこにあるのか
――天久移転の経緯――

琉球新報社の戦前、戦後の移転の歴史については、社史を読めば分かることだが、なぜ移転したのかについて時代状況との関連で記述されたものは少ない。しかし、そこには〝発掘論〟だけでは片付かない新聞社の置かれている状況や経営上の問題など様々なドラマがある。新聞の歴史を知る上でも必要な事と思われるので、現在の社屋移転新築にタッチしたものとして、その概要の一部を記してみたい。

一、問題との係わり

「あんたは、会社を潰したり、建て直したり忙しい人だな」。ある友人から痛烈な皮肉を言われたことがある。会社を潰したとは、あの六九春闘の大争議（当時労組委員長）のことであり、建て直したとは新社屋を建設したことである。

なぜ私がこの問題と係わるようになったのか。それは「ひょうたんから駒」のようなものだった。一九九二年四月、私は事業局長から浦添支局長へ前代未聞の配転辞令を受けた。人事権は会社にある―との確認は六九春闘で確認しているのでそのまま赴任した。会社のいい分は「西原町に印刷工場の敷地を買ってあるが、農振地域なので町当局と交渉してそれを外させてくれ」というものだった。

ところが一年もしないうちに、親泊社長から「本社に戻って活性化委員会の仕事を手伝ってくれ」と言われ、怒って拒否した。そしたら浦添支社長（途中から支局を支社に格上げした）を兼務でやれとのことで、活性化本部の事務局長をするようになった。

活性化委員会が設けられたのは、バブル崩壊で経営が急速に悪化したため、会社再建に必要だということであった。浦添支局長の辞令から二年後、総務局長の辞令を受け、取締役になってしまった。正にひょうたんから駒である。経営危機というひょうたんから。

活性化委員会の本部事務局には嵩原久俊さん（現副社長）、謝花良広さん、金城紀春さんがスタッフとして入り、会社再建のための、活性化五カ年計画を立てることになった。その中の重要な柱が新社屋の建設。新輪転機の導入。三七〇人体勢の構築などであった。

二、用地探しに奔走

泉崎の本社ビルは耐用年数が終わりに近づいているし、特に輪転機は耐用年数をとっくに過ぎていて移転新築は急務であった。事務局では用地設定条件として①安い価格②一定の面積③地形（地質）

④交通アクセス—の四項目を決め、売るという情報のあった一二カ所を嵩原、謝花、金城と私の四人で徹底した現場検証を行った。
皮肉にも最初に用地として不適当と判断したのが西原の土地だった。比嘉辰博さんと私で平安西原町長を訪ね、農振地域から外させたものの、交通アクセス、地形などから難点が多く断念した。

用地売却の具体的な話が持ち込まれたのが、新都心整備事業を行っていた都市整備公団からのものだった。場所は現在の県立博物館の向いの一等地。後ろにあるNHK敷地が坪六〇万と聞いていたので五千坪を申し込んだら相手がびっくりして三千坪にしてくれといわれた。公団の宣伝パンフに「新聞社用地」と書かれていた。宮里社長と共に上京、公団の副総裁に会い、協力を要請したこともあったが、価格が坪二四〇万円と聞いて断念。安い土地として現在の沖縄タイムスがある敷地を紹介されたが、これも坪一八〇万円ということで新都心への進出を断念した。

三、天久に敷地を決定

あれこれ思案している時に出てきたのが現敷地の情報。南進エンジニヤリングの上里貞夫さんからのものだった。土地は宝観光開発合資会社（高良定尚代表社員）のものだったが、バブル時に佐川急便が坪三百万円で買う話があったが､例の佐川急便事件で話は立ち消え。バブルが弾けて時価は急落。しかも土地保有税が課され、売却に至った。

価格は坪一〇〇万円の打診があったが、私は八〇万円を主張した。それで合意したが、最大の難問があった。それはその土地に数社で百数十億円の抵当権が設定されていることだった。それを外さなければ建物は建てられない。その交渉に乗り込んできたのが百億円もの抵当権を設定していたオリファンドの社長と常務だった。東証第一部の上場企業である。坪八〇万では納得できないという事だったが、私は譲らなかった。

ノドから手の出るほど欲しい土地だったが、断念した西原の土地を持ち出し、「用地は確保されているので八〇万でなければ買わない」と主張したら、オリファンドの社長がニヤッと笑った。心の中で「勝った」と叫んだ。薄氷を踏む思いの一時間足らずの交渉だった。かくて新報社の敷地が現在地に決まったのである。

（二〇〇九年三月六日　『琉球新報社友会報』）

3

行く川の流れは絶えずして

未だ天命を知らず

来年（一九九九年）は還暦。孔子に言わしむれば、不惑を過ぎ、天命を知り、やがては耳に順う年齢であるが、俗人の僕にとっては未だ天命を知らず、理想と現実のはざまで右往左往しているのが実態である。孔子も「十有五にして学に志す」と言っていることから、学に志した年代は高校時代のわれわれの年代とほぼ同じ時期と言える。

が、スタートが同じ年代でも五十代にして天命を知るか否かでは雲泥の差。そもそも孔子と自分を比較することが元々間違いであるが、「馬齢」を重ねるとはよくぞ言ったりである。

とは言っても、還暦という時間の長さは、僕のような人間が「青春の思い出」を語るには手頃な時間帯とも言える。よく「酒を飲みながら昔の思い出話をするようになると年を取った証拠」といわれるが、僕にはまぎれもなくその症状が現れており、致し方ない。と言う訳で、取り留めのない思い出話をいくつか……。

「青春の思い出」と言えば、大体「甘美な追憶」と相場が決まっている。

時間というのは不思議な濾過機能を持ち、どんないやな思い出でも甘美なものに変えてしまう。それはクース（古酒）の生成過程に似ている。ただ、口当たりがよいからといって、飲み過ぎると翌日は悪酔い、二日酔いといった塩梅で、ろくなことはない。

思い出その一

イモと裸足の田舎者が高校に出て来て一番印象に残ったのは、都会（四カ字）の高校生のあか抜けした風貌だった。どの顔を見ても、頭が良さそうでスマートだった。強そうで怖くもあった。O君やA君、G君等の柔道着の白さが眩しかったし、T君（故人）等のテニス姿がカッコよかった。K君やN君ら陸上選手の活躍も印象的だった。

女性徒では、YさんやIさん、Uさんらが、いまでいう「女番長」みたいで怖かった。文学少女もかくやあらん、と思ったのがSさん、Nさん、Mさん、Tさん等。男女ともみんな格好よく、憧れの的だった。劣等感は青春につきものであろうが、特に僕の場合それが強かったように思う。

でも、中にはダサイ者も居て、ほっとしたものである。その典型は名嘉地安男君や石垣久雄君、藤崎長義君らで、親しみを覚えたのはいうまでもない。いまもって悪口を言える友人となっている。田舎青年特有の僕の劣等感を救ってくれた恩人というべきか。

名嘉地君や上原正秀君の家でイモを食うのが極めて現実的で楽しかったことや、石垣君があの顔で「わが恋の君に知らばやうつせみの恋の間垣を越えずともよし」と情熱を込めて吟唱していたのが忘れられない。この詩が正しいかどうか定かでないが、そう覚えている。

また、M君らにすかされて生徒会の園芸部長になり、副部長の常深さんと二人で黙々と花園を耕していたことや、僅か一セントか二セントの生徒会費の値上げに一人反対したことなどが印象に残っている。生活次元の思い出にろくなものはない。

思い出その二

高校時代で特筆すべきことは「知」の世界が急激に広がる時期だということであろう。人生で直面する基本的な問題は高校時代に感づき始めているといっていい。そしてその多くは、教科書を越えた先生方の情熱的な教授に触発される面があるように思う。

例えば、居眠りしたくても居眠りさせない屋部憲弘先生の国語の授業。

黒板を叩いて「業だ宿命だ」と声を張り上げられては「何?、ごう?」と考えざるを得ないし「真」だ「美」だと言われれば「何だこれは」と悩まざるを得ない。この悩みは、やがて宗教とか哲学の世界へとわれわれを誘い、平良信勝先生を煩わすことになるが、初めて知る問題だけに新鮮であった。英語の授業の「Be 動詞 + ING」はすっかり忘れたが「信仰と救済」「存在と無」「原罪と業」などは、いまもって鮮明に記憶に残っている。

また漢那用全先生の化学や数学の授業は、ある現象（事象）や事態の変化を数式で表すことができることを教えたし、石堂孫徳先生の幾何学の授業は知の世界を宇宙まで広げてもらった。これらの授業が後の自然科学や社会科学の勉強にどれだけ役立ったか知れない。いや現在の仕事においても高校時代に得た基本的な知識は大いに役立っている。

青春時代の思い出に友情と恋愛はつきものだが、そんなことを語る場でもないので割愛するが、ともあれ多くの恩師や友人に恵まれ「十有五にして学を志し」たものの、未だ天命を知る能力もなく、日常性に埋没しながら馬齢を重ね、還暦を迎えようとしているきょうこの頃である。開き直って、天命を知らぬは長寿の証として「思い出を語る」ことにしたい。二日酔いしない程度に。

（一九九八年、八重山高校一〇期生卒後四〇周年記念誌『青春残影』）

行く川の流れは絶えずして

あれから五〇年。流行り言葉でいえば人生も「賞味期限切れ」の年代になった。この歳で「八重高行進曲」を声を張り上げ歌うのも、ささやかな老いへの抵抗であろう。山の彼方の─といっても、涙さしぐむのが関の山。燃ゆる思いとか、沸き立つ血潮ともなれば、心臓マヒか脳いっ血だ。やっと己の無知を知るのが相場ではないか。「朝に道を聞かば……」という言葉もあるにはあるが、知に働く能力も、情に棹さす志情も、意地を張る気力も、こうも衰えては日暮れて道遠しである。でも老いを嘆き、不安がることもない。後に認知症という天の摂理がある。

それにしても人間とは不思議なもの。自明のようでありながら、その存在の主体たる己がよく分からない。「汝自らを知れ」といっても知りようがない。禅に「心こそ　心まどわす心なれ　心に心心ゆるすな」という言葉がある。どの心が己なのか。「我思う　ゆえに我あり」と開き直るしかない。若者の自分探し、アイデンティティーの揺ぎもむべなるかなである。

では、高校時代は己の存在にとって何だったのか。それは知の芽生え、自我意識や恋の目覚めの時期だったように思う。

僕は宮良の出身だが、村の西はずれにある急な坂道で、バスやトラックの来るのをよく待った。排気ガスを吸うためである。あの芳しい匂いは自然界にはない文明の匂いであった。シンナー少年の走りである。高校に入って、化学の授業で漢那用全先生から芳香族炭化水素?の燃焼の話を聞き、その匂いの正体を知って驚いた。物事の因果関係、論理的思考への関心を強く持ち始めた。知識は文明であった。

自我意識の目覚めといえば、平良信勝先生の啓発が大きい。先生は英語の担任だったが、そんなものには全く興味がなく、先生の家の裏座で哲学や宗教の話を聞くのが楽しかった。その煽りで、人間とは、自分とは―を知るために、夜中に葬式の済んだばかりの墓や薄暗い洞くつの中で座禅を組んだり、数日も断食をして、気が狂ったと思った母親をユタに走らせたりもした。また、三木健と二人宮良湾の岩の上で星空を見ながら一晩中「人生とは」と語り明かし、翌日に三木のお母さんにさんざん叱られたことも。

恋は盲目であることも知った。理由もなく勝手に好きになった彼女がいた。一目見たさにある日、彼女の家の石垣に登って中をのぞいていたら、後から犬に吠られ、思わず転げ落ちたら犬もびっくりして逃げていった。今でいうストーカーである。彼女にも犬にも申し訳なかったと思っている。

高校時代の体験は、その後のものの見方、考え方に大きく影響している。川の流れの如く過ぎ去ってしまったが。洋々たる銀河の流れを見ていると、人生も楽しいではないか。

（二〇〇八年八重山高校一〇期生会卒業五〇周年記念誌『山の彼方に』）

物事の関係性を教わる

漢那用全先生。忘れ得ぬ恩師である。八重山高校時代、物理、化学、数学の三教科を教えてもらったが、わたしは教科そのものよりも、「ものの見方、考え方」に大きな影響を受けたように思う。

私は宮良村出身の平凡な生徒で、なぜか国語や英語、社会科などが嫌いで、理科や数学が好きだった。だから漢那先生の授業は楽しかった。

今年（二〇一〇年）のノーベル化学賞の受賞ニュースに出てくる有機化学、触媒、合成、分子式などの言葉は、すべて漢那先生から教わったものであった。五〇年以上経っても、その言葉を記憶しているということは、それが生きた知識であったと言うことである。私は先生の授業から物事の「因果関係」を「分析」し、結果を「論証」するという「方法論」を学んだが、それは「物事を関係性において捉える」ということだった。何が問題なのか、何が分からないのか、何を知りたいのかなど発想は物事を知ることの基本的、論理的作業の不可欠な要素であるが、先生からそのことを学んだということである。皮肉にも嫌いだった新聞記者という文科系の仕事に就いたが、複雑な政治や経済の取材に、この方法論が大いに役立った。これまた生きた知識であった。
ここで思い出話を。宮良村の西はずれには勾配の急な坂道があった。バスやトラックでもこの坂を登る時はマフラーから大きな音と排気ガスを巻き上げて苦しそうに登った。
その時、排気ガスに自然界にはない「いい匂い」があることを発見し、坂の途中でバスの来るのを待ってバスを追いかけて排気ガスを吸って喜んだ。それはまぎれもない、「文明の匂い」であった。そのことを先生に聞いてみると、それはガソリンが燃焼する時に排出される「芳香族炭化水素」？という物質であることが解った。その時、オクタン価という言葉を教えられ、ガソリンの燃焼効率をよくするため鉛が加えられることも知った。現在の排気ガスが臭うのは、鉛が多く含まれているからであろう。学問ってすごいなと思った。
もう一つの思い出は、先生から東京天文台編纂の『理科年表』をもらったこと。この本は一九五五年に丸善から出版されたもので縦一五センチ、横一〇センチ、厚さ三センチの分厚い小型辞典のような本で、天文・気象、物理、化学、地学、数学などの基本データがぎっしり詰まったデータブックである。科学者にとっては必携の貴重なものである。表紙の裏に
根舛安昇君へ　一九五八年一月二一日　漢那用全
と書いてある。私の旧姓は根舛であった。なぜ先生が貴重な本を私にプレゼントされたか今もって解らないが、多分「変な質問」ばかりするので説明するのが煩わしく、これを見て自分で考えろ、と下さったのであろう。今も大事に持っている。

（二〇一〇年　漢那用全先生を偲ぶ会）

傷だらけの人生

何やらことありげなタイトルだが、何のことはない、最近考えている人間についての雑想である。エッセーなんて上品なものではない。

人生七〇古来稀なりという。いま、私たちは稀な人生を生きているわけだが、いまもって解らないのが人間とは何かということ。青春時代から考え始めたテーマだが、自分かってな回答さえ見つからない。

昨今、友人や知人が相次いで冥土へ旅立っていることや、自分をはじめ多くの人があちこち手術をしたり、入院したりしているのを見るにつけ、自分のようなぼんくらでも、改めて人間とは、人生とはと自問自答をせざるを得ない。

しかし、結果はメビウスの輪の上を「夢中」で走り続けているようなもので、正解の分からない問題に一生懸命取り組んでいるのに「時間ですよ」と答案用紙を取り上げられ、白紙のまま提出せざるを得ないようなものになってしまう。〝ああ無常〟である。

以下は書いては消し、消しては書く無残（惨）な答案用紙のコピーのようなもの。書いている本人が分からないのだから読む人はよけい分からないだろうが、分からないのが人生だからお許しを。

まず第一に分からないのは、人生そのもの。辞書によれば、人生とは「人がこの世で生きること」「人がこの世で生きている間」とある。

生きるとは「生物が生命を保つこと、生存すること」だそうだが、分かったようでさっぱり分からない。この世というなら、あの世もあるのか。生きている間だというなら、いつからいつまでか。生まれて死ぬまでをいうだろうが、生まれるとか死ぬとかの定義がはっきりしないだけに、これまた分からない。

一八七一年（明治四年）に制定された戸籍法によって、出生届や死亡届が義務づけられていることから、人が生きている期間とは、出生届から死亡届の間であろう。

しかし、人間の年齢を数えるのに、いまだ数え年とか満年齢とかまちまちであることでも明らかのように、人間の生命をいつからにするかは明確ではない。人の生命活動は受胎した時から始まっているわけだが、国家の便宜上、法的には出生（出産）からとなっている。人間が胎内にいる間は「モノ」に過ぎない。したがって胎児には人権はない。昔の「間引き」や現在の「人工中絶」には殺人罪は適用されないわけである。死亡届には、必ず医師の「死亡診断書」が添付されなければならないが、これには必ず死亡時刻を記入することになっているものの、これまた死の定義がなく、極めて曖昧である。死亡診断書のない死体は、誰が何といおうと、警察が解剖して死因を確かめる。火葬場でも受け付けない。

これまで医師は①自発的呼吸が止まる、②心拍が止まる、③瞳孔が開く——などを基準に死亡を判定していたが、臓器移植法の立法過程で「人間の死とは何か」がさんざん議論され、死の定義がなされないまま「脳死状態の患者からは臓器を移植することができる」ことになった。脳死状態で他の臓器が生きて（動いて）いても、それを解剖して他人に移植できるというわけだ。人を生かすも殺すも法律である。

つまり人生の始まりと終わりは法的に決められるものであって、人々が倫理や宗教によって勝手に決めるものではない。決められるのは、その人の人生観によって生きる方法を選択できるということだけである。

第二に解らないのは、身体と心の関係。ふつう、死ぬとは心身共にこの世から消えてなくなることと考える人もおれば、死ぬとは肉体（身体）から心（霊魂）が離れることと感ずる人もいる。肉体はなくても霊魂は永遠に存在すると。現世の戸籍上の名前を戒名に変えて鬼籍に載せるのもそのひとつである。

ところがこの心とか霊魂とか精神とかいうのがやっかいなもので、あるともいえないし、ないともいえない抽象的な概念であり、信ずるか否かの論証できない問題ときているから疑問だらけで、結論は「解らない」。

禅の問答で「心こそ心まどわす心なれ、心に心　心許すな」という言葉がある。どれが自分の心か分からない。心とは人間の精神作用の本になるもの、またその作用といっても、心自体が弁証法的に変化する（動きまわる）のだから、自分で自分をとらえられない。

「汝自らを知れ」といったって知れるわけがない。しかも死んだら神にされたり、仏にされたり、天国に行ったり地獄に行ったり、「住所不定」の動きをするのだから、心とか精神といってもさっぱり分からない。往生といって片道キップで、あるかないかも分からない「あの世」に往ってしまうのだから、あの世がどんなものか聞くわけにもいかない。

最近は脳科学の発達によって、心とは脳の働きだという人もいるが、では昔からいわれている「心とは知・情・意の働きを総合したもの」の関係性をどう証明するか、簡単にはできない。脳が発達する前から動物としての人間は存在したのだから身体あっての脳であり、脳あっての身体ではない。進化論的に見れば、精神（心・霊）あっての肉体ではなく、肉体あっての精神である。実際、肉体には脳の命令では動かない自律神経というのがあるのではないか。脳といっても肉体の一部にすぎないのではないか。とはいっても自分で自分を知るのは脳の働きであろう。それでも人間の生死の関係は解らない。人間は、何百人の死亡診断書を書いた医師でも自分の死亡診断書は書けないのだから。

ところで、釈迦のいう仏教では、人間の存在には「四苦八苦」の苦痛があるという。とりわけ生老病死という四苦は人生そのものであり、人間として存在すれば、この四苦からのがれられないという。これこそ「業だ、宿命だ」である。キリスト教にも「贖罪」という言葉があるが、仏教とかイスラム教の人間のとらえ方は違う。どの宗教も「救済」をいうことでは一致するが、いずれも「信じよ、されば救われん」である。信じないものは「罰当たり者」か。人間はどの宗教を信ずるにしても「傷だらけの人生」を生きる以外に生きようがないように思う。人生を生死の関係で見るならば孔子がいうように「いまだ生を知らず。まして死をや」という感じの昨今である。誰かがいったように「さよならだけが人生だ」ということか。

（二〇一二年一一月『八重山高校一〇期生名簿』）

時代を生きる

漢字の発明は、干潟に残された水鳥の足跡を見たからだという。文字によってものごとを記録するようになって、人間は有史時代を迎えるが、古代人の貝塚にしろ恐竜の化石や水鳥の足跡は、別に意図的に後世へのメッセージとして残したものではない。単に生きていた証を残しただけの話。しかし有史時代に生きている人間として、何かを書き残すことも生きていた証の一助になる。

戦前に生まれ、戦中戦後を生きてきたわれらが世代は、戦争世代として象徴的存在であり、何かを書き残す意義は大いにある。

テレビでアフリカや中近東、東南アジアの貧しい国の子供たちが学校にも行かず、裸足で薪取りや水汲みなど親の手伝いをしている姿を見ると涙する。幼い頃の体験があるからだろう。我らが世代を総称的にいえば、貧困、飢餓、生死だったといえる。

〝イモと裸足〟とはよく言ったものだ。僕の足の十本の爪のうち無傷なものは中指の二本だけ。靴や下駄も正月だけ。小学三年生から野良仕事に馬で薪取り。勉強など二の次で高校、大学の受験勉強などしたことがない。

八重高一〇期生の中で僕が一番変わった点があるとすれば、八重山にいる家畜はほとんど屠殺しているということだろう。牛、馬、山羊、犬、にわとり、あひる、何でも殺した経験を持つ。これらの屠殺の仕方だけで一冊の本ができる。大浜中学から宮良に帰る途中、宮良湾で潮干狩りをしながら帰るが、浅瀬でミジュンの群れが取り残されているとＨＢＴの鞄の中に魚を詰め、本や帳面は浜かずらでしばってかついでいった。

まず生きることが当たり前だった。この生き方は、自分で考えて行動するという習性を今に伝えている。

（二〇一五年一一月、八重山高校一〇期生喜寿記念誌『源遠流長』）

独演会に寄せて

新垣範さんが、八重山舞踊勤王流教師の免許を授与され、自ら舞踊研究所を創設してから六年余になる。以来、毎年のように研究成果を公演し、多くのすばらしい弟子たちを育成してきた。その情熱と努力に驚嘆する。

若い頃、「若者たち」という歌をよく歌った。「君の行く道は　果てしなく遠い　だのになぜ何を求めて　君は行くのか　そんなにしてまで」。範さんの生きざまを見るとこの歌と二重写しになる。

教育一筋に生きてきた範さんが、退職後なぜこれほどまでに八重山舞踊に心血を注ぐのか。そこには余生という発想はない。古希を過ぎた同い年の僕から見れば、それは「暮れてなお　命の限り　蝉しぐれ」の感であり、芸能への情熱というより人生哲学の問題だ。

では、範さんが一途に求める八重山舞踊の心とは何か。舞踊は詩歌《うた》に振り付けを行って詩情を体現するもの。大事なことは詩情をどう感じ、どんな技法で表現するかである。

八重山民謡の原点は、ユンタ、ジラバにある。それは島の人々の生活の歌であり、命の叫びであった。沖縄から三味線が伝わって節歌が出来たが、その本質は変わらない。初めてトバラーマを聞いた賀川豊彦は「これは万葉集以上の世界的な抒情である」と讃嘆した。万葉集は技巧的な古今集や新古今集と違い、読み人知らずの庶民の素朴な歌が多い。ユンタ、ジラバを開いた田辺尚雄も「楽器を使わず百姓たちが野良でコーラスをやっているのは八重山とロシアだけ」と感嘆した。八重山民謡は八重山の文化そのものである。

勤王流は宮廷舞踊の技巧を八重山舞踊に伝えたが、いくつかの事例を除いて古典といわれるほど定型化はされていない。まだ創作する余地は十分にある。範さんの故里への思いが八重山舞踊の新たな境地を切り開くことを期待してやまない。命を燃え尽くせ！

（二〇一三年六月、プログラム『八重山ぬ想い・踊る掛けてぃ』）

4 書簡

さみしきかなわが青春

懐かしいK子さん。はるか南国の空からお便り致します。すみきった空、ゆったりと流れる白雲、紺碧の海、浮草のような緑の島々、すべてが美しい。自然にめぐまれた生活が幸福の人生を送らせてくれる。

黄昏——美しい夕やけ雲、どこえ行くのか、爆音を残して遠く南へ飛び去る飛行機。その音が僕をたまらない淋しさへ追い込む……。やがて南国の空にもダイヤのような星がまたたき始める。

そんな時、私は思い出す。母や妹の住む故里を。そして高校時代の楽しかったこと。今では別れ別れになった友の事を。親しい友と別れて今では一人ぼっち。しかも故郷を離れてこれほどさびしいことがどこにあるでしょうか。荒野を一人さまよってるようなものです。その中にあって、友を求め……愛を求めて……あてどもなく、私の人生は過ぎ去って行く。あゝ、何んと人生はこれほどまでいやなものか……思うだけで苦しくなる。……さびしく、そして悲しい。

自然は美しい。そしていつも私の心をなぐさめてくれる。しかし、人間社会の何といやなことか。

人間の本質というものがますますわからなくなってしまう。K子さん、そんなことなど書いてすみません。あなたを信頼しているから、本当のこと書いたのです。あなたと別れて二ヶ月余、一度もお便りせず誠に申し訳ございません。今更いい訳しても無駄でしょうけど、その辺へ筆を向けてみます。沖縄へ来てから一日も早くお便り致す積りでおりましたが、あなたの住所を書いてあるサインノートをMさんが持っていて、住所を聞くにも仕方がなかったのです。そしてN子へ手紙出してあるけど一度も返事下さらないの。本当にがっかりしています。

ところが、この前Hさん達の所へ遊びに行ったら、偶然にもサインノートをめくっているうちに、あなたの住所をみつけ出したのです。（Y子さん、Sさんの三人で間借しています。さびしいので毎週土曜日にはそこへ遊びに行くのです。）それでこうして、早速、手紙を書いています。これが遅れた理由です。お便りの。

ここらで私の毎日の生活を少しばかり綴ってみます。学校は毎朝八時半から始まります。学寮は近くにあるので、鐘の音で遅刻などしません。寮での室は三階なので、上がったり、おりたり、たいへんんです。朝は五時に起きます。夜は十一時迄。

食事は寮の食堂で取ります。量が少ないので、残飯で補っています。残飯といっても、他人の食べ残りではないんです。大きななべから入れてくれますので、残る時が多いので、それを食堂のまん中に置いて、ほしい人だけでたべるのです。

始業時の鐘はあの有名なロンドンのビグベンの鐘の音と全く同じです。首里の高台から、澄み切った大空に響きわたるとき何となく気持がいいです。

時間割は午前中にとれたので幸いに午後からは毎日アルバイトに行っています。家から全く送金がなく、心細いところもあります。覚悟の上で来たのですけど。出発の際に母から三千円（注・B円）もらってそれっきり。船賃、入学金、四月分の食代支払うまで、一銭も残らない。心配し始めた。それで全く知らない人のうちに「当ってくだけろ」という訳でアルバイトを求めて行ったら、そこの主人がいい人で、そこの下男にしてもらった。一ヶ月に千五百円もらいます。これで家からの仕送りしなくてもやって行けるようになった。

仕事はねー。めしたき、そうじ（雑巾がけ）。買い物。洗濯……つらいけどね。母に苦労かけずに勉強できるという喜びがありますので、大の男が、こうして働いているのです。

こんな私、いやですか。私、あなたに少し好かれたいけど……？この前、市場に行かされた。はずかしかったけど。誰も知っている人がいないから、思い切って行ったら、あっちこっちから呼び止められ「私のもの買って下さい」というのです。まごついてしまったが、てさげも赤いものなので早く買って帰らなくちゃ知っている人にでもみられたらと思って、とにかく買って逃げるようにして帰った。

めしたき場は、屋根裏にあるので、めしたきながら本もよめます。しかし、この前みつかってしかられた。でも今では家族みたいに可愛がってくれます。

都会？へ出て、最も大きな精神的打撃を受けたのは、こじきを見たときです。貧富の差がはなはだしい。そして人々があまりにも冷たすぎる。私には都会は本当の人間の生活するようなところではないように思われる。利を求めて狂った人々が集まっている。そして、つまらぬものを求めて、満足している。そして、それらの犠牲として。そこに苦しんでいる多くの人が生きている。生存競争に負けた人々が……。

ダーウィンのいう自然淘汰の法則にしたがって……その人々を見るたびに私の心は重々しい苦しみと悲しみとに沈む。そして人間の本質について再考を迫られる。しかしその解答はどこにもない。私の心は混乱するばかり……。

今では人々の顔をみるのもいやになって、人間ぎらい？になってしまった。映画に行くのもいやでたまらない。しかし、すべての人間に対していやな感じを持っているのではない。人間らしい人間をみつけたとき全く知らない人でも、飛んでいって友だちになりたい気持です。

実際今度、全く知らない人だが、友だちになった人がいるんです。それが一つ年下の女のかたです。よい人だったから友だちになりました。しかしそれが本当かどうかはっきり知らない。愛を求めてさまよっていたので……。しかし、それも本当かどうか知らない。とにかく都会へ来て人間について、考え直さねばならなかった。（以下略）

（一九五八年六月）

運命とは不思議なもの

Ｋ子さん、人工衛星が初めて地球を廻りはじめてから早一ヶ年余。去年の十月四日は、人類にとって記念すべき宇宙への第一歩がソ連によってなされ、世界の人々が驚異の目でさわいでから一年余。早くも十一月となり冬のおとずれが間近になりました。なんて改まったりして、おもしろくないですね。

もう雪も降り始めていませんか。雨より雪のほうがいいじゃないですか。こちらでは毎日小雨模様の天気で道がぬかるみ、いやです。やっぱり改まって書きましょう。そこの部分だけ。冷たい北風が戸のすき間から吹きこむたびに、ふとんの中へますますもぐっていきます。もう六時だのに。うす曇った天気。私を憂欝にし、ますます孤独の境地へ誘いこみます。そして遠い昔を思い、あるいは瞑想にふけさせます。夕方になると屋上から遠き海の彼方に目をやりながら故里の母や妹、いにしえの友のことなど考え一人たまらない淋しさにぼんやりと立ちづさみます。のびた髪が吹く風にみだれて顔をおおいます。生きることが切なくなります。感傷的なことばかり書いてすみません。これまで一度だってあなたに明るい手紙を出したこともなく恐縮致しております。お許し下さい。

私の近頃の状況をお伝え致します。

二学期になってアルバイトをしないで済むようになってから、多くの時間を読書致しております。アルバイトせずに済むという理由は一学期にしていたアルバイト先きの人が、二学期間はただで私の学費を援助して下さるそうです。（毎日十ドル＝千二百円（B））。人間の運命とは不思議なもの。全く見知らぬ方からこうして勉強させてもらうとは。どうにか生きている中に新しい道が開けてくれるものですね。それで今は勉強に一生懸命になっています。

近ごろ私の読んだ本でよかったのをあげますと、長塚節の「土」、武者小路実篤の「友情」「愛と死」、阿部次郎の「三太郎の日記」。そして最も感銘した倉田百三の「出家とその弟子」、「歌わぬ人」等です。（先生という敬称をはぶきましたから悪しからず）。そして今、「愛と認識の出発」を読もうとしております。長い間、読書に飢えていた私は、手当たり次第何でも読んでおります。それで多くの時間を図書館で過しております。

ところで、あなたの家では台風の被害はなかったとのことでなによりです。本当に不幸な人々には心から同情致します。もう試験も終った頃でしょうが、どうでしたか。授業を遅れたとのことですが、成績にさしつかえなかったのでしょうね。内地では、九月一日から衣更えとありましたが、こちらでは十一月一日からです。二ヶ月もずれるわけですね。

こちらでは年中、野山は青々として季節の変化がはっきり致しません。その点内地は季節の変化が明瞭でうらやましい程です。美しく色づいた山々はどれほどきれいでしょう。想像するだけで内地に居るような気が致します。（想像力？だけは案外発達？しています）。

約束の紅葉が一日も早く届くことをお待ち致しております。「夕空晴れて秋風吹き、月影おちて……」。イチョウ、ナラ、カエデ、その他モミジ等たくさんお送り下さい。もうすでにその匂いがするような気が致します（以下略）

（一九五八年一一月）

友の自叙伝に思う

安室肇様。貴重な自叙伝ともいえるご本読ませてもらいました。ありがとうございます。感想を一筆書きます。

戦後、沖縄教育の現場と教育行政の最高責任者の経験をふまえた本書は、ある意味で戦後教育史そのものであり、史料価値のとても高いものとなっています。特に戦後教育の再興をめざして努力なさってきた安室さんの足跡が見えて、八重高十期生の一人として、とてもうれしく思いました。

本書は、時系列的な「教育雑感」として書かれていますが、本格的な「教育論」として書かれても、いい内容の本になるだろうと思います。安室さんの教育思想は、「日曜論壇」や「生徒がやる気を起こす環境づくり」「語学教育」「学校の組織体制」「教員研修の在り方」などの記述にうかがえますが、これらの問題はいまなお論じつづけられている問題であり、改めて一書にまとめても本格的な教育論になるテーマです。

沖縄で初めて「情報処理教育センター」を立ち上げたことも、極めて今日的な教育のテーマであり、時代の進化と教育の対応を示す重要な問題です。とりわけ職業教育との関連で。昔は農林高校とか商業高校しかありませんでしたが、コンピューター教育というのは、それに匹敵する重要な教育分野の変化です。

本書の署名「生涯かけて目ざすものをもて」となっていますが、それは若者たちへの呼びかけであり、あなたの教育論の〝核心〟なるものです。であるならば、その視点から、自分の経験（体験）を踏まえつつ、若者向けのメッセージとしての一書を書いてみるのもいいかと思います。

その他、二、三感想を書きますと、

一、父母のことをもっと書いてほしかった。

馬を見れば飼い主がわかるといいます。子を見れば親が分かるというものです。孟母の三遷がその典型です。

あなたのお母様が生涯をかけて目ざしたものは、子どもを育て教育することでした。あなたのようなすばらしい子どもを育てた母親のことをもっと書いてほしかった。黙々と一生懸命、子育てに生涯をかけた母の姿を書いてほしかった。わずか一ページでは少なすぎます。

ただ、父母の写真を一ページを使って大きく掲載したのは、あなたの父母への思いが感じられてよかった。

二、書いた記事や写真については、もっと人名を書いてもよかったのではないか。たとえば、八重高が全島柔道大会で優勝した時のメンバーの名前、権藤君や石垣君の名前などは書いてもよかったのではないかと思う。

その他、色々書きたいことは山々ありますが、お手紙を読まされるあなたが大変でしょうから、この辺で止めます。

なお、この書を関係者だけに読んでもらうだけでなく、広く多くの人に読んでもらうためには、図書館や新聞社に寄贈するのもいいかと思います。すでになされているとは思いますが……。続きはお会いする時にお話ししましょう。出版祝賀会の話も含めて。

（二〇一二年九月吉日）

新聞社の事業に理解を

新垣範様。新聞社の事業への理解を深めてもらうために一筆啓上します。

今から二〇数年前、私が事業局長のころ、宮城悦二郎さん（故人）から「沖縄の新聞はイベント新聞か」という痛烈な批判を受けたことがあります。その時、私が反論的にまとめた新聞社のイベントについての考え方で、今までも変わりないのでそのことをまず申し上げげたい。

そもそも新聞社の使命は報道にあります。それと共に社説や論説、コラム（金口木舌など）を通じて世論を啓発することを目的として新聞を発行しているわけですが、この新聞の社会的機能との関連で行われるのが新聞社の事業です。

宮城悦二郎の批判の主旨は、新聞社の事業が多く、その関連報道が増えて、本来の使命が弱くなっているのではないか、というものでした。私もその批判には一理あると思っていました。確かに他紙との競争のためにイベントが展開されている面がなきにしもあらずでしたから。しかし、広い意味の社会的ニーズとの関係からすれば、新聞の持つ報道機能、発表機能、ノーハウが事業に役立てられたとしても、それが否定されるべきものではない。問題は新聞の本来の使命と付随する事業のバランスである。私は当時そう考えていた。

その頃、地域振興、地域活性化のための社会的ニーズが強く、中部広域では沖縄マラソン、北部広域では海洋博トリムマラソン、南部広域では南部トリムマラソン、宮古広域ではトライアスロン、八重山広域ではアジア民族芸能祭などが本社の共催でなされた。これらの事業は今や地域の事業として定着している。

さて、本社の事業について考えてみたい。私が事業局長になったころ、事業局は事業部しかなかった。一局一部制である。事業部といっても、その事業内容があまりはっきりしない。それで私は事業局の改革の一環として、事業内容に即して現在の四部制に再編した。すなわち教育・スポーツ部、文化・社会部、開発事業部、出版事業部の四部である。その目的は、それぞれの事業内容を明確にし、その内容に即した事業を展開することにある。共通していることは部名に冠した名称の内容を推進することだ。教育・スポーツの振興、文化の振興などである。新聞社の事業はあまりカネにはならない。社会発展に寄与すること、奉仕することが新聞社の目的、だからである。しかし、そうは言っても私企画である以上、必要経費は自ら賄なわなければならない。開発事業を設けたのはそのためです。

そこで新聞社の事業を理解してもらうために、具体的に文化事業としての琉球古典音楽、古典舞踊などの芸能コンクールやエイサーについて書いてみたい。

まずエイサーについて。

現在行われている全島エイサー大会（祭り）は、かつてはエイサーコンクールとしてスタートした。しかし、屋慶名エイサーや千原エイサーなどのように衣裳や踊りが違うエイサーを一つのコンクールで優劣を競うのはおかしいという不満や批判が出て、コンクール方式を改めて現在のようにエイサー大会（祭り）の方式にあらためられたいきさつがある。

私は中部支社長の時代五年間、エイサー大会に係わってきたが、当時の私たちの合言葉は「中部のエイサーを沖縄全島のエイサーに！　沖縄のエイサーを日本全国のエイサーに！　沖縄のエイサーを世界のエイサーに！」というものだった。この事業は全くカネにならない事業だったが、広告で何とか稼いで事業費の穴埋めをするようなものだった。しかし、このエイサーも今や沖縄を代表する伝統文化として、全国はもとより、リオのカーニバルに参加するほどまでに発展している。この発展に本社が尽くした功績は大きい。

さて琉球古典芸能コンクールだが、これまた本社の琉球文化の振興として果たした役割は計り知れない。

この伝統文化としての芸能は、とりわけ舞踊は地域の村まつりや辻の料亭などでしか見ることができなかった。プロ級の歌や踊りは辻の遊郭で細々と受け継がれてきたし、芝居の中でしか伝えてこられなかった。すたれていく琉球文化の象徴のようなものといっても過言ではなかった。それを今日のように隆盛に導いてきたのは本紙や他紙の芸能コンクールだったといってもこれまた過言ではない。遊郭や沖縄芝居に閉じ込められていた芸能を解放し、堂々と琉球文化の象徴として育て上げたのは新聞社の事業だったと私は思っている。

戦前、戦後、沖縄は貧困の中で、あえいで生きて来たが、それを支えてきたのは沖縄の文化、とりわけ芸能（歌・三線・舞踊）だった。今、沖縄には一五万丁の三味線があるが、これは世界にも例のない数である。八重山のユンタ、ジラバ、アヨーの労働の中で歌われる歌は、世界でもボルガの舟歌しかないというのを考えると、一五万丁の三味線は沖縄の貧しさ、苦しさを象徴する楽器ともいえる。

それはそれとして、なぜ芸能コンクールにそれほど多くの人が応募するのか。その基層には琉球の文化があるが、直接的には新聞社が提供する〝発表の場〟で自分の能力、技量を試してみたい、という〝志〟があるからであろう。全部がプロを目指しているわけではない。自分の歌や踊りがどのレベルにあるかを知る尺度としてコンクールを利用、活用しているからであろう。

今回、八重山の伝統芸能コンクールの開催をめぐって、いろいろ意見が出されているが、私は思う。新聞社は発表の場を提供するだけだから、利用すればいいのではないかと。確かに八重山の芸能は琉球古典芸能の源流である宮廷舞踊とは違い、平民（農民）の「生活の中の芸能」であって、人に見せるための要素は少ない。「歌うそうど主」「踊るそうど主」である。生活の中の歌であり、踊りであるから、歌は歌う人のものであり、踊りは踊る人のものである。それに優劣をつけるコンクールにはなじまない。

しかし、今の若い人たちは、昔の人たちと違って歌や踊りが生活そのものの一部ではない。教養や趣味の一部として考えている人が多い。したがって、コンクールといっても、自分の努力目標、レベルの認知をする〝場〟として考えているに過ぎない。その中から自らの能力に気づいてプロを目指す人もいるだろうが、圧倒的な人はそうではない。コンクールの利用法は人さまざまである。したがって、人々に発表の場を提供し、芸能の裾野を広げようとする事業に対してそんなことをするなとか、せよというのは的はずれの批判である。

ただコンクールをする場合、審査をどうするかなどむつかしい問題や、師匠の力量が問われるなどさまざまな問題がある。特に八重山舞踊のように、定型化されてない舞踊をどういう基準で審査するかなど、そのルールはこれから解決しなければならない問題も多い。しかし、それは実施する中で話し合いで解決していけばいい。

私は芸能については全くの門外漢である。しかし、新聞社の事業については範さんよりは知っているし、伝統文化の継承と発展のあり方について、あれこれ考えてきているので、範さんと議論してみたいと思う。

ただ言えることとは、弟子たちのために何がいちばんいいかを考えることである。弟子たちが何を望んでいるかを考え行動することである。コンクールに参加したい人は参加させ、参加したくない人は参加しなければいい。直近の自分たちの利害関係から考えるのではなく、伝統文化をどう継承し発展させるか、高い次元から発想してほしいと思う。

（二〇一三年一月二五日）

Ⅲ　新聞連載

南米の大地に生きる人々

―「世界のウチナーンチュ」南米編抜粋―

世界に生きるウチナーンチュ

ボリビア―大農法に夢ふくらます

入植30周年

今年（一九八四年）の八月十五日、ボリビアのコロニア沖縄は入植三十周年を迎えた。最盛時には三千人を超えていた入植者たちも、水害や干ばつによる農業の不振で、隣国ブラジルやアルゼンチン、ペルーなどに転住、あるいは沖縄に引き揚げたりしていた。

現在は人口も最盛期の三分の一に減ったが、逆に残った人たちの農地は拡大され、大農法の道が切り開かれた。二男、三男の独立問題や子弟の教育、国際協力事業団の事業の引き継ぎ問題など解決すべき難問も多々抱えているが、コロニアの将来に対する夢も大きい。そこで現地の近況を紹介することにした。

まずコロニアの位置と面積を見よう。第一コロニアはサンタクルス市からモンテーロ市を径由して九十六キロの地点にあり、大きな国道が通っている。同様に第二コロニアは百十六キロ、第三コロニアは百三十一キロ離れている。第一まではバスも通っているが、第二、第三はバスはなく、第二が自動車で二時間半、第三が三時間もかかる。道路はモンテーロから第一へ行く途中あたりから簡易舗装のようになっており、乾期には砂ぼこりに、雨期にはどろんこに悩まされている。第一から第三へのコロニアを貫通している道路はまだ舗装されていない。

　コロニアの面積は、第一が二万一千八百㌶、第二が一万六千七百㌶、第三が八千三百㌶、合計四万六千八百㌶となっている。この面積は、沖縄全体の耕地面積四万五千㌶に匹敵するもので、全面積を耕作すれば沖縄の農地より広いことになる。ちなみに本土とくに九州からの移民の多いサンファン移住地の面積は二万七千百㌶である。

　昭和五十六年現在一戸当たり平均の所有地面積は百六十五㌶で、そのうち開墾された土地が百二十八㌶、未開墾地が三十七㌶となっている。

　人口は、今年三月末現在で、第一が百一戸、五百九十五人、第二が七十四戸、四百十五人、第三が三十五戸、二百二十一人、合計二百十戸、千二百三十一人となっている。問題はボリビア人の労務者がコロニア内で増えてきていること。これらの人たちの数は、第一で百四十五戸、八百五十五人、第二で三戸、二十二人となっており、第一では県人の入植者を上回っている。

　入植地の面積と人口をわかりやすくするため粟国村と比較してみると、粟国村は戸数四百三十戸、人口千二百人となっており、粟国村の人たちが全沖縄の耕地面積の中に住んでいるというようなものだ。

　自治組織（社会法人）としては、三つの入植地およびサンタクルス市在住者で構成する「オキナワ日ボ協会＝山城保徳会長」がある。サ市の在住者は希望者が加入することになっている。現在の協会加入者はコロニア、サ市合わせて百九十四戸、千八十人となっている。協会の事務所は第一の中央公民館内にある。自治体の他に産業組合としてよく知られているのにカイコ（ＣＡＩＣＯ＝コロニア沖縄農牧総合協同組合）があり、コロニアの産業経済活動の中心をなしている。

　自治組織といっても日本で考える自治法上のそれとは違い、協会が小中学校の校舎や教員宿舎を所有しながら学校は公立、入植地内の道路を建設、管理しながら道路は公道、駐在所のおまわりさんのオートバイを提供し、謝金を出すといったあんばいで、コロニア独自の組織だ。

日ボ協会は、診療所の経営や小中学校後援助成活動なども行っているが、活動の中での年中行事として、恒例の大運動会や敬老会、婦人会の料理や生け花の講習会などがあり、会員の親睦、融和の向上、日本文化の継承などに大きな力を発揮している。とくに婦人会と青年会の活動は日ボ協会の中でも光っており、コロニアのウチナー的なもの、たとえば琉球舞踊や料理などは婦人たちによって子弟へ伝授されている。

学校教育をみると、小中学校（小学五年、中学三年制）はコロニア内にあるが、高校（四年制）、大学（四〜五年制・科目によって違う）はサンタクルスに通わなければならない。小中学生は第一、第二（第三はない）合わせて約百二十人、高校生が約八十人、大学生が約三十人それぞれ在学している。興味のあるのは、ボリビア人の移住者の多い第一小中学校では、ボリビア人の子弟が県人の子弟よりはるかに多いことだった。ちなみに第一の小学生は二百三十五人のうち百九十人はボリビア人だ。県人の子弟には日本教育も行われているが、子供たちが、数の多いボリビアの子供たちの中で過ごすことが多いということは、それだけスペイン語を話す機会が多く、日本語が覚えにくいことを意味する。親たちの心配もそこにある。また、ボリビアでは先生たちがよくストをするので学力低下が著しくなっているとして、私立学校への移行の話も出ている。ボリビアではドイツやイタリアなどの私立学校が多い。また、大学生には日本への留学希望者が多く、県の助成借置を強く望んでいる。

（一九八四年八月二六日）

アルゼンチン
——コルドバにも千数百人の県人が活躍

アルゼンチンのウチナーンチュは、首都ブエノスアイレスだけでなく、アルゼンチン各地に住んでいるが、コルドバやロサリオなども県人の多い都市である。コルドバ市は、アルゼンチンのほぼ中央にあるコルドバ州の州都で、人口百万人を超す大きな都市だ。一五七三年に建設された古い都市で〝アルゼンチンの京都〟ともいうべき伝統ある都市だ。そこにも千数百人のウチナーンチュたちが住んでおり、州政府によって正式に「日本大通り」と命名された街路を持つ唯一の都市でもある。日本大通りを実現させた立役者は、今は亡き県出身の大城吉義氏（国頭村比地）だ。今回はコルドバについて紹介しよう。

フォークランド（アルゼンチンではマルビナスという）紛争の時、イギリスはコルドバに戦術核の投下を検討していたと伝えられたが、これは、コルドバのアルゼンチンにおける政治的位置を物語るものといえよう。それほど重要な都市ともいえる。

政治・工業の中心地

まずコルドバには、アルゼンチン陸軍の主力部隊がいるといわれ、その動きを見れば国内の政変はもちろん、南米の軍政の動きがわかるほどだという。キューバの革命家でボリビアで死んだチェ・ゲバラもコルドバの出身。ここはまた、アルゼンチンの重要な工業都市でもあり、街の至るところで大学生の姿が見られる文教都市でもある。学生運動が盛んなことでも知られる。コルドバの軍隊や左翼学生の動きが全国に波及するといわれるほど、重要な位置を占めているわけだ。

しかし、街全体は伝統があるだけに、至るところに公園や古い寺院があるなど、落ち着いた都市で、住んでみたいと思うほど立派な都市だった。大都市ブエノスアイレスとは違った雰囲気を持っているこの都市に、ウチナーンチュたちが白人たちに伍（ご）して堂々と活躍している様は愉快であった。

コルドバの日系人の約八割はウチナーンチュで、アルゼンチン人からの評価も高いが、その基礎を築いたのは、何といっても日系人の代名詞ともいわれた「セニョール・オーシロ」こと大城吉義氏だろう。大城氏は一九三〇年（昭和五年）に渡亜、いろんな商売をしているが、日本人学校の校長や日系人の組織化などにも大きな役割を果たしている。

名物男の故大城氏

アルゼンチンのウチナーンチュたちの話を聞くと、大城氏は体は小柄だったが、誠実で勇気があり、誇り高い人だったようで、アルゼンチンの友人、知人も多く、コルドバでは名物男だったという。

その大城氏が、都心から約七キロ離れた所に大きな道路を開通させ「日本大通り」という名称を付けさせた。十年余も州政府に陳情を続けたといわれるが、州政府を動かした大城氏のねばり強さと政治力がうかがえる。最初は「大城通り」とすべきだというウチナーンチュたちの勧めを断って、祖国日本の名をこの地にとどめるべきだと主張「日本大通り」にしたというエピソードもある。その心意気がなんともすがすがしい。その通りの周辺はいま開発が進んでいるが、空港通りとパンアメリカン自動車道を結ぶ重要な通りだけに、将来の発展は間違いないだろう。

この「日本大通り」の支線に「沖縄通り」をつくってあるのが何ともほほえましかった。コルドバではウチナーンチュが日本を代表しているようなものだった。

強い日本への関心

コルドバに着いたとき、日本からジャナリスタ（向こうでは記者のことをそう呼んだ）が来ているということで、金城武市氏の紹介でテレビやラジオに出演させられただけでなく、州知事代理として財務長官がインタビューに応じてくれ、日本の企業進出や農業移民の可能性についていろいろ質問されたことに驚いた。

それほど日本への関心が強いことを示していたが、そのことは、裏を返せばコルドバの日系人たちがいかに高く評価されているかを示すものであった。県が断念したコロラド河流域（ブエノスアイレス州）への百家族移民の代わり、コルドバに移民を送るべきだと県人たちは話していた。

根が深い県人会の内紛

ブエノスアイレスの県人会館の応接室に、松岡政保・元琉球政府主席から贈られた「似和為貴」の扁（へん）額が掲げられている。何とも皮肉な話だが、いまアルゼンチンの県人連合会は会長派、反会長派が対立していがみ合い、組織機能が停止するという最悪の状態にある。

一種の主導権争いのようなものだが、問題は県のコロラド河流域への移住計画中断やアルゼンチン移住百年祭の対立などへも波及している。そこにはウチナーンチュの欠点である白黒闘争の残滓（し）を引きずっている面があり、問題の解決には時間を要しそうだ。

分裂と対立の直接のきっかけは八一年の理事選挙にあったが、組織運営のかなめともいうべき定款に混乱に拍車をかけるような問題点があることも見逃せない。ただ一つの救いは、両派とも分裂の中からは何も生れない―と感じ、早急な統一の必要性を意識し始めていることだ。今回は分裂問題に焦点を当ててみた。

在アルゼンチン沖縄県人連合会は、一九五一年に結成され、五三年に法人組織に移行した。定款に明記された目的は「会員相互の親睦と資質の向上、福祉の増進」「在亜諸団体との交流、友好関係の維持」「日亜親善と亜国の発展に寄与する」となっている。

現在の会長は安里清和氏だが、対立の根は七九年の会長選挙からあった。八〇年の選挙で安里氏が会長に選ばれたが、執行部ともいうべき理事会では反安里派が十九対十一と多数派を占め、理事会で少数派になった安里会長は動きがとれなくなった。

そこで八〇年の総会の理事選挙（半数が改選）で、安里会長は自派から十五人の候補者を準備して総会に臨んだが、反会長派が「候補者の推薦人の署名に偽造がある」として警官隊の出動を要請、武装した警官が総会場に踏み込んで大騒ぎとなった。警察側では「裁判所から総会中止命令が出ているので選挙を中止せよ」といっていたという。

これまで推薦署名が偽造だったかどうかで二百五十人の人が裁判所に呼び出され、筆跡の鑑定までしているが、裁判の見通しは立っていない。警察の実力行使を要請した反会長派の一人は「不正選挙を阻止するにはそれしかなかった」と言っているが、問題はそれだけでは収まらなかった。

反会長派が会計内容を追及すれば、会長派が連合会会館建設時の寄付金の行方を追及するといった泥試合。県のコロラド移住計画に対しても、一方が賛成すれば他方が反対するなど、わけがわからないほど混迷を深め、総会も開けない状態。会の目的などそっちのけだ。

戦後沖縄では、曲がりなりにも民主的な組織運営の経験を積んできたが、戦前移民した人の中には、個人的な感情問題をストレートに組織運営に持ち込み、自ら出口を閉ざしている面が見受けられる。

定款にも欠陥がある。会長は、総会で会員が選んだ三人の候補者の中から理事会が選ぶことになっている。会員から圧倒的な支持があっても、理事会で多数派を占めなければ会長にはなれないシステムだ。理事はどのようにして選任されるかといえば、各市町村ごとに推薦された人から選ばれる。市町村ごとの県人会を握った人が勝ちということになるが、会員による直接選挙と理事による間接選挙の組み合わせが問題を複雑にしている。連合体の難しさだが、単位組織に重きを置くか、会員数に置くかによって状況は大きく変わってくる。

選挙管理委員長を会長が務めるのも妙な話だ。県人会の分裂騒動は、アルゼンチン司法当局や日本大使館なども巻き込んで止まる所を知らないが、反会長派の有力者の一人は「これはウチナーンチュの民度の問題にもなり、ぜひ自主的に解決したい」と話していた。

ブラジル
——8万の県人が活躍

二十一世紀の国といわれるブラジルは、日本のざっと二十三倍もある南米最大の国で、日系移民の最も多い国である。移民の歴史もペルーに次いで古く、一九〇八年には、第一回移民船笠戸丸で七百八十一人の日本人がサントス港に上陸している。第一回移民の約半数に当たる三百二十五人がウチナーンチュだったといわれるほど、ブラジルと沖縄の関係は深い。現在約八十万人といわれる日系人のうち、県出身者はその一割に当たる八万人を占め、二、三世の活躍は目覚ましいものがある。今回からブラジルをカラー特集で紹介しよう。

ブラジルは南米大陸の四七％を占め、世界でもソ連、カナダ、中国、アメリカに次いで第五位の国土面積を持つ大国である。人口も一億二千万と日本を上回り、豊富な資源とあいまって、底知れぬ可能性を秘めた未来の国といわれている。最近話題となっているブラジルの〝アジア・ポート構想〟は、二十一世紀をにらんだブラジルの世界戦略構想として注目されているが、これにも沖縄が関係してくる可能性もあり、単に過去の移民とのかかわりのある国としてだけでなく、将来的にも関心を持たざるを得ない国である。

現在一千億ドルを超える外債を抱え、世界一の借金国となっているが、これだけの借金があるということは、同国の将来性を買って先進国が投資したものと見ることも出来る。実際ブラジルは広大なアマゾン流域やブラジル高原の未開拓地を抱え、さらに鉄鉱石や石油などの地下資源も未開発のままのものが多いといわれている。

さて、日本との歴史的な関係をみると、一八九五年日伯修好通商条約が締結され、二年後の一八九七年には日本公使館が開設されている。興味のあるのは、一八九九年に第二代の公使（弁理）として大城成徳という県出身者が就任していることだ。大城氏がどういう経歴の人か知らないが、ウチナーンチュが二代目のブラジル公使だったということは面白い。

それはともかく、日本からブラジルに移民が送り出されたのは一九〇八年。笠戸丸で七百八十一人が渡った。その中に、沖縄県出身者が三百二十五人も含まれていたが、現在生き残っているのは金城山戸氏ら二人だけ。第二回目は一九一〇年に旅順丸で九百四十五人、第三回目が一九一一年に厳島丸で千四百三十二人がそれぞれサントス港に上陸、コーヒー農場の契約移民として入植した。

一時沖縄からの移民は、日本政府によって禁止されるという不幸な汚点もあったが、現在は一世移民の被差別の苦い体験をこえて、あらゆる分野で二、三世のウチナーンチュたちが目覚ましい活躍をしている。

一世移民のほとんどが農業からスタートしたのに対し、二、三世は都市で教育を受け商工業をはじめ、医者、弁護士、大学教授、公務員、政治家、学校教師などいろんな職業に従事している。

地域的にも、南米最大の都市サンパウロをはじめ、首都ブラジリア、リオデジャネイロ、カンポグランデ、ロンドリーナ、マナウスなどブラジル全土にまたがっている。

とくにサンパウロの中央市場ではどこに行ってもウチナーンチュに出会うほど、ウチナーンチュでにぎわっている。そこがブラジルであることを忘れさせるほどだ。

現在沖縄にはブラジル人が約五十人も住んでおり、年間約二百五十人の人が沖縄からブラジルに旅行している。ブラジルのバリグ航空が沖縄に事務所を置いているのも、ブラジルと沖縄のつながりの深さを示すものだろう。また、那覇市がサンビセンテ市と姉妹都市の関係にあり、毎年幼稚園の先生の交流を図っているのもよく知られている。

ブラジルは、地理的には日本の裏側にあるが、歴史的、現実的にみればかなり近い関係にあることが分かる。

県人が築いた州都
——カンポグランデ

ウチナーンチュたちが建設に参加したという南マットグロッソ州の州都カンポグランデは、サンパウロから一千キロ以上も離れた所にあり、飛行機で二時間余もかかった。カンポグランデとは、大草原という意味で、上空から見るカンポグランデは、果てしなく広がる大平原の中に、まるでオアシスのように建っていた。ここはまた、サンパウロとボリビアのサンタクルスを結ぶ国際列車の要所としても知られ、将来大発展をとげるだろうといわれる都市でもある。

　七十年前、わずか二百戸しかなかった寒村が、いまや人口五十万人の州都に発展しているが、ウチナーンチュたちが町づくりに果たした役割は大きかった。現在約千五百世帯の日系人のうち一千世帯は県出身者で、産業をはじめ医者や政治家、学校の先生、会社経営などあらゆる分野で活躍している。一体なぜこれほどの奥地に、七十年も前に多くのウチナーンチュたちが入り込んできたのだろうか。


　ウチナーからの初期移民は、ほとんどがコーヒー園で働く契約移民だった。しかし、重労働と低賃金に耐えられず、とくにふるさと沖縄への送金をしなければならないこともあって、農地を抜け出し、都市に出たり、鉄道工夫として働く者が増えてきた。

　当時、サンパウロからカンポグランデへの鉄道工事が始まり、多くのウチナーンチュたちもそれに従事した。そして奥地へ奥地へと線路を追って移動、とうとうサンパウロから一千百キロもあるカンポグランデまで来た。

　移民者たちは、鉄道工事で移動中、その土地の土質を調べ、農業適地を探したといわれるが、その中でカンポグランデの土地が一番よかったという。

　当時のカンポグランデは、わずか二百戸しかない寒村だった。そこにウチナーンチュたちの十数家族が住みつき、農業を始めた。そのころ、周辺一帯は牧場で、農業をするウチナー移民たちとブラジル人の牧場主の間でトラブルも起きたといわれる。

　しかし、ウチナー移民のつくる作物は、やがてカンポグランデの住民たちの重要な食糧となり、町にとって不可欠の存在となった。

　県人たちは、いち早く日本人学校をつくり、産業組合を組織化してカンポグランデの産業振興に大きな役割を果たした。いまでは市の中央市場はほとんどウチナーンチュで占められ、最初にできた日本人学校も名門校として知られている。

　この初期ウチナー移民たちの功績をたたえ、県人会の中心的役割を果たした大城武盛氏（故人）を記念してカンポ市が町の中心部に小規模ながら大城武盛記念公園を建てた。また、一九七九年にマットグロッソ州から南マットグロッソ州が独立した時、独立記念式典で初めて州旗を掲揚したのも、ウチナーンチュの仲尾徳英氏だった。

緑の並木の美しい町を取材しながら、ウチナーンチュもなかなかやるものだと、心ひそかに誇りを感じたものだ。

姉妹県望む南麻州
ボ移民も懐かしむ

カンポグランデにおける県人たちの社会的地位はかなり高い。先輩移民たちが、汗と涙で築いた「信用」は、カネでは買えぬ大きな財産で、二、三世たちの支えとなっている。ブラジル人が日系移民に与えた「正直で勤勉」という評価は、決して外交的なお世辞ではない。

昨年七月、県人のカンポグランデ入植七十周年記念式典が、県から古謝副知事や県議会代表団を迎えて盛大に挙行されたが、カンポグランデ市当局はじめ、南マットグロッソ州政府も大変好意的だった。特に同州では、沖縄県と姉妹県（州）の縁結びに積極的だ。それほどウチナー移民は高く評価されている。今回は、カンポグランデのウチナーンチュたちの周辺を紹介しよう。

記念式典に参列した県や県議会代表が州議会を表敬訪問した時、向こう側から「姉妹県（州）の締結問題はどうなっているか」と質問され、沖縄側が戸惑う場面があった。南マットグロッソ州は、いつでも姉妹県の調印が出来るよう準備を進め、かなり積極的だ。これに対し沖縄側が消極的な感を与えたのは否めなかった。

さいわい西銘知事は新年度予算案の中で、南マットグロッソ州との姉妹県締結の実現に向けて予算を計上しており、ぜひ実現してほしいと思う。海洋県・沖縄と南米大陸の大平原の州・南マットグロッソが姉妹県になるということは、考えただけでも楽しくなる。交流促進は、現地のウチナーンチュたちにも大きな励みとなろう。

さて、州都カンポグランデ市と沖縄の関係をみると、やはり深いものがある。

市の中央市場は、ほとんどウチナー・アンマーたちで占められ、売っている野菜も県人たちが栽培したのが多い。精米所も県人たちの経営しているのが多いし、医者や先生もたくさんいる。大学への進学率もずば抜けていい。

県人たちは、特定の産業部門だけでなく、あらゆる分野に進出しているが、中でも最もおもしろいと思ったのが「ウチナー・スバ屋」のアンマーたちの活躍ぶり。

カンポ市でも、土、日曜に歩行者天国が設けられ、道路いっぱいに「にわか市」が立つ所がある。幅三十メートル、長さ百メートルほどはあろうか。

そこを訪れてまず驚いたことは、何十軒とウチナー・スバ屋が軒を連らね、ブラジル人でごったがえしていたことだ。青い目のブラジル人たちがずらり並び、ホークでウチナー・スバ（そば）をスパゲティよろしくツルツル食べているさまは壮観でさえある。沖縄そばと全く同じで、カマボコや肉、ネギが上にのっけてあり、味もほとんど変わらない。ブラジル人たちも「ソバおいしい」と大変な人気だ。毎週店を出しているという比嘉静枝さん（五七）＝名護出身＝は、五人のブラジル人を使い、手ぎわよくそば作りに励んでいたが「ブラジル人はそばが好きですね」と、いまや国際的（?）になったウチナー・スバに目を細めていた。食生活の面でも、ウチナー料理はカンポグランデで根をおろし始めている。

カンポグランデでもう一つ忘れてならないことは、同市がボリビア移民の通過要所になり、移民たちが通るたびに県人たちが炊き出しをして、駅で激励した街であるということだ。移民列車が着くたびに、ホームはウチナーグチが飛び交い、ごったがえしたという。ボリビア移民はなくなったが、いまでもサンタクルスからブラジルへ出る県人たちは、カンポ駅で休んでいく。ボリビア移民には忘れ得ぬ土地だ。

このように、カンポグランデと沖縄は、切っても切れない仲にある。一日も早い姉妹県（州）の締結を望みたいところだ。

サンパウロ
―県人は〝市場人間〟

一体、なぜ、かくもウチナーンチュたちが市場に集まるのか―。南米移住地を取材して驚かされることの一つは、至る所の市場で県人が活躍している事実だ。まるでウチナーンチュは〝市場人間〟だ。南米一の規模を誇るサンパウロの中央卸売センターは、数千人の県人たちが働いており、ウチナーグチ（沖縄方言）が聞ける所で、野菜類の入荷量の約七割が県人たちによって生産されているという、ブラジルの「農連市場」だ。

　サンパウロ市の中心街から約二十キロ離れた所に、中央卸売センターがある。敷地面積は約八十ヘクタール（町歩）もあり、規模からすれば南米一、世界的にも有数な市場だ。市場で働いている人は約二万五千人おり、荷物を運ぶ車引きだけでも四千人はいるという。一日の客の出入りが約十万人もいるというから大変な市場だ。警察署や郵便局もあり、一つの街をなしている。市場の総監督は日系三世のヒゲー・山口という三十三歳の青年だった。山口さんや金城珍禄さんに案内されて市場を回ってみたが、一日では回りきれない広さに驚いた。しかもどこへ行ってもウチナーンチュの顔、顔、顔。バナナ屋の花城さん、ミカン屋の内間さん、野菜屋の照屋さんといったあんばいで、メモするのをやめた。

　ここで、市場で拾ったウチナーグチにまつわる小話をいくつか紹介しよう。

◇　◇　◇

　ブラジル人に商品を売ろうと思ったウチナー・アンマー、親切にポルトガル語で客に話しかけた。ところが客から返ってきた言葉が

「ワンネー、ポルトガル語、ワカイビランサー（私はポルトガル語わかりません）」思わずアンマーは「アッハハハ」お大笑いしたら、客は

「ウンジョーマーカラ、メンセータガ（あなたはどこからいらっしゃいましたか）」とのウチナーグチの追い打ちに、アンマーは涙を流さんばかりに笑いこけたとか。

世界は広い。

◇　◇　◇

生鮮食品を扱う市場では、夕方になると売れ残りの商品を安くたたき売りする。どこでも同じで、それを狙った客が来る。日本では、そういう客だと顔を覚えられるのがいやで、あちこちの閉店間際のスーパーを渡り歩く人もいるようだが、ブラジルでは一向に平気なようで、よくウチナーンチュの野菜店に来るドイツ系のアンマーがいた。ある日ウチナーのオジーが、ドイツ系のアンマーが来ているのを見て

「ウヌ、クサリトーシ、ウレー（その痛んだ野菜を売りなさい）」と店員に言いつけたところ、そのドイツ・アンマーが

「ワンネー、クサリトーセー、コーランムン（私は痛んだものは買いません）」と切り返してきた。ウチナーグチを知らんと思ったオジーも、これにはびっくり仰天、笑いながら「ナー、シムサ、ムル、ムッチイケー（もういいから、ただでみんな持っていきなさい）」と言ったとか。さすがドイツ人。

◇　◇　◇

ある日、ウチナー・オジーが店でせっせと商品を並べていた。と、背後から「オジー、コーラ（おじいさん、買いましょう）」の声。ふり向くとウチナーンチュらしい人はおらず、一人の黒人が立っている。オジーは、聞き違いだろうと思って、黒人を無視してまた商品を並べ続けたら「オジー、コーラ」。

驚いたオジーが、ウチナーグチを知っている事情を聞くと、ウチナーンチュの農場で十数年も働いている労務者だとわかった。で、オジーが「アンシ、ナマー、ヌーチクトーガ（それで今、何を作っているのか）」と聞くと「ゴーヤー、チクトービン（ゴーヤーを作っております）」の返事。さすが人種の〝るつぼ〟の移民国だ。

◇　◇　◇

市場では、日系人の中でウチナーンチュが主流を占めている。いまでは標準語を使う人が増えてきているが、かつてはウチナーグチが日本の標準語と思っていたブラ

ジル人も多かったとか。

ある日、日本からの客が来た。ポルトガル語は知らんということで、ブラジル人が親切にも気をきかせて、ニッポン語（ウチナーグチ）で案内して回ったが、そのヤマトンチューにはさっぱり通じない。それもそのはずだが、そのブラジル人「ウヌチョー、ニッポン語、ワカイビランサー（この人、日本語がわからないようです）」。

取材しながら、私は思わず「ウチナーグチ万歳」と心の中で叫んだもんである。

ブラジリア
―県人　野菜づくりに励む

ブラジルは「二十一世紀の国」とよくいわれるが、首都ブラジリアは、それにふさわしい超近代的な計画都市だ。一九六〇年にリオから遷都した時に約十五万人といわれた人口も、いまや推定五十万人に達し、周辺には衛星都市がいくつも出来るなど急激な発展を遂げている。

このブラジリアにもウチナーンチュの十数家族が住み、主に近郊で農業に従事、野菜農家として安定した地位を築きつつある。

ブラジルの開発は、リオ・デ・ジャネイロやサンパウロにみられるように、南西海岸部を中心に進められてきた。しかし、広大な国土を開発するには、首都を国土の中心部に移す必要があるとして、一九五六年にクビチェック大統領が就任した時、新首都建設の五カ年計画が策定された。

場所はリオから約九百四十キロ、サンパウロから約八百九十キロのゴイアス州の高原地が選ばれ、建設は、ブラジル出身の建築家ルシオ・コスタのマスター・プランに基づいて進められた。

近代計画都市のモデルによく引き合いに出されるように、行政地区、住宅地区、商業地区、文明地区などが計画的に配備され、それらの地域を高速道路で結ぶなど大変機能的に建設されている。

都市の構造は、ジェット機を形どったようなものになっており、機首の部分に国会議事堂、行政府、最高裁判所などが配置されている。翼の部分を南北に幅百六十メートルの幹線道路が走り、政治センターと尾翼の部分を結ぶ東西の幹線が広々とした都心を貫いている。

国会議事堂は、核戦争を想定してか半地下式となっており、上院と下院が隣り合わせになっている。

新首都は周辺地区を含めて連邦政府の直轄地として連邦区になっており、首都周辺には衛星都市がつぎつぎ出来つつある。これは首都の人口を五十万人に抑え、それ以上の人口は衛星都市に吸収するという政策に基づいているようだ。

首都の県人たちは、サンパウロやカンポ・グランデなどのように多くはないが、遷都後にサンパウロなどから移住した人たちが十数家族おり、近郊で野菜栽培をしている人のほか、町で商業を営んでいる人もいる。

首都の周辺にはまだ広大な土地が残っており、将来の可能性の最も大きい地域とみた。県人たちも、沖縄の若者たちが移民することを期待しており、二十一世紀を考えた場合、いまのうちに移住した方がいいように思われる。

初期の苦労の歴史

ブラジルの沖縄移民にとって決して忘れることの出来ない土地〝サントス港〟。一九〇六年、第一回契約移民七百八十一人を乗せた笠戸丸が同港へ入港して以来、多くの移民が〝夢の大陸〟への第一歩としてサントスに上陸、希望に胸をふくらませてブラジル全土へ散って行った。しかし、そこには期待を裏切る多くの苦難が待ち受け、大地は県人たちの涙と汗を非情にすい込んでいった。

悲劇を大きくして行ったのは、貧しい沖縄の生活を支えるために、多くの移民が〝出稼ぎ移民〟だったことだ。そのことが、日系人移民の中でも沖縄移民の差別を引き起こし、苦難の道をより大きくした。今回は初期移民の苦労の歴史をふり返ってみることにしよう。

いまでこそ、沖縄移民は中流以上の生活をし、二、三世もブラジル社会でめざましい活躍をするようになっているが、七十年前まではそれこそ惨めなものだった。そのことを忘れてブラジル移民を語ることは出来ない。

沖縄からブラジルへの本格的な移民は、一九〇六年の笠戸丸による第一回契約移民からだった。この契約移民の県別構成をみると際立った特徴があり、沖縄移民の特質がわかる。移民の上位五県の数字を見よう。

①沖縄　四十七家族、三百二十五人
②鹿児島　四十六家族、百七十二人
③熊本　十九家族、七十八人
④福島　二十一家族、七十七人
⑤広島　九家族、四十二人

沖縄移民は、家族数の割に人数があまりにも多いことがわかる。当時の移民は家族単位の移民だったことからすれば、沖縄移民が家族外の者を家族構成員に入れて、出稼ぎとして入国していたことを示している。

第一回契約移民は、サントスに上陸後、カナーン耕地やフロレスタ耕地にコーヒー園の労働者として入植した。その後の移民も主にこれらの耕地に入植したが、コーヒーの不作や労働のきつさなどもあって労働争議や逃亡者が続出、サントスやサンパウロなど都市へ流れる者が相次いだ。

耕地主などから不満をぶつけられた日本領事館は、沖縄移民は特に問題が多いと報告、外務省は一九一三年（大正二年）に沖縄移民を禁止してしまった。ところが第一次大戦で日本が戦争景気にわくと、本土では移民に行く者が激減してしまった。

困ったのは移民会社。そこで移民会社は、仕方なく沖縄移民の募集申請を政府に出した。外務省もこれを認め、一九一七年には沖縄移民の禁止令を解除した。移民会社は他県で募集できない分を沖縄で補う必要から、甘口をかけて募集、このため沖縄移民が殺到し、ブラジルに渡った。

ところが移民会社の宣伝とは違い、入植地では金もうけどころか厳しい労働が待ち受けていた。多くの沖縄移民は「話が違う」とストを起こし、逃亡事件が頻発した。

事態を重視した領事館は、このままでは日本移民全体が入植できなくなるとして、外務省に沖縄移民を再禁止するよう報告書を送った。

報告書は、日本移民が非難される理由として「移動が激しく、ストや逃亡者が多い。住宅が不潔で裸体を露出する」ことなどを挙げ「以上の傾向は沖縄移民にはなはだしい」と述べている。

この報告を受けた外務省は、一九一九年に沖縄移民を制限する措置をとったが、それは実質的に禁止に等しかった。

事態を重視した県人移民たちは、一九二四年に「球陽協会」を設立、沖縄移民の直面する課題に取り組む一方、移民禁止の解除に立ち上がった。

これを受けて外務省は、沖縄移民解禁に出るが、それは条件付きだった。条件は①移民は十五歳以上の義務教育を終えた者に限る②男女とも四十歳以下で普通語を解し、かつ女は手の甲に入れ墨なき者であること③家長夫婦は三年以上同せいした者であること④家族は家長夫婦いずれかの血縁者であって、養子でないこと⑤借財の少ないこと⑥移民数は一般十家族（五十人）以下であること—となっている。貧しき者の出稼ぎ移民禁止である。しかも標準語の話せない者も。

球陽協会は、沖縄移民がとやかくいわれないため自ら立ち上がり、十四カ条の申し合わせを行って実行に移した。

球陽協会の十四カ条の申し合わせ事項は、

一、日本服を着て外出しないこと
二、子供を背中に負わないこと
三、他人ことに外人の前で肌を見せないこと
四、裸足にならないこと
五、出産の時、飲んだり歌ったりして大騒ぎしないこと
六、住居はなるべくブラジル式にすること。ムシロを敷いてあぐらをやめること
七、出来る限り普通語およびポルトガル語を話すこと
八、つとめてブラジル人および他の外国人と交際すること
九、遺骨を掘り出すときは、ブラジルの法律に従って

正当な手続きを経た後にすること
十、他人の言葉を考えなしに信用するクセを直すこと（このクセがあるので、ストライキを起こしたり、契約耕地を逃亡するようなことになる。この点大いに気をつけねばならぬ）
十一、公共のために大いに尽くすこと
十二、一ヵ所に辛抱するように心がけること
十三、目の前の小さな欲に迷わないこと
十四、新渡来者を迎える時、都会生活をしている人々は、自慢話を慎むこと（大多数の都市生活者は、ほんとうの農園生活を知らず、したがって彼らの自慢話は、新渡来者の脳裏に耕地生活の労多くして収益少なきことを深く刻み込み、その結果が逃亡移民の続出となる。よってサントス港へ新移民を出迎えに行く人々は、この点によく注意すること）

この申し合わせ事項を読んでいると、ウチナーンチュたちの苦悩と悲しみが伝わってくるようで胸がジーンとする。しかし、それも現在では歴史の上のこととなった。
サントス港も変わったといわれるが、沖縄移民もすっかり変わった。

（取材班・山根安昇記者）

Ⅳ 追悼

比嘉辰博（元琉球新報社社長）
名嘉地安男（八重山高校十期生友人）
垣花豊順（「首里九条の会」会長）

正義感の強い行動派
——琉球新報時代の山根さん——

比嘉辰博（元琉球新報社社長）

山根さん、今月十四日（二〇一七年）に入院先で見舞った際、親しく話したばっかりなのに、突然の訃報に接し、言葉を失いました。残念でなりません。

あなたと私は、琉球新報社への入社もほぼ同じで、半世紀近くにわたり、記者としてあるいは経営陣として共に過ごしてきました。

山根安昇記者といえば、個性派の新聞人として、取材先や記者仲間から一目置かれていたと思います。正義感の強い行動派のあなたは本土復帰後の激動の時代を、あるべき沖縄を求めて走り抜いた生涯だったと思います。

あなたが記者時代に中心になって連載した長期企画に、「沖縄の世替わり裏面史」と「世界のウチナーンチュ」があります。

沖縄返還交渉の舞台裏を追った「世替わり裏面史」の取材で、あなたは中央の要人たちにインタビューしました。

連載企画が本になって取材先に六百五十ページに及ぶ分厚い本を贈呈したところ、元総理の三木武夫、福田赳夫、衆院議員の鯨岡兵輔、山中貞則、郷土の先輩である吉田嗣延の各氏から直筆のお礼状が本社の社長あてにきました。

これには、沖縄への熱い思いがにじんでいました。今回、当時の伊豆見社長から預かった礼状を改めて見て、あのころに比べ沖縄に対する中央政府の様替わりぶりを感じざるを得ませんでした。

平和な沖縄への世替わりを求めて、取材に情熱を燃やしたあなたは、今に続く厳しい沖縄の現実の中で、退職後も命尽きるまで平和を守る運動の原動力になったものと思います。

山根さん、あなたは経営陣になって宮里昭也社長のもとで、社業の発展に取り組みました。特筆すべきことのひとつは、輪転機の買い替え、天久本社の建設に当たり、自己資金の確保に悩まされながら、現在、新社屋建設中の泉崎敷地を確保したことです。当時、財務担当専務だったあなたの元には有力企業などから、用地買収の話がありましたが、のどから手がでるほど資金が欲しかったにも関わらず、存続の道を選びました。

先輩社員たちの汗の結晶である財産を守り抜こうとの思いが、役員一同にありました。そのかいあって来春には、国際通りの起点である泉崎の古巣に本社が里帰りすることになりました。

山根さん、戦前の昭和十年代に生を受けた私達は、貧しい時代に在野の新聞人として苦楽を共にしてきました。とくに母子家庭で育ったあなたと私は、時に社会の矛盾を感じながら平和で平等な社会を目指してペンをとったと自負しています。

あなたにとっては道半ばでしょうが、後進の諸君があなたの意志を引き継いでくれると確信しています。山根さん、長い間ご苦労様でした。安らかにお休みください。

（二〇一七年三月二七日　弔辞）

幻野と越境
——高校時代の山根君——

名嘉地安男（八重山高校十期生友人）

1

山根安昇君は、一九三九年に旧石垣市街から東方八・三キロ離れた宮良村で生まれた。

宮良村は、『宮良村史』によると大戦で住居の大半は焼失し、食糧は極度に欠乏し、住民は塗炭の苦しみにさらされたとの事である。

宮良村は、一七七一年にも明和の大津波で大被害を受けている。一二二一人の住民が、津波で一〇五〇人が溺死し、一七一人になってしまったようで、それで被害のなかった小浜村から、王府の強制移住政策により三二〇人の移住者が入植して村建てをしたという。そのとき、世持神を信奉する祭事も伝わった。世持神（別名ニーロー神）は、ニライカナイの島から六月稲粟刈り入れの終わった吉日に、村人に五穀豊穣の恵みを授けるために、神聖なナビンドゥに来臨される神である。

2

一九四六年、彼は終戦直後の小学一年生として、宮良小学校（当時は国民学校）に入学している。仮校舎は落成したものの、机、腰掛け等はなく村内から集め、学校教育の急場を凌いだと言われている。住宅不足、食糧不足はまだまだ続いていたのである。

一九五二年、彼は大浜中学に入学した。宮良村は中学はなく、隣村の中学に通っていた。

3

山根安昇君が八重山高校に入学したのは、一九五五年で、その時既に、一家を支える働き手として、勉学のみに専念するという訳にはいかなかった。小学三年生のときから「野良仕事や馬を利用しての薪取り」等をしていたようで、また彼は「牛・馬・山羊・にわとり・あひる等の屠殺の経験」もしていた。彼は「まず生きることが当たり前で、受験勉強は二の次だった」と過去を振り返って、高校の同期生の喜寿記念誌で語っている。彼は更に「我らが世代を総称的に言えば、貧困・飢餓・生死だったと言える」と記している。

彼はまた母子家庭（母・姉・本人・妹）で生活を維持するのが如何に困難だったかが解る。

それでは、戦後の現実の中で極限に近い厳しい生活をしてきた者は、その後どういう生き方があるのだろうか。今日から見ると、一つ目は、村の中で沈黙を守って農民の実存を生きることである。

二つ目は、〈ことば〉の世界に生きることである。これは単に「ことば」を並べるだけではなく、屈折した、倫理も停止したようにも見える極端な民衆の実存にまで届くような「ことば」を構築することである。これは、詩人や思想者の道に通じるものと思われる。

ところで、彼は生活者の厳しい生き方からいろいろなものを学んでいる。彼は「この生き方は自分で考えて行動するという習性を今に伝えている」と言っている。彼は飢餓を絶対化することなく、冷静に自己を見つめている。生きるために強いられた苦闘は、反面、自己意識に目覚めていく過程でもあった。飢えからも解放されたいし、自由な人間にもなりたかったに違いない。飢えの貧しさと対極にある豊かで自由な幻想世界を求めたのではないかと思われる。

村社会の網目の中で、見られる存在が見る存在に変わったときに、彼は、習俗を越えた複眼的な思考が得られたのではないかと推察される。

4

「青春時代」には、自己を確かめるためにいろいろ冒険するものである。彼は他の人が思いもつかないことをして友人を驚かせていた。「夜中に葬式の済んだばかりの墓で座禅」を組んだり、「数日も断食」をして、「気が狂った」と思った母親をユタに走らせたりもしていた。彼は、ここで笑うに笑えないユーモラスな母子関係の一面を記している。彼は、前向きに生活している人々に対してとても優しい。「座禅」するということは、恐怖・不安の中で「自己の意志」の確かめと、体験の奥に潜むものを探ろうとのものではないかと思われる。その後に彼は、日本人の死生観や、仏教、キリスト教の影響後の死生観、それに現代人の死生観等の考察や、死の哲学の考察を深めていったものと思われる。「断食」については、「あの世」「この世」間の浄土の問題ではなく、「身体」の問題を考察するための行為だと思われる。「身体」は現実であるものであるとともに「意識」するものである。身体をめぐる哲学は、身体の外在性、身体の心的領域、心の身体的領域を問題にしている。

5

高校では先生方が教育熱心で、それに戦後教育に対する自負があった。生徒の方もそれに応えて学習は活発で、読書もよくして「教養」にも気を配った。先生方は知識が広く個性的で各教科とも情熱的な授業をしていた。彼は、「自我意識の目覚めといえば平良信勝先生の啓発が大きい」と恩師に深謝している。彼は、先生の自宅を訪問して哲学や宗教の話を聞いていた。「信仰と救済」、「存在と無」、「原罪と業」等は、いまもって「楽しい思い出として鮮明に記憶に残っている」と言っている。それは、日常を繰り返し生きることの重たい人間存在の考察や、存在の救済への宗教的考察等にも関心があったものと思われる。平良先生は、何よりも存在感があり、博識であった。先生の存在を賭しての切実な深い思考は、生徒に多大な影響を与えた。その後先生は、琉球大学の哲学の教授となられた。

6

山根君は、「高校時代は己の存在にとって何だったのか。それは知の芽生え、自意識や恋の目覚めの時期だったように思う」と記している。

高校時代の読書は、ドストエフスキー、トルストイ、ジイド、ロマン・ローラン、夏目漱石、太宰治、倉田百三等で、図書館を利用していた。

ところで「教養」という言葉は時代とともに変遷を辿り、明治時代の「修養」は、大正時代の「教養」、七〇年代を越えると「知」という言葉に変わっていった。社会状況の変化とともに内容も変わっていったのである。「教養」は頭脳の、個人の、個体の文化であり、「知」は、人間的な要素を含まず冷静に対象を扱っていくものである。彼はこの知的世界の広がりと深さに目を見張るものがあったと思われるが、他方、人間共通の低みに立ち、生活基盤に根を張って生きる民衆思想にも関心を持っていたに違いない。

7

彼は一九五八年琉球大学に入学したとき、八重山と那覇の読書傾向が違うのには驚いていた。那覇では世界的視野の中でサルトル、カミュ等が、またマルクスについても論じられていた。しかし彼は豊富な読書量で、学生の論客達と対等に渡り合っていた。

8

彼は、高校時代南米への移民について考えていた。新天地での村造りでも考えていたのだろうか。大学時代には、井戸を独りで掘り、大工を雇い家を建てていた。彼は必要なものを作り、生を自ら切り開いていく心意気があった。高校時代の彼は、着実な経験を積み上げそれに多面的な考察を加え将来に備えていたのだろうか。彼には、いろいろな可能性があった。その後彼は、沖縄の厳しい状況の中で時代に翻弄されながらも、ジャーナリストとして民衆と共に時代を生きていった。

ご冥福を心からお祈りいたします。

山根安昇さんの次世代へのメッセージ

垣花豊順（「首里九条の会」会長）

山根安昇さんが二〇一七（平成二九）年三月二十四日、七七歳で逝去された。気魂は優しいが、舌鋒は鋭く、権力に媚びずに次世代へのメッセージについて熱く語る友人を失って、寂しさで一杯である。安昇さんが八重山高校生時代に導かれて読んだ聖書は、次のように、死は生まれた時に定まっていることを説いている。

天の下では、何事にも定まった時期があり、すべての営みには時がある。生まれるのに時があり、死ぬのに時がある。植えるのに時があり、植えた物を引き抜くのに時がある（旧約　伝道の書３－１）。

山根さんの死は生まれた時に定められている。それは自然の摂理であり、神の掟である。山根さんはこの世で生かされていた時を大切にして、生・老・病・死を通して魂としての修業を終え、五感では確認できないあの世（魂の世界）に戻ったのである。そのように考えると、山根さんは安国寺の住職が名づけた戒名「啓報昇勲居士」の通り、新聞の報道を通して個人、社会、国家の在り方について啓発し、家庭生活は康子ご令室、三人のお子さん、五人の孫に恵まれて、後悔の少ない人生を終えて、天上界に登ったことは間違いない。

私は山根さんと「沖縄県労働史編纂懇話会」「子どもたちにフィルムを通して沖縄戦を伝える会（通称沖縄戦記録フィルム一フィート運動の会）」「首里九条の会」で活動を共にした。この三団体の活動を通して、山根さんが次世代に伝えたかったことの要旨を私の知る範囲内で記録して山根さんの御霊に捧げ、ご冥福を祈ることにする。

1　憲法二八条に定める勤労者の団結する権利及び団体交渉その他の団体行動する権利は保障され、次世代においても守り、受け継がれるべきである。

山根さんの知人、友人は県知事のような高名な政治家から、農夫のような庶民にいたるまで数多い。私が山根さんと懇意になったのは、沖縄県商工労働部労政福祉課が発行した『沖縄県労働史』（全5巻・別巻）を発行した際、同労働史編纂懇話会の座長として、座員の山根さんから沖縄における労働史の特異性について、多方面にわたり多くのことを学んだことに始まる。

沖縄県は、太平洋戦争で一九四五年三月二十六日に米軍が慶良間諸島に上陸して、沖縄本島も戦時占領され、敗戦後も長期にわたり米国の統治下にあった。そのため、沖縄の労働史は本土における労働史とは異なる経緯を歩んでいる。

沖縄県は平成二年三月に「沖縄県労働史編纂計画」を策定し（商工労働部長決裁）、平成三年四月に専従職員一人と嘱託員一人を配置し、平成六年から十年度にかけて『沖縄県労働史』（通史全5巻）と別巻を発刊する準備を進めた。

一九九〇（平成六）年三月八日、県は「沖縄県労働史編纂委員会設置要綱」制定した。同委員会の委員長は商工労働部次長の喜友名朝春氏で、その任務は、編纂事業の基本方針について協議し、編纂事業の進行管理に関することを協議することである。

続いて、一九九四（平成六）年三月十八日、同編纂事業を円滑に推進するために「沖縄県労働史編纂懇話会設置要綱」を制定した。懇話会の任務は、沖縄県労働史編纂について指導・助言をすることである。懇話会は学識経験者、労働団体役員、使用者団体及び前記団体の経験者十五名で構成され、任期は二年であるが、再任された。私は労働史の専門家ではないが、学識経験者として座長に選任され、座長代理に沖縄国際大学教授喜久川宏氏が選任された。山根さんは当初は琉球新報社取締役専務、続いて同副社長として懇話会の座員に選任された。

同労働史の発刊は県労政福祉課が収取・整理した労働史に関する資料、情報に基づいて、東京千代田区にある㈱「労働教育センター」が原稿の原案を策定し、前記懇話会における指導・助言を経て出版された。労働運動史の原案は北海道生まれで、早稲田大学大学院博士課程後期修了の外村大氏（現東京大学大学院総合文化研究科教授）が策定した。

研究意慾の旺盛な一九六六年生まれの外村氏は膨大な労働史に関する資料、情報を読みこなして、予定通りに原稿の原案を策定した。各界を代表する懇話会の座員らからは、それぞれの見地から有意義な助言・指導の発言があった。山根さんの助言・指導は労働運動の経験を経て、新聞社の副社長の地位にあったこともあって、多方面にわたり、具体的な助言・指導であったので、取りまとめをする座長の私は山根さんから多くのことを学んだ。山根さんは助言、指導で、憲法二八条で勤労者に保障されている三つの権利（団結、団体交渉、団体行動（ストライキ））は次世代においても保障され、その中身は労働者の働く権利と使用者の経営権を調和させることであることを強調された。

2　沖縄における地上戦の実態は子どもたちに教えられ、人々の心に平和の砦を築く運動は続けられるべきである。

「子どもたちにフィルムを通して沖縄戦を伝える会」（以下一フィート運動の会）は一九八三（昭和五十八）年十月二十五日、琉球大学名誉教授仲宗根政善、同大学教授大田昌秀先生らが発起人になって、八汐荘で発足した。代表に仲宗根政善、副代表に宮里悦、牧港篤三、福地曠昭が就任し、同年十二月八日（太平洋戦争勃発の日）に活動を開始した。豊平良顕（沖縄タイムス社長）、池宮城秀意（琉球新報社長）を顧問に迎え、初代事務局長に外間政彰、次長に上原正稔氏が就任した。

一九八四年一月、大田昌秀、宮城悦二郎両教授らはフィルム購入下見のため米国立公文書館へ出張した。活動資金は同年一月二十一日現在で、約五〇〇人（一八件）から一〇二万五〇〇〇円をカンパで集めた。この活動資金で購入したフィルムを那覇市民会館で上映すると約二五〇〇人が押しかけて、場外まであふれた。

一フィート運動の特徴は、県や国からの助成金を断って、平和運動を広めるために、活動資金をカンパで集めることにしたことである。会では一億円の活動資金を集める計画を立てて、フィルム上映会でも一人当たり一〇〇円、一ドルのカンパをお願いしたところ、多くの市民が喜んでカンパした。

山根さんと私は、福地曠昭代表の呼びかけで、二〇〇四（平成十六）年に理事に就任した。同会は、二〇一三年十二月十五日に、その任務を充分に果たして解散した。解散した理由は、県やＮＨＫが沖縄戦に関する資料を収集し、公的機関で沖縄戦に関する映像を見ることが出来るようになったこと、人骨も含めて三十年間に渡って沖縄戦に関して集めた資料の保管が難しくなったこと、事務所の維持費をカンパだけでまかなうことが難しくなったこと、代表の福地曠昭氏を含め、理事が老齢になったことなどである。同会を解散するに際してこれまでの会の活動を記録した『未来への道標』を発刊した。

山根さんは編集員の一人として、同記念誌の発刊に尽力し、自らも「沖縄戦とメディアの変遷」のタイトルでジャーナリストの使命は、権力者の手先にならないで真実を伝えることであることを強調している。山根さんの次世代へのメッセージの一つは、沖縄戦に関する大本営の発表は、嘘で固められていたことを知らせることである。（本書84頁参照）。

大本営発表は、沖縄戦における日本軍の戦果、天皇陛下の兵士として勇敢に米軍と戦う兵隊を讃美することで埋められ、現在は靖国神社への参拝で戦争を美化し、教育勅語の復活を求める勢力が台頭し、平和憲法の基本原則を守ることは危うくなっている。このように、現在は時代の変動期であることに若者が目覚め、次世代も平和を持続させることについて真摯に考えることを促すことが、次世代へのメッセージである。近年は権力によるマスコミへの圧力が高まっていることを憂え、県内マスコミを応援するために「沖縄のマスコミを支える会」を二〇一五（平成二十七）年九月二十五日に結成し、自ら会の共同代表に就任したことは、その一例である。

私は一フィート運動の会の理念・目的「子どもたちに沖縄戦の悲惨さを伝える」を受け継ぎ、次世代の若者に平和の尊さを伝えるために、四国のお遍路を参考にして「沖縄ピースウォーキング」の会を立ち上げた。米軍が最初に上陸した慶良間諸島、四月一日に沖縄本島に最初に上陸した読谷の海岸から日本軍・住民が追い詰められた糸満市摩文仁の海岸までを歩いて、戦争の追体験をする運動を現在も続けている。代表者は垣花豊順、事務局長はフォークシンガーの大城真也（真夜中真也）で平和の語り部たちの協力を得て、平和の尊さを広める運動を続けている。山根さんはピースウォーキング運動に賛同された。しかし、歩いて運動を進める会なので実際の活動には参加されていない。

3　象徴天皇、戦争放棄、憲法の根本理念「個の尊厳」は守り、深化されるべきである。

自由民主党は二〇一二（平成二十四）年四月二十四日、日本国憲法改正草案を決定している。この改正草案は第一条で「天皇は日本国の元首であり……」と定めて象徴天皇を国家元首にすり替え、戦争の放棄を定める憲法九条を改正し、第九条の二を新たに設けて「国防軍を保持する」ことを定め、一三条に定める根本理念「すべて国民は、個人として尊重される」を「全て国民は、人として尊重される」に変えて、「個の尊厳」は「公の利益」によって制限されることを定めている。

「首里九条の会」は全国的に広がった九条を守る会に呼応して、二〇〇九年十月に結成された。会結成の準備は儀部景俊（沖縄国際大学名誉教授・故人）が中心になって世話人十六人を選任し、会の代表に、垣花豊順、事務局代表に儀部景俊が就任した。山根さんは世話人十六名の一人として、憲法改正草案の問題点を指摘し、自民党主導の現行憲法改正に真正面から反対した。具体的には会の開催するシンポジウムのパネリストとして、憲法九条改正に反対し、毎月第四金曜日に首里公民会で行われる世話人の勉強会では「普天間・辺野古問題と知事選」と題して、憲法改正を阻止するためには知事選で翁長雄志候補を当選させる必要があることを主張した。

勉強会が終わると、首里リウボウの一階にある喫茶店で、九条の会の運動方法について話し合うことが定着した。その話し合いの中で、山根さんと安良城米子さん（沖縄国際大学で平和学に関する講義担当）が強調したことは、島言葉（それぞれの地方の言葉）で日本国憲法に定める象徴天皇制、戦争の放棄、憲法の根本理念である「個の尊厳」を県民に伝える必要があることである。

個の尊厳を蔑にした戦前の教育では、島言葉を使うと罰された。島言葉の使用を禁止することは、各人のアイデンティティーを否定することに繋がる。因みに山根さんが惹かれて読んだ聖書は言葉についてつぎのように教えている。

初めに、ことばがあった。

ことばは神とともにあった。

ことばは神であった（新約ヨハネの福音書1の1）

故郷の宮良村を「方言村」と宣言することを提案した山根さんは（本書166頁参照）は、宮良方言で立憲民主主義の根本理念について語りたかったと思われる。

山根さんは「牛に引かれて善光寺参り」で知られる長野県の善光寺で、ご令室の康子さんと結婚式を挙げている。山根さんは宮良方言で憲法の根本理念を語ることは出来なかった。しかし、子どもの頃、馬の世話をした山根さんは、世話した馬に引かれたかのように、善光寺で康子さんと結婚式を挙げ、遺稿を託した三木健氏のような友人との想い出を心に刻んであの世に帰った。山根さんの人生は、果報を充分に受けた人生だった。

（二〇一七年一二月一〇日）

解題

底流に沖縄魂と反骨精神

――山根安昇の人生と書き残したもの――

三木　健
（八重高・琉球新報同期）

「遺稿集」となった遺言

「これまで書いてきたものをまとめて本にしたいので頼む」と、山根から言われたのは、彼が二〇一七年三月に他界するわずか十日か、一週間前のことだった。入院先の病院から一日だけ帰宅して、娘の五十鈴さんに手書きの原稿などの在りかを教えてひとまとめにしている。そんなにも早く逝くとは知らずに「そうか、急いでやろう。もたもたしていると、遺稿集になりかねないぞ」と、冗談半分で言ったものだ。

実は亡くなる前年の暮れ、那覇市田原の家に見舞ったら、彼は横になっていたが、起き上がると「おーい、医者から余命五年といわれたよ」としょんぼりしていた。胃がんを宣告されたのだ。彼を励ますつもりで「なーに、あと五年もすれば、いずれ同期の者もあの世逝きだろうから、皆と同じさ。この機会に自分史でもまとめてみたらどうか」と勧めたものだ。彼は「自分史か」と照れ笑いをしていた。

しかし、年が明けると、がんは急速に悪化し、入退院を繰り返して食事もままならなくなった。とても原稿どころではない。せめてこれまで書いてきた原稿をまとめておきたいと思ったのであろう。また、いとこの大城安弘（元琉大教授）からも、勧められていたらしい。そこで冒頭のような私への依頼となったのだ。その時、彼は「ぼくがどんなことを考えていたのかを、残しておきたいのだ」とその意図を明かした。それが私への遺言となった。出版は生前には叶わず、結局、「遺稿集」になった。

四十九日の忌が明けてから、八重山高校の同期の者や、元職場の同僚、親戚などが集まり、「遺稿集」の刊行について話し合った。彼が現職記者の頃に書いたものは、すでにそのいくつかが出版されている。たとえば『ことばに見る沖縄戦後史』（ニライ社）、『世替わり裏面史』（琉球新報社）、『世界のウチナーンチュ』（ひるぎ社）などである。

それらはいずれも共同執筆のため、前二著は、どの章が山根執筆なのか判然としないものもあったが、当時、分担した同僚に聞き、彼が執筆したものを特定することができた。『世界のウチナーンチュ』などは、新聞連載の記事に担当記者名が記されている。これら三冊の本に載った彼の文章だけでも、かなりの分量にのぼる。そこで本書では既刊本は割愛し、定年退職後に書かれたものを中心に収録した。

その論考にいちいちコメントするのは差し控えるが、彼と私は八重山高校の同期、そして職場も同じ琉球新報社の同期入社だったので、書かれたもののいきさつや背景について記し、読者の参考に供したい。

宮良村の母子家庭

彼は一九三九年石垣島の宮良で父・根舛宜佐、母・ツルの長男として生まれた。上に姉の久枝、下に妹のるり子がいる。父親は沖縄の南部の出身で、石垣にきて結婚し、彼らきょうだいが生れた。しかし父親は戦後間もなく、若くして他界している。亡くなる時、妻のツルに、自分は先に逝くが、子どもたちを立派に育ててくれ、と遺言をしている。山根は、八重山を後に沖縄本島に出てから、自ら山根に改姓している。八重山の山と、根舛の根からとったもので、子どもたちの話によれば「根っこは八重山だ」ということらしい。私もついぞ改姓の理由を聞いたことがなかった。いずれにせよ、人生で初めて島を出てゆく旅立ちの転換期に、彼なりの決意を表わしたものに違いない。

宮良村の家は、集落の西側のゆるやかな傾斜地に面し、宮良湾がよく見えた。一七七一年に起きた明和大津波で、集落の海側半分が流された。彼の家はその少し上ではなかったか。高校の頃、二、三度遊びに行ったことがある。小さな瓦葺きの家で、大きなカマドがあった。母子家庭の女ばかりの中で、彼は早くも一人前の男として一家を支える自覚を求められた。家畜の世話や、三度の食事のことまで、気を遣うようになる。

八重山高校同期が出している記念誌のエッセイの中で「私と同期のみんなと違うのは、あらゆる動物をと殺した経験を持っていることだろう」と書いていた。また、学校の帰り道、宮良川で魚が泳いでいるのを見つけると、カバンの教科書を出して、カバンには魚を入れて帰った、とも書いている。母子家庭の貧しさを、さりげなく書いている。

彼のいとこに十歳上の山根安行がいる。父親同士が兄弟で安行の父親が三十四歳で亡くなったため、安昇の母・ツルがわが子同様に面倒を見ていた。安行も年下の安昇を実の弟のように面倒を見ていた。それだけに幼いころからの安昇のことをよく知っている。また人生の大切な節目に手を差し伸べている。

戦後間もないころ、二人で馬を飼っていた。栄養の行き届かない痩せ馬（ミーハガー馬）だった。雌馬であったが

「もう子どもは産めないだろう」と言われていたが、ツルが「ハミ（飼料）に水分の多いものを食べさせると、産めるかもしれない」と助言した。そのように育てていたら二頭の馬が生まれた。とても形のいい駿馬だった。評判が立ち、わざわざ見に来る人も現れた。彼は買われるのがいやで、人が見に来ると馬を隠していた。しかし、その馬はある日、八千円（B円）で売られた。当時としては大金であった。が、山根は怒っていたという。

母親のツルは気丈夫な人であった。安行がこんな話をしてくれた。戦時中といっても、末期になるが、米軍の空襲で宮良村のある家が火事で燃えた。村人は井戸からバケツに水を汲んで消火に当たった。火の粉が飛んでくると、茅葺の家に燃え移る恐れがある。ツルたちも井戸水を汲んできて、燃え移らないうちに屋根に水をかけていた。そこへ宮良湾沿いに駐屯していた海軍特攻隊の二十歳前後の短剣を腰につるした青年将校たち数人が通りかかった。ツルたちの行動を見て、茶化すように笑って見ていた。ツルは兵隊たちに向かって「兵隊さんがこんな態度でいいのか。あんたたちは住民を護るためのきたのではないのか。住民を助けなさい」としかりつけた。しかしツルは、軍隊に反抗したとして、憲兵が来て手を縛り、旅団本部に連行された。村ではツルが憲兵に連行された、と大騒ぎとなった。しばらくしてツルは帰ってきたが「自分は何も悪いことをしたわけではない」と周りの者に話していたという。

戦争が終わり駐屯していた日本兵たちは食糧難となり、住民の畑から作物を「調達」していた。ある日，ツルが家の東にあった三百坪ほどのイモ畑に行ってみると、駐屯軍の兵隊たちが勝手にイモを掘っていた。ツルはそれを見ると兵隊たちに向かって「天皇陛下の兵隊もドロボーをするのか。私たちのイモを採っていったら、私たちはどうして生きていけばいいのか」と抗議したという。戦争はすでに終結しており、さすがに連行されることはなかった。こうした母親の強い正義感は、幼い時から彼の身体にも刻み込まれたに違いない。後年の彼の行動を見るにつけ、私はその背後に、いつも母親の姿を見る。

ツルは晩年、首里に住んでいた山根の元に引きとられるが、認知症が出るようになり、施設に入った。山根が訪ねていくと、いつも宮良方言で会話をしていた。彼が帰ろうとすると「ハンナ、ハンナ」（帰るな）という。そこで彼は宮良の方言で「今帰らないと、日が暮れて馬の草刈りに行けない」と言うと「じゃあ、早く帰れ」と納得してくれたという。母親もまた、宮良村での生活が、認知症になっても抜け切れなかったのだ。

さ迷える青春

山根が八重山高校に入学したのは、一九五五年四月である。宮良から石垣市内にある学校までは、およそ六キロの距離である。当時は石垣から宮良の一つ先の白保まで、東運輸の路線バスが通っていたが、通学には向かず多くは自転車であった。五、六人が集団で暑い日照りの日も、雨の日も自転車に乗って通った。市内から通う生徒たちとは、それだけでも負担が大きかった。山根は冬の寒い日には、米軍払い下げのＨＢＴ（ジーアイシャツ）をコート代わりに学生服の上から着けていた。そのころはまだバンカラの気風も残っていた。彼にとっては石垣市内から通う生徒たちは、都会的で垢抜けしているように見えた。

それでも三年間の高校生活で友人を得、良き教師にめぐり合い、はかない恋も経験した。私が彼と知りあったのも、この高校時代である。どちらかというと、その頃の彼はおとなしく、素直であった。教科では人文地理や化学などが好きだった。よくあるように教科そのものよりも、教える教師の魅力に引きずられることが大きかった。国語の屋部憲弘、化学や物理の漢那用全、英語の平良信勝らの教師たちは生徒から慕われた。

中でも三年時の英語の教師・平良は、京都の大谷大学で仏教哲学を学んできたばかりで、授業の合間に倉田百三の『愛と認識の出発』や『出家とその弟子』などを話し、生徒は傾聴していた。山根もそうした一人であった。学校の話だけでは物足りず、夕方から先生の自宅に押し掛け、人生とはなんぞや、神は存在するかなど、宗教談義に花を咲かせた。教師の自宅は、石垣市内の字新川の通称・マフタネーと呼んでいる静かな農家である。ある時など数人の生徒が押し掛け、書斎の裏座は所狭しとなった。そこで先生は屋敷裏の山手に向かう道に誘いだした。街灯などもない時代で、夜空には満天の星がきらめいていた。古代ギリシャの「逍遥学派」よろしく、宇宙の広大さと人間社会の狭小さに思いをはせ、逍遥しながら帰ってきた。

平良はその後、琉球大学に招かれ哲学の教授となった。琉球新報社で記者をしていたころ、首里にあった先生の自宅を、山根と二人で尋ねたことがある。廊下や階段まで本が詰まれ、書斎も本にうずもれていた。よく見ると座卓の前の畳がすり減っていた。こうした話は、戦前の話として伝説のように聞いてはいたが、実際に見るのは初めてだった。思わず山根と顔を見合わせたものだ。

青春時代に誰しもが抱く人生に対する懐疑や、これからの進路に対する不安が交差しているときである。先生の勧める本を、むさぼるように読んでいた。ある日、宮良川につながれた小舟を無断借用して、山根と二人で河口を目指した。そこには島になり損ねたような大きな岩があった。そこに小舟を結んで岩山の上に寝転がり、話し込んでいた。そのうちに太陽は沈み、あたりはすっかり暗くなった。戻るのはかえって危険、と都合のいい結論を出して、星空の下で一夜を明かした。懐かしい思い出だ。

そのころ彼は、ある女生徒に思いを寄せていたが、その思いがうまく伝わらずに悩んでいた。一目見たさに、彼女の家の石垣に上って中をのぞいていたら、犬にほえられ転げ落ちた。犬の方が驚いて逃げ出した。「犬に申し訳ないことをした」と、同期会の記念誌に書いていた。

彼はキリスト教に惹かれ、高校近くのカトリック教会の門をたたいている。ある日の放課後、教会に隣接しているグラウンドで談笑していたら、教会の時報を告げる鐘の音が聞こえてきた。彼はすぐさま起立してお祈りを始めた。とかくこうと決めたら、実行するタイプであった。それほど宗教にのめり込んでいたのだ。平良先生の感化もあったのだろう。

そうこうしているうちに卒業が近づいてきた。恋だの神だのと悩んでいる場合ではなくなってきた。卒業後の進路を決めなければならない。深刻な現実が控えていた。那覇や東京に出て進学することは、家庭の経済事情が許さなかった。私は東京の親戚を頼って大学進学を決めていた。彼は家庭の事情もあり、決めるに決められなかった。思い余った彼は、南米への移民を考えた。恋も貧乏も捨て、心機一転、新た活路を見出そうとした。

そのころ沖縄では、中部当たりの農家が、米軍の軍用地に土地を接収され、南米ボリビアに移民する人が故郷を後にしていた。時の琉球政府がそれを後押ししていた。そうした状況が、彼を南米に誘ったのかもしれない。東京でその決意を知った私は、神田の古書店街で、牧場経営や牛の飼育に関する本を購入して送った。

ところが母のツルは「お前を南米に移民させるために育てた覚えはない」と猛烈に反対した。見かねた姉の久枝が、沖縄本島にいるいとこの安行に「兄さんから断念するよう説得してほしい」と手紙を書いている。

そのころ安行は沖縄本島に出て、嘉手納基地のガードマンをしていた。安行は「山根家の男は君と自分しかいない。君が南米に行ったらあとはどうなるか」と諄々と書き「沖縄に来て、まずは琉大に受験せよ。君の成績なら大丈夫なはずだ。大学に入れば、そこから新しい道も開けてくるだろう」と琉大受験を勧めた。四面楚歌の彼は、その説得に応じて琉大受験を決意する。通っていたカトリック教会に那覇市首里の教会寮を紹介してもらい、母親がくれたＢ軍票の三千円を手に、石垣島から船出したのである。

琉球大学時代

琉球大学文理学部に合格した。高校時代好きだった人文地理を学びたいと思った。しかし、合格はしたものの郷里から仕送りはない。石垣島を出る時にもらってきた三千円は、船賃や入学金、それに四月分の食事代を払うと、もう一銭も残らなかった。孤独感が彼を襲った。そのころ、東京の友人に書き送った手紙には、厳しい生活の様子が綴られている。

大学の授業は午前中で終わったので、アルバイトに出ることにした。しかし当てはない。あたって砕けろと、全く知らない人の家に飛び込んでお願いしたら、その家の主人が「下男」として雇ってくれた。月に千五百円がもらえて、一息ついた。仕事は飯炊き、洗濯、買い物、掃除と、まさに下男のように働いた。「つらいけど母親に苦労をかけずに勉強できるという喜びがありますので、大の男がこうして働いているのです」と綴っている。

世の中には奇特な人もいるもので、二学期からは働かなくても、雇い主が十ドルくれるという。この年九月にB軍票は、アメリカの沖縄統治政策の変更で、通貨がドルに切り替えられたばかりである。彼は大学の図書館に通い、勉強や好きな読書に時間を費やした。「人間の運命とは不思議なもの。全く見知らぬ方からこうして勉強させてもらうとは。どうにか生きている中に新しい道が開けてくるものですね」と書き送っている。

一九六〇年に入ると、キャンパスに新しい風が吹き始めた。本土の六〇年安保闘争の学生運動に呼応して、琉大にも学生運動の嵐が吹き始めた。一九六一年にはマルクス主義研究会が琉大の中で旗揚げした。通称「マル研」と呼ばれたこの団体は、沖縄で初めての新左翼による学生の政治団体である。沖縄人民党の掲げる祖国復帰路線を、「階級闘争を放棄した民族主義路線」だと抗議して、既成政党の路線から離れ、激しい街頭行動に繰りだした。また、階級闘争を支援するため、沖縄繊維工業（株）や、オリエンタル煙草の争議に参加し、ストを支援した。

政治闘争では、沖縄自民党の推す任命主席の官舎に押し掛け、座り込み闘争を仕掛けた。その激しい行動は、人々の注目を惹いた。山根は学生運動には強い関心を抱いたが、特定のセクトに所属することはなかった。八重山から出てきて感傷的になりがちだったが、学生運動の嵐はそうした感傷を吹き飛ばし、彼の目を社会に向けさせたに違いない。

「マル研」が発足した年の一月に浅沼稲次郎社会党委員長が右翼の少年に刺殺された事件に抗議して、学内で抗議のデモが行われた。このデモが無届け出というので、三人が逮捕され起訴された。その中の一人、桑江常光は大学を一年停学処分となった。米軍政当局から大学に圧力がかかっていた。桑江は「マル研」を立ち上げた一人だが、後にその激しい政治路線を批判して組織を離れた。その後「マル研」は解体したが、残留組を中心に「沖縄社会主義研究会」（六五年）、「沖縄人民解放者連盟」（六六年）、「沖縄マルクス主義者同盟」（六七年）と変遷し、本土の「革マル」系と連携しながらその影響力を強めた。

桑江は一九六二年に卒業すると、琉球新報社に入社した。そこで労働組合の委員長になる。

山根は琉球新報社の社会部記者時代に書いた『ことばに見る沖縄戦後史』の「マル研」の項目の中で「マル研が沖縄大衆運動に与えた影響は大きく、その歴史的な役割は正しく位置づけられるべきだろう」と書いている。

学生運動の吹き荒れた琉大を卒業したあと、山根は南大東島で中学校の教師をしている。しかし、わずか一年で退職した。沖縄本島から遠く離れて暮らし、悶々としていたにちがいない。退職するとすぐに東京に出て、一九六五年一月に本部町出身の渡慶次康子と結婚している。康子はその頃、評論家の中野好夫が主宰していた「沖縄資料センター」で働いていた。康子の話では、その年一月五日に長野県の善光寺を詣で、そこで二人だけの挙式をしたという。生活のため四月にエンサイクロペディア・ブリタニカ社に就職したものの、四か月で退職し七月に沖縄に引揚げている。

この年八月、時の佐藤首相が現職の総理大臣として初めて沖縄を訪問し、沖縄をめぐる状況は、大きく変わろうとしていた。ベトナム戦争は激化し、嘉手納基地からはB52戦略重爆撃機が、連日のようにベトナムへ渡洋爆撃を繰返していた。日本復帰運動も、これまでのナショナリズムとしての日本復帰から、米軍基地反対の反戦平和運動へと大きく舵を切り始めていた。東京でのうのうしている場合ではない、と彼持ち前の正義感に突き動かされたのであろう。

琉球新報社時代

彼が新しい道として選択したのは、新聞記者である。一九六五年九月に琉球新報社に採用されている。実は私も彼より三か月先に東京で琉球新報社の採用試験を受け、四月から採用され、東京総局報道部記者をしていた。彼の入社は後で知った。

琉球新報社の当時の社長・池宮城秀意は、山根の途中採用に踏み切ったが、彼の新聞への情熱を買ってのことであった。ところが、初めての給料を手にした山根は、あまりの安さに驚いた。社長室に出向き、給料袋ごと社長に差し出し「これは社長のこずかいにしてください」と渡そうとした。行動派の彼らしいやり方だ。池宮城社長は「ぼくは間に合っている。とっておきたまえ」と彼に返したという。

その頃の給料は山根に限らず、社員の多くが安月給に甘んじていた。みな給料を前借してやり繰りしていた。その前借が給料から差し引かれていた。毎月その繰り返しである。おまけに給料日を当て込んで、飲み屋のママたちが集金に押しかけて来た。見つかると大変とばかり、裏口からこっそり姿をくらますものもいた。

彼は社会部の新米記者として、一九六七年の教公二法闘争や、琉球政府幹部のタクシー汚職事件を取材した。人怖じしない持ち前の押しの強さで、腐敗した琉球政府の「黒い政治」を暴き出した。この報道で取材班は、日本ジャーナリスト協会賞（奨励賞）をとっている。沖縄では初めての賞だった。

そのころ山根は、桑江常光から労働組合の委員長を引き継いだ。教公二法闘争や、全軍労の解雇撤回闘争、屋良朝苗の主席公選にも参加し、大衆運動に関わった。彼は屋良が大衆運動から行政に入った経緯をつぶさに見ており、後年、「屋良朝苗の歴史的評価」という一文を書いている。翌六九年、マスコミ各社で結成された「沖縄県マスコミ労働組合協議会」の議長に就任、文字通り沖縄労働運動の一翼を担うことになる。

マスコミ労協の議長として、嘉手納米軍基地前で傘下の組合員のデモ隊の先頭で指揮を執っている彼を、ゲート内からじっと見つめていたガードマンがいた。山根を沖縄に呼んだいとこの山根安行である。その頃、安行は米軍基地内でガードマンとして働いていたが、安行は彼の行動を見て、心の中で「なかなかやるわい」と感心していたという。

「六九春闘」

一九六九年三月、琉球新報社は、後に「六九春闘」と呼ばれる大争議の嵐が吹き荒れる。彼はその争議の責任者として、最前線で指揮を執るが、それは彼の人生にとって最大の試練となる。

この年三月十三日に会社は編集局の二十四人の定期人事異動を発令した。山根を委員長とする新報労組は、その中に執行委員である教宣部長が、本人の同意なく本社から中部支社報道部に転勤させられるのは、不当人事だとして撤回を求めた。会社は、本人同意は組合三役だけで、撤回要求は会社の人事権への不当介入だ、としてこれを拒否した。

組合は対抗措置として、転勤発令者二十四人全員に赴任拒否を発令。会社は二十四人全員の異動期限を延長し、三月二十四日までに赴任するよう命令したが、組合は二十四日夜から「人事異動の本人同意制」などを求めて全面ストに入った。このため二十五日夕刊と二十六日の朝刊が発刊できなかった。翌日、ストは解除され、異動対象者は赴任したものの、教宣部長だけは無期限の指名ストで、対立が続いていた。

双方の主張は平行線をたどり、組合は連日のように部分ストを打ち、会社は管理職で新聞を発行していたが、ストが工務局文選課に及ぶに至り、再び発行できなくなった。重大事態にあたり、会社は社員大会を開いて突破口を見出そうとしたが、組合は全面ストを通告して社員大会をボイコットした。会社側は管理職や非組合員で発刊しようとしたが、こんどは組合が無期限全面ストに突入して、またしても発刊できなかった。

会社の顧問弁護士が仲裁に入り、教宣部長は四月末に赴任するが、法対部長、青婦部長などの専門部長は「今後十分検討する」との和解案が示され、ひとまず人事の件は決着がついた。

これで事態は収拾かと思われたが、春闘は何も解決していなかった。組合は全闘争委員の年休行使指令を出した。これに反発した会社は、全闘争委員の氏名を張り出してロックアウトに出た。これが泥沼化の始まりである。目には目をと組合は五月十六日から全面ストに突入。会社は機動隊を導入しピケの排除に出た。しかし発送できず、「無期限休刊宣言」をせざるを得なかった。休刊は六月四日まで続き、連続十六日間も休刊した。人事問題を含めると十九日に及ぶ休刊で、日本の新聞争議では異例のことであった。会社の不法占拠で、委員長の山根が逮捕されるのでは、という憶測が流れ、山根は「その時はあとを頼む」と桑江に話したという。

沖縄の労働界のリーダーである官公労や自治労の幹部が仲裁に入り、①処分問題は労使各三人による委員会で検討する②ベアについては十月一日に実施する。ただし有価部数が三月末になるのを条件とする——などの案で妥結をした。六月四日に山根は委員長として池宮城社長と妥結調印している。(交渉経過は『琉球新報百年史』による)

それにしてもこのまれにみる大争議は、大きな後遺症を残した。巷では「新報はつぶれるのではないか」という噂まで出回った。発行部数はガタ減りし、新聞販売店の中にはやめるところも出た。希望退職による人員整理が行われ、中堅の社員たちの中には、見切りをつけて社を去っていく人もいた。しかし、「新報をつぶすな」という読者の声に支えられ、次第に部数が回復して、奇跡的に立ち直った。

後年、桑江が語るところによれば、組合の執行委員の多くが「革マル」のシンパで、そうでないのは山根と桑江ぐらいで、統制が利かなかったという。この種の争議は、突き進むのはたやすいが、引き際がむつかしい、とよく言われる。山根も委員長として、どの局面で手を打つべきか、悩みに悩んだことであろう。

そのころ私は東京総局（後に支社）の報道部記者をしていたが、同時に組合の本土支部の支部長もしていた。組合員を集めて意見交換をしていたが、日に日に変わる本社の情報は入らず、隔靴掻痒の感があった。日本復帰前のことで、沖縄との電話も簡単にはかけられなかった。

ある朝、東京・丸の内の東京総局に出社してみたら、ロックアウトの張り紙がしてあり、中には入れなかった。行き場のない組合員は、近くの皇居前広場で車座になって話し合いをしたものだ。東京総局を取り巻く業務は、報道、営業ともに争議とは関係なしに動いており、総局の組合員は一日も早い妥結を待ち望んでいた。分会長としての私は、いらだつ組合員を説得し、組合脱退や、分裂を避けるのに苦労した。後年、山根はこの争議を振り返り、『社友会会報』に反省の弁を書いている。

琉球新報社の大争議があった年の十一月、佐藤・ニクソン会談で一九七二年の沖縄返還が決まった。返還条件をめぐり、沖縄では激しい反発が出て政治状況は混沌としていた。そのころ山根は、県内二紙や放送各社を中心とした沖縄県マスコミ労協の議長に就任した。翌年十一月には初の国政選挙が行われ、十二月にはコザ市で米兵の事件をめぐり、沖縄民衆の怒りが爆発し暴動が起きた。米兵のイエローナンバーの車が焼き討ちにされた。そして一九七一年六月に沖縄返還協定が締結された。

この年十一月に日中国交回復国民会議の中国訪問団（団長・飛鳥田一雄横浜市長、団員二十人）が派遣され、沖縄からもマスコミ労協議長をしていた山根が参加した。戦後、沖縄から初の中国取材である。帰国後「七億の友人―向かい側の中国を訪ねて」「中国―人と生活」などを連載している。彼の中国への思いを込めた連載である。

訪問中の北京で共同声明を出すときのことである。尖閣諸島の文言が問題となった。尖閣の領土が中国寄りに記載されていた。沖縄から来た山根の意見も聞いてみよう、ということになった。山根は尖閣諸島が戦前から石垣島の漁民の漁場で、方言名を「イーグンクバシマ」と呼んでいたことなどを説明し、原案に強く反対した。その結果、尖閣の部分は修正されたという。彼が明かした訪中団秘話である。

帰国後、一九七二年二月から、県労協専従のため休職している。この年五月には沖縄の施政権が返還され、六月には戦後初の沖縄県知事選挙が行われた。県労協専従として、選挙支援を含む大衆運動に専念する。県知事選挙には戦後沖縄の大衆運動を指導した屋良が初当選した。まさに大衆運動から、行政に入ったのである。山根は退職後「屋良朝苗の歴史的評価」という一文を書いている。山根の専従は一九七六年一月に解かれ、職場に復帰した。

その翌年（一九七七年）にマスコミ労協議長を退任するが、一九六九年の就任から退任する七年間は、一九七二年の日本復帰をはさんで、沖縄の最も激動した時代である。沖縄の労働運動史でも特筆すべき時代であった。その中にあって山根は、マスコミ労協傘下の組合を束ね、それなりの存在感を示していた。また、在任七年は最も長く、創設間もないマスコミ労協のレールを敷いた、といっても過言ではない。

復職すると政治経済部に籍を置き、一九七九年にサウジアラビアの沖縄労働者を取材、一九八二年一月からは取材班の一員として「証言に見る世替わり裏面史」などの連載を担当している。その取材のため上京した時のことだ。

彼は労働運動の活動家よろしく、背広もつけず米軍払下げのドタ靴を履いていた。首里出身で南方同胞援護会専務の吉田嗣延に会いに行ったところ、吉田は彼の姿を見て「山根君、武士は鎧をまとうものだよ」と、注意したという。今さらどうにもならず「いやー、あの時はまいったなー」と私に話していた。

当時の沖縄返還交渉に関係した閣僚や政府官僚などのインタビューをベースにした連載記事は、考え方の違いは別として、その人が置かれた立場でどのように沖縄と関わり、努力をしていたかを見ようとしていた。その物おじしない取材が、読者をひきつけて離さない。彼の脂の乗り切ったころの産物である。しかし、彼の本領が発揮されたのは、やはり次の「世界のウチナーンチュ」の連載であろう。

「世界のウチナーンチュ」で南米取材

一九八四年から二か年にわたって行われた「世界のウチナーンチュ」の連載企画は、琉球新報社始まって以来の長期大型企画であった。これに山根は社会部副部長の担当デスクとして、企画の段階から関わった。

時代は丁度、沖縄の日本復帰から十年が過ぎた頃である。当時の沖縄は、重っ苦しい閉塞感に覆われていた。日本に復帰はしたものの、米軍基地の大部分は居残り、相変わらず米軍に派生する事件・事故は絶えなかった。ドルから円への切り替えで物価は急激に上昇し、高止まりして生活を苦しめていた。一九七五年に開催された沖縄国際海洋博覧会が閉会すると、企業倒産が相次いだ。人々は「こんなはずではなかった」と日本復帰に対する幻想が崩れ、出口の見えない状況が続いていた。

編集局の記者仲間でも、寄ると触るとこの話でもちきりであった。役つきの中堅記者の飲み会でも、何とかしなければ、と話が出たものの、いい知恵が思い浮かばなかった。そんな話の中から、ウチナーンチュはヤマト社会の中ではうだつが上がらないが、海外の移民社会では、結構、活躍している。これは一体どうしてなんだ、という話が出て、それをいちど取材してみてはどうか、という話になった。これまでも単発記事や短期の連載記事で海外のウチナーンチュを紹介したことはあるが、体系立てて取材したことはない。

山根も一九七九年十一月に、サウジアラビアで働くウチナーンチュを取材し、「見てきたサウジアラビア」という連載で沖縄から出稼ぎに行った「国際労働者」を紹介していた。沖縄の大手建設会社の国場組が、毎年のようにサウジに労働者を派遣していた。琉球新報社の社外役員をしていた国場幸一郎が国場組の取締役で、「君たちは狭い日本にばかり目を向けないで、海外にも目を向けてみてはどうか」と、以前から山根に話していた。その国場が取材の便宜をはかったものだが、それも海外に目を向ける一因となっていた。国場は十年余も沖縄移民の多いペルーの名誉領事もしていて、南米の移住地とも関係が深かった。

山根以外の記者仲間でも、ハワイやヨーロッパなどのウチナーンチュを取材した体験があり、そのメンタリティーに惹かれていた。そのことを紹介し、解明することは、これからの沖縄が生きる何らかのヒントになるのではないか、という意見に集約されてきた。そこで社会部デスク（副部長）をしていた山根が、企画案を立てることになった。しかし、一口に「世界のウチナーンチュ」といっても、文字通り世界にまたがっており、それらをカバーするとなると、当然取材費もかかり、マンパワーも必要だ。紙面も確保しなければならない。やるからには、中途半端なものではなく、徹底してやらねば意味がない。そこで山根は、当時の社長・伊豆見元一を社長室に押しかけ、企画の意義を諄々と説明し、その実現に漕ぎつけた。彼の交渉能力が功を奏した、というべきだろう

一九八四年の元日からスタートした企画のトップは、大西洋の洋上に浮かぶスペイン領のカナリア諸島に暮らす沖縄漁民であった。ヨーロッパブロックを担当した野里洋記者による連載記事である。「こんなところにもウチナーンチュがいるのか」と、読者の意表を突くに充分であった。山根は南米ブロックを山城興勝記者とのコンビで取材した。彼は沖縄県人会の人たちと酒を酌み交わしながら、沖縄方言で取材をして回った。南米にはウチナーグチが、まるで化石のように残っていた。

そんな取材を続けているうちに、気が付いたら旅費や取材費をスリに盗られていた。「山根がスリにあったらしい」と編集局では、ちょっとした話題になったが、本社からの送金で切り抜けた。金策に頭を痛めている経営陣には、なんとも苦々しい話であったろう。

南米取材は沖縄移民の長い歴史を持つブラジルやペルー、戦後の入植地ボリビアなど広範囲に及んでいる。ブラジルではウチナーンチュが町を作ったといわれる内陸のカンポグランデにも足を延ばしている。

大陸のことだけあって、移住地の人たちのサクセス・ストーリーもケタはずれに大きい。農場の面積が沖縄の耕地面積ほどもあるとか、飛行機で農園を回っているとか、そうかと思えばサンパウロの野菜市場では、ウチナーグチが飛び交っているとか、とかく話題にこと欠かない。沖縄の閉塞感を吹き飛ばすには、もってこいの話題にあふれていた。連載は大当たりとなり、読者の反響も大きかった。

「南洋群島の取材に行ってくれないか」と、デスクの山根から言われ、私は二つ返事でオーケーした。こちらは大陸の南米とは反対に、太平洋に散らばる小さな島々である。ホテルなどあるのかないのかもよくわからないので、予約なしのぶっつけ本番の一人旅である。戦前の移民の子孫や、関係者を訪ね歩いたが、多くは太平洋戦争の傷あとや、残留妻子の問題を引きずるような話が多く、サクセス・ストーリーなんてものではなかった。しかし、これもまた、世界のウチナーンチュの一側面には違いなかった。私自身にとっても、行く先々での宿屋探しに始まる五十日間に及んだ取材旅行は、生涯でも思い出に残る旅であった。

それはともかく、連載企画が大当たりしたことで、話題に乗り遅れまいと沖縄タイムスも、似たような企画をスタートさせ、追いかけてきた。テレビやラジオも取材クルーを送り込んで放映した。中でも沖縄テレビ放送の前原信一キャスターによる番組「われら地球市民」は、息の長いもので、新報の連載が終了した後も続いていた。こうして「世界のウチナーンチュ」は、空前のブームとなった。そのブームがやがて「世界のウチナーンチュ大会」開催の引き金になった。一九九〇年に第一回大会が時の西銘知事によって開かれ、以後五年に一回の割で開催される。

琉球新報の連載に始まる一連のこうした沖縄の動きを、私は「世界のウチナーンチュの発見」と呼んでいる。閉塞感からの脱出と、ウチナーンチュのアイデンティティーを求めての連載企画が、沖縄社会に与えたインパクトは大きい。それを沖縄戦後史のなかで、どのように位置づけるか、いずれその検証と再評価のときがくる、と思っている。

この長期にわたる連載が終わり、取材をした担当記者の座談会が紙面に紹介された。その中で山根は、ボリビアで沖縄からの移住者の取材中に、思わず涙が出てきた、と書いている。「多分、高原地帯での取材で、気圧が低くなったせいであろう」とも述べている。もちろん彼一流のジョークだが、彼が流した涙には、いささか思い当たるところがある。それはボリビアに入植したウチナーンチュに、もしかしたら取材した相手は自分ではないのか。一瞬、そんな思いが彼の胸中をよぎったのではないか。高校卒業を目前に控え、彼がボリビア移民を志望していたことは前に紹介した。彼が南米取材を自らのぞみ、それにのめり込んでいったのは、やはり若き日の見果てぬ夢が去来していたからではないか。

二度目に南米に出かけたとき、彼は分厚い碁盤と碁石をお土産に持参した。「どこに持っていくのか」ときいたら「ブラジルの県人会だ」と話していた。重たい碁盤をものともせずに持っていくところが、いかにも彼らしい。さぞや彼の地の県人会館で、長老たちを相手にウチナーグチで言論戦を戦わしていたことだろう。

琉球新報社編集局の記者のころは、社会部のあと政経部に在席していた。政経部では県議会を担当した。そのころの議員たちは沖縄戦を体験し、日本復帰前後の激動の時代を潜り抜けてきた人たちで、保革を問わず人間的にも個性的な人たちが多かった。彼はそうした議員たちと、囲碁をしながら楽しんでいた。沖縄社大党委員長をしていた嵩原久雄や、那覇市長をしていた平良良松とは好敵手で、嵩原は時折、記者クラブを覗いては「山根君は来ていないか」と探していた。議員会館で勝負がつかないときは、嵩原の自宅で延長戦をやり、深夜に及ぶこともたびたびであった。

議会が終わると「県議会を顧みて」といった担当記者の解説記事が慣例化していたが、山根は議員発言を持ち上げたり、こき下ろしたりと、だれが議員なのかわからぬほどの論評ぶりであった。どこか楽しんでいる節さえあった。

中部支社長で編集局を外れてからは、事業局長、浦添支社長、総務局長、取締役常務、同専務、最後は副社長として、もっぱら社業や経営に専念していた。中部支社長のときには「おきなわマラソン」を関係する市町村と立ち上げ、事業局長のときには時代に沿う局の機構改革を行い、総務局長のときに社内活性化委員会の事務局長として、指導力を発揮した。ときに社の上層部批判に及び、煙たがられることもあった。専務のときは財務、労務を担当し、組合との団体交渉に臨んだ。相手がかつての労組の委員長とあっては、さぞや組合もやりづらかったことであろう。

那覇市泉崎の本社の輪転機や社屋が老朽化して建て替えることになり、宮里昭也社長の下で、社屋を那覇市天久に移転建設することになった。財務担当の山根が、その責任者となった。彼は難しい用地買収などで、持ち前の交渉力を発揮している。彼の経営者時代は、記者時代より長かったかもしれない。この時代は紙面に執筆する機会からも、遠ざかっていた。

定年退職後の活動

役員定年で会社を退職したのは、二〇〇四年六月である。定年したときのあいさつ状の中で「人生も歴史も移り行くもの影に過ぎないと思っていましたが、余生などと贅沢を言って居れない沖縄の現実を目前にして新たな闘志が湧いてきました。現在は、初めて持てる自分の時間を図書館通いをしながら沖縄問題の持つ意味を問い続けております。そのことが、自らの体験を後世に引き継ぐことになると思うからです」と書いている。定年退職後、再び書くことに関心を持ち、新聞の「論壇」や、所属していた「首里九条の会」、方言に関する「しまくとぅばの会」の会報などに、いくつかの論考を書き始めている。

「首里九条の会」には設立当初から参加していたが、元琉大教授の垣花豊順が会長をしており、おそらくはその関係があってのことかと思われる。一九九四年に沖縄県が労働運動史をまとめるとき、垣花は委員会の座長をしており、山根はそれに協力していた。それに首里は、長年暮らしてきたなじみの土地である。そこの研究会に報告者として時局の辺野古の基地問題や、県知事選挙のことを発表している。

二〇一四年二月二十一日の研究会で「十二月知事選の持つ意味を考える」との表題で報告している。時あたかも那覇市長の翁長雄志が「オール沖縄」として立候補していた時で、「首里九条の会」としてどうこれに対応すべきか、についての問題提起である。はじめに十二月知事選挙について「沖縄の民意がどこにあるかを明確にする歴史的に重要な選挙」と位置づけ、「ある意味では、沖縄県民の戦後の政治的、思想的な反戦平和の戦いが総括的に問われる一大決選（戦）ともいえる戦い」と捉えている。

さまざまな政府要人や県内の政治家たちの発言を紹介しながら「要人の発言を要約すれば、十二月の沖縄県知事選挙の対立の構図は、政府自民党＋県内事大主義者対沖縄県民の民意の戦いとなる。別の言い方をすれば、本土の国権対沖縄の民権との戦いである」とした。これらの認識を踏まえて、「首里九条の会」のとるべき態度を次のように結論づけている。

「今回の普天間・辺野古問題で翁長那覇市長は、ぶれることなくオール沖縄の民意で対応することを主張している。そのことは、『沖縄の歴史的現実』をしっかり認識していることを示すものであり、沖縄の民意を象徴する人物として評価したい」

しかし、無条件で支持するわけではない。彼は翁長市長がつぎの三原則を甘受するならば、「擁立を積極的に他団体に働き掛ける」とした。その「三原則」とは①平和憲法を守ること（とりわけ九条の改定に反対すること）、②いかなる基地建設にも反対し、基地の縮小を求めること、③無所属として立候補し、特定の政党の主張に拘束されないこと。

この「三原則」は、「オール沖縄」の考えを集約したものとも言えるが、同時に彼の政治的な思想を集約したものだ。翁長が知事に初当選した後、辺野古のゲート前県民集会に参加したとき、ばったり彼に出会ったことがある。持病の糖尿病で、野外での活動にはめったに参加しなかった彼にはめずらしかった。それに小学生の孫娘をつれて、辺野古行きのバスで来ていた。ゲート前から少し辺野古集落よりの歩道に立って眺めていた。「めずらしいな」という私に「俺たちの時代には解決しないだろうから、孫に見せておこうと思ってな」と話していた。自分たちの時代に解決しない基地問題を、子や孫たちに引き継がせようという彼らしい思い入れである。辺野古の基地問題に関しては、いくつかの手書きの論考がある。おそらく何かに発表したか、しようとしたもの違いない。

特に時局に絡む評論は、そのものズバリ「寸鉄人を刺す」類の鋭い文章だ。そのいい例が二〇一三年十二月五日の琉球新報の「論壇」に掲載された「五人組の歴史的犯罪」という投書である。普天間飛行場の辺野古新基地への移設を巡り、当時の自民党幹事長・石破茂が沖縄選出の自民党議員を党本部に呼びつけて「辺野古移設を容認しない候補者は党公認にしない」と脅しをかけ、「踏絵」を踏ませた。石破幹事長に恫喝されて首を垂れ、見るも哀れな写真が新聞やテレビで報道され、多くの県民はショックを受けた。と同時にその強圧的なやり方に、怒りを募らせたことであった。

山根はその五議員の行為を「有権者への背信行為にとどまらず、歴史的なおぞましい犯罪行為であり、恥ずべき事大主義意識をさらけ出したものである」と切り捨て「石破発言を容認することは差別を認めるに等しい。五人組がこの差別意識の固定化を助長した罪は重い」と断じた。そのうえで「五人組の裏切りを許さないために、県民に残された唯一の方法は、五人組を二度と再び国政に送らないことだ」と呼びかけている。

山根が特に注目したのは、石破の恫喝もさることながら、「五人組」の主体性である。なぜならそれは「恥ずべき事大主義意識をさらけ出したもの」だからである。山根の評論のユニークさは、そうした目の付け処にあるといえよう。

多くの読者が、この論壇の主張に共鳴したに違いない。事実、彼が呼びかけた通り「五人組」は、ものの見事に落選した。国会に一人の沖縄選出の自民党議員のいない政治状況が出現した。ところが、選挙区で落選したはずの「五人組」は比例代表で救済され、再び議席を得た。まるで茶番劇のような選挙制度である。これで民主主義など反映されるはずはない。沖縄は明確な民意をもって、辺野古容認に転じた「五人組」に、ノーを突きつけたはずだ。にもかかわらず、選挙制度がこれをチャラにした。これで政治が歪まないはずはない。国会が民意と乖離していく構造的欠陥を、沖縄の有権者はじかに感じたのではないか。

彼の時局評論は、こうした政治問題から、教科書選定をめぐる教育問題にも及んでいる。教科書から沖縄の集団自決の記述が消えてゆく背景にあるものを、取り上げていた。また、石垣市の教育委員会が裏工作して特定の教科書を選定したとき、時の市教育長の辞任を求める一文を投稿しようとした。ところが事態が目まぐるしく変わり、何度も書き換えているうちに、ついにそのチャンスを逸してしまう。そのことを残念がって私に話していた。特にその時の市教育長が、同じ宮良の後輩であることを嘆いていた。

「しまくとぅば」を考える

彼が晩年に参加していたNPO法人「しまくとぅばの会」は、中部に本拠がある会で、会長は元琉球新報社で記者をしていた桑江常光である。桑江とは新報社時代からの労働運動の同志である。そんなことから会に誘われた。小禄からコザまで、初めのころは自分で運転してきたが、子どもたちから車のキーを取り上げられると、バスを乗り継いで出かけた。桑江とは囲碁友達でもあった。

沖縄の文化の根幹をなす琉球語が、このままでは消滅するのでは、というので「しまくとぅば」に対する取り組みが、各市町村で動き出して久しい。この会もそんなことから発足したが、山根は例会で自らの体験などを話した。会誌には故郷・宮良での体験を踏まえ、「しまくとぅば」論を展開している。その中で、言葉が人間形成に与える影響を強調している。

母校の宮良小学校の百周年記念講演では、宮良村を「方言村」として宣言してはどうか、と提案している。「アカマタの村」として知られる宮良は、御嶽での伝統行事はすべて宮良の言葉で行われる。村の言葉がつかえないと、行事に参加はできない。だから子供のころから宮良の言葉が話せるように仕向けられる。

八重山、いや沖縄全体を見ても宮良村ほど、しまくとぅばが話されているところもないのではないか。もうすでに「方言村」であると言っていいが、改めて宣言することで、それを知らしめる効果はあるに違いない。いずれにせよ、「しまくとぅば」に寄せる、彼の熱い思いに裏打ちされた文章である。

彼はその他にも二〇一五年に「沖縄のマスコミを支える会」の共同代表をして、県外からの沖縄のマスコミつぶしに抗し活動を始めたが、その頃は体力が許さず、会合に出る機会も少なかった。マスコミつぶしに対する批判文がいくつか残されている。

晩年・行く川の流れは絶えずして

八重山高校十期が出している記念誌は、卒業年の節目や生年祝いなどの節目に刊行されてきた。これまで三冊ほど文集が出ている。山根はその都度、短いエッセイを書いている。その多くは、来し方を顧みての人生論である。ちなみにそれを年代順にあげると「未だ天命を知らず」（一九九七年還暦記念誌『青春残影』）、「行く川の流れは絶えずして」（二〇〇八年高校卒後五十年記念誌『山の彼方に』）、「傷だらけの人生」（二〇一二年）、「時代を生きる」（二〇一五年喜寿記念誌『源遠流長』）などである。

発表したのが高校時代の同期生会の記念誌ということもあり、いずれも子供時代から高校生活に至る回想で、晩年に己の人生をどう見ていたかを示してもいた。そのなかで彼は「高校時代は己の人生にとって何だったのか。それは知の芽生え、自我意識や恋の目覚めの時期だったように思う」と述べ、「高校時代の体験は、その後のものの見方、考え方に大きく影響している。川の流れの如く過ぎ去ってしまったが。洋々たる銀河の流れを見ていると、人生も楽しいではないか」（「行く川の流れは絶えずして」）と書いている。

また「戦前に生まれ、戦中戦後を生きてきたわれらが世代は、戦争世代として象徴的な存在であり、何かを書き残す意義は大いにある」「イモと裸足とはよく言ったものだ。僕の足の十本の爪のうち無傷なのは中指の二本だけ。靴や下駄も正月だけ。小学三年生から野良仕事に馬で薪取り。勉強など二の次で高校、大学の受験勉強などしたことがない。（中略）まず、生きることが当たり前だった。この生き方は、自分で考えて行動するという習性を今に伝えている」（「時代を生きる」）と書いている。彼の人生訓というにふさわしい言葉である。

それにしても晩年に書かれたものを読むにつけ、山の彼方の高校時代にフィードバックした感がするのは、私の気のせいだろうか。

晩年は持病の糖尿病が進行し、元の仕事仲間と楽しんでいたゴルフからも遠のき、家にいることが多くなった。好きな読書は相変わらずで、読み止しの本が寝床の横に散乱していた。糖尿病は、長年嗜んできた酒とタバコの「付け」である。ある時、医者から「私はあなたを直そうとしているのに、あなたはその逆をしている」と、タバコを止めるように言われたが「長年のことなので……」と禁煙できなかった。「そんなにまでして長生きしようとは思わない」と私に話していた。自分の流儀を貫いた、と言えばいえた。

胃がんは、食欲は奪っても、意識を奪うことはなかった。自らの死期を覚悟した彼は、告別式の祭壇に飾る遺影を自ら準備し、八重山古典民謡の師匠でもあるいとこの安行に、式場で流す八重山民謡を曲目まで上げて頼んでいる。告別式の荼毘広告も娘の五十鈴に指示している。「散る桜　表も裏も見せて　散る桜」の句は、生前彼が口にしていた句だが、彼は己の裏を見せまいとしたのか。まさに「自分で考えて行動する習性」は、死に至るまで貫かれたのである。

生前、彼が書き残した文章は、それほど多いとは言えない。しかし、その時々に彼の生きざまから滲み出た文章の数々は、底流に沖縄魂と反骨精神をたたえ、時代を越えて後輩たちが生きていく上での何らかの示唆を与えてくれるに違いない。

安国寺の住職がつけた戒名は「啓報昇勲居士」である。新聞人としての彼の生き方から名づけたとのこと。まさか戒名にまで注文を付けたわけではあるまいが、彼はきっとその戒名に満足しているに相違いない。（文中敬称略）

（ジャーナリスト）

山根安昇年譜

一九三九（昭和一四）年　八月三日、父・根舛宜佐、母・ツルの長男として石垣島・宮良で生まれる
一九四五（昭和二〇）年　二月一三日　父・宜佐死去（三七歳）　安昇、小学一年
同六月　沖縄戦終結、八月　日本敗戦
一九四六（昭和二一）年　四月　宮良小学校入学
一九五二（昭和二七）年　四月　大浜中学校入学
同月　二八日　サンフランシスコ講話条約発効
一九五五（昭和三〇）年　三月　石垣市立大浜中学卒業
同四月　八重山高等学校入学
一九五六（昭和三一）年　六月　軍用地接収「プライス勧告」発表
一九五八（昭和三三）年　三月　八重山高等学校卒業
四月　琉球大学文理学部入学。入学と同時に根舛を山根に改姓
九月　B円からドルへ通貨切り替え
一九六〇（昭和三五）年　四月　沖縄県祖国復帰協議会（復帰協）結成
一九六二（昭和三七）年　三月　同学部卒業、教員免許取得
同四月　南大東中学校教師として勤務
一九六三（昭和三八）年　四月　一身上の都合により退職、東京へ
一九六五（昭和四〇）年　一月五日　渡慶次康子と結婚、新婚旅行を兼ねて長野市へ行き善光寺で挙式。
四月　エンサイクロペディア・ブリタニカ社勤務
同七月　同社退職、沖縄に戻る

一九六六（昭和四一）年
同八月　佐藤首相、戦後初の沖縄訪問
同九月　琉球新報社入社、編集局社会部勤務
同一二月一〇日　長女・五十鈴誕生

一九六七（昭和四二）年
七月　編集局校閲部
五月　編集局社会部
二月　教公二法阻止闘争
同八月九日　長男・健太郎誕生
同一二月　個人タクシー汚職事件発覚、取材にあたる

一九六八（昭和四三）年
四月　全軍労一〇割年休闘争
同八月　個人タクシー汚職事件取材班のキャンペーン連載「黒い政治」が、沖縄で初の日本ジャーナリスト会議奨励賞
同一一月　初の主席公選で屋良朝苗当選
同一一月一九日　米戦略爆撃機Ｂ52離陸に失敗、嘉手納基地で爆発炎上
同一二月三日　次女・二三枝誕生

一九六九（昭和四四）年
三月一三日、山根を委員長とする琉球新報労組は、会社の定期人事異動で組合の教宣部長が中部支社に配置転換させるのに反発し、異動対象者二四人の赴任拒否を指令。五月に入り組合は全面ストに突入。泥沼化し五月一七日から六月四日まで新聞発刊を停止。延べ一九日間に及ぶ発刊停止
一一月　佐藤・ニクソン共同声明七二年返還決まる
同一二月一三日　沖縄県マスコミ労働組合協議会結成、議長に就任（一九七二年まで）

一九七〇（昭和四五）年
一月　琉球新報紙上で「ことばに見る沖縄戦後史」連載
同一一月　初の国政参加選挙

一九七一（昭和四六）年　同一二月　コザ暴動起きる
六月　沖縄返還協定締結
一一月三一日　日中国交回復国民会議訪中代表団（団長・飛鳥田横浜市長、団員二〇人）に同行取材の為、北京へ出発。沖縄から初の中国取材
帰国後、一二月から「七億の友人―向かい側の中国を訪ねて」を連載

一九七二（昭和四七）年　一月　編集局政経部
同二月　県労協専従のため休職
同五月一五日　沖縄の施政権返還（日本復帰）
六月　戦後初の県知事選に屋良朝苗当選

一九七四（昭和四九）年　六月　沖縄県マスコミ労協議長に再任
一九七五（昭和五〇）年　七月　沖縄国際海洋博覧会開催
一九七六（昭和五一）年　一月　県労協専従より復職
一九七七（昭和五二）年　沖縄県マスコミ労協議長退任
一九七八（昭和五三）年　七月三〇日　道路交通法変更
一二月　沖縄県知事選で西銘順治が当選
一九七九（昭和五四）年　一一月　サウジアラビアの沖縄労働者取材
帰国後「見てきたサウジアラビア」連載
一九八二（昭和五七）年　一月一日から「証言に見る世替わり裏面史」連載開始（八三年三月末まで）
四月　編集局政経部（副部長待遇）
六月歴史教科書で沖縄住民虐殺削除、問題化する
一九八三（昭和五八）年　四月　編集局社会部副部長
一九八四（昭和五九）年　一月　琉球新報は新年号から「世界のウチナーンチュ」の二か年にわたる長期連載を開始。同連載企画のデスクを担当。南米各地を取材

一九八五（昭和六〇）年　二月　夕刊コラム「話の卵」執筆
一九八七（昭和六二）年　四月　編集局社会部部長待遇
同八月　中部支社報道部長
一九九〇（平成二）年　一月　中部支社長兼報道部長
同四月　中部支社長（局長待遇）
一九九二（平成四）年　四月　本社事業局長
同八月　第一回世界のウチナーンチュ大会開催（沖縄県主催）
同一一月　県知事選挙で大田昌秀当選
一九九四（平成六）年　一月　宮良郷友会会長就任（任期二か年）
一月　浦添支局長（その後、支社に昇格）
一九九五（平成七）年　二月　社内活性化実施本部事務局長（浦添支社長兼任）
同六月　総務局長　取締役就任（総務・経営計画）総務局長兼任
一九九六（平成八）年　同八月三〇日　母・ツル死去
七月　第二回世界のウチナーンチュ大会琉球新報実施本部委員
九月　米兵少女暴行事件起こる
一九九八（平成九）年　六月　専務取締役就任（総務、財務、人事、労務、経営企画担当）
沖縄県知事選で稲嶺恵一当選
一九九九（平成一一）年　五月　沖縄サミット社内推進本部長代行
二〇〇〇（平成一二）年　七月　第三回世界のウチナーンチュ大会社内推進本部長代行
同七月　九州・沖縄サミット開催
二〇〇二（平成一四）年　六月　取締役副社長に就任（社屋建設、創刊一一〇年、関連会社担当）
二〇〇三（平成一五）年　一二月　新社屋建設本部本部長代行
二〇〇四（平成一六）年　六月　役員退任、「一フィート運動の会」理事に就任

二〇〇六（平成一八）年　一一月　沖縄県知事選に仲井真弘多当選
二〇一〇（平成二二）年　「首里九条の会」に参加
九月　尖閣諸島で中国漁船衝突事件
二〇一一（平成二三）年　三月一一日　東日本大震災
同八月　八重山で教科書選定問題起きる
NPO法人「しまくとぅばの会」加入、同会会誌に方言について執筆
二〇一五（平成二七）年　「沖縄のマスコミを支える会」共同代表に就任
二〇一六（平成二八）年　八月　大浜第一病院に入院、胃がんの告知を受く。
二〇一七（平成二九）年　三月二四日午後四時五五分那覇市内の病院で死去。喪主・妻・康子

（作成　三木健・金城五十鈴）

編集後記

山根さんが亡くなって、遺稿集刊行会を立ち上げたのは、それから間もない頃であった。一周忌を目標に編集作業にかかったが、初めのころは原稿の蒐集が進まなかた。

そこで彼の在職中に刊行されたものを中心に編集することも検討されたが、編集作業を進めるうちに、退職後の論文の数が次第に増えてきた。刊行をお願いした新星出版には、二〇一七年末までにすべての原稿を入稿する約束をしてあったので、なんとか年末には揃えることができた。

改めてこれらの論考の数々を整理しながら、彼の問題意識の広さや論理構成の素晴らしさに感心させられた。沖縄が今、時代の大きな転換期を迎えているだけに、本書に収録した論考は、これからの沖縄を考えるうえで、大きな示唆を与えてくれるに違いない。よくぞ書き残してくれた、と感心する次第である。

ここで編集に当たって、配慮したいくつかの点について記しておきたい。

先に書いたように、彼の書いたものは多岐にわたり、本書に収録したのはそのすべてではないことをまずお断りしておきたい。

当初、収録を予定していた在職中の新聞連載のうち、すでに収録刊行されているものについては、本書への収録を割愛した。これは定年退職後に執筆され、未公表のものなどを優先して収録したからである。

ちなみに収録を見送った連載執筆の既刊本には、次のようなものがある。

『ことばに見る沖縄戦後史』（1992年、ニライ社）、『世替わり裏面史』（1983年、琉球新報社）、『世界のウチナーンチュ』（1986年、ひるぎ社）。

いずれも琉球新報社の現役記者として同僚記者との共同執筆であるが、彼の面目躍如たるものがある。割愛するに忍びなかったが、読もうと思えば手にすることもできるので、退職後のものを優先した次第である。本書とあわせて講読することをお勧めしたい。

次に在職中のものでも、会社の役員として経営に関することや、また、現役記者時代の労働組合の委員長、マスコミ労協議長など組織人として書いたものなどは収録していない。さらに、在職中の記者時代に連載した旅行記「見てきたサウジアラビア」「七億の友人たち」「中国の人と生活」などは、長文にわたるため、それも割愛せざるを得なかった。

本書収録の各文章の配列構成については、編集を担当した三木の方で構成し、刊行会の了承の上掲載した。

最後に掲載論文を提供してくださった「首里九条の会」の垣花豊順会長や、徳吉裕氏、NPO法人「しまくとぅばの会」の桑江常光会長はじめ、関係各位にお礼を申し上げたい。また、書簡などの個人資料を提供された方々にもお礼を申し上げたい。最後に編集作業を支援してくれた新星出版の城間毅出版課次長に、厚くお礼を申し上げたい。

二〇一七年　師走

山根安昇遺稿集刊行会

桑江常光
三木　健
高嶺朝一
木場一寿
名嘉地安男
金城五十鈴
山根健太郎

本書収録を割愛した記事および連載

単発解説記事

◇「日米は沖縄をアジアの戦車に―周・飛鳥田会談」、1971年11月31日「琉球新報」北京特派員として解説。

◇「10・21と反自衛隊闘争―〝復帰〟から〝反戦〟へ」、1972年10月9日「琉球新報」の「ニュースの断面」

◇「岐路に立つ反自衛隊闘争―巧妙なさみだれ配備」、1972年7月31日「琉球新報」の「ニュースの断面」

海外取材連載

◇「7億の友人―向かい側の中国を訪ねて」、1971年12月『琉球新報』に21回連載。

◇「中国―人と生活」、1972年1月5日～2月11日「琉球新報」に17回連載。

◇「見てきたサウジアラビア」、1979年12月3日～10日「琉球新報」6回連載。

既刊本収録

◇「ことばに見る沖縄戦後史」、1970年～71年「琉球新報」連載。1992年、ニライ社より2分冊で出版。山根執筆の項目は以下の通り。

アメリカ世、ヤミ・ブローカー、諮詢会、布令・布告、群島政府、立法院、国民指導員、南の星楽団、民連、マル研、民立法、高等弁務官、四原則、復帰。

◇「証言にみる世替わり裏面史」、１９８２年1月1日〜83年3月末「琉球新報」連載。１９８３年11月に琉球新報社より『世替わり裏面史』として出版。山根執筆の項目は以下の通り。返還交渉の舞台裏、国政参加、自衛隊配備、アイゼンハワー来沖闘争、主席指名阻止闘争。

◇「世界のウチナーンチュ」、１９８４年1月より１９８５年末まで2か年間の長期連載。山根は山城興勝記者と南米各地を担当。１９８６年に連載は3分冊でひるぎ社から出版。南米編は第3巻に収録。

装画　玉城梅子

山根安昇（やまね　あんしょう）

1939年石垣島宮良で生まれる。58年　県立八重山高校卒、62年　琉球大学文理学部卒、65年　琉球新報社入社、69年　琉球新報社労働組合委員長として春闘全面ストを指揮、72年沖縄県労協専従のため休職、76年1月復職、82年　編集局政経部副部長、「世替わり裏面史」共同で連載、84年　社会部副部長、「世界のウチナーンチュ」で南米各地を取材、90年　事業局長、94年　取締役総務局長、96年　専務取締役、2002年　取締役副社長、04年　役員退任退社、06年　「首里9条の会」に加入、11年　NPO法人「しまくとぅばの会」加入、15年　「沖縄のマスコミを支える会」共同代表、17年3月24日病気のため死去

沖縄の新聞人
山根安昇遺稿集
明日を生きるウチナーンチュへ

二〇一八年三月二四日　初版第一刷発行

著　者　山根安昇
編　集　山根安昇遺稿集刊行会
発行所　新星出版株式会社
〒九〇〇－〇〇〇一
沖縄県那覇市港町二－一六－一
電　話〇九八－八六六－〇七四一
FAX〇九八－八六三－四八五〇
発　売　琉球プロジェクト
電　話〇九八－八六八－一一四一
印刷所　新星出版株式会社

ISBN978-4-909366-06-1 C0095
定価はカバーに表示してあります。